시민운동론

민주적 법치국가에서
시민운동의 의미와 시민단체의 역할

이 상 돈 저

세창출판사

머 리 말

시민, 시민운동, 시민단체 — 이제 이 단어들은 오랫동안 그래 왔던 것처럼 국가, 국가권력작용, 정치세력에 의해 오로지 억압받고, 통제받기만 하는 대상을 뜻하지는 않는다. 현실은 때때로 그 정반대의 모습을 보인다. 즉 시민단체들은 의회와는 또 다른 의미에서 시민의 대표임을 과시하고, 국가작용에 중대한 영향력을 발휘한다. 또한 정치세력을 압박하고, 정치적 지형을 바꿔 놓기도 한다. 더 나아가 시민단체들의 리더들은 전문성과 직업적 경험이 충분하지 않은데도 높은 직위의 행정관료가 되기도 하고, 거대기업의 사외이사가 되기도 하며, 정부의 각종 위원회의 위원이 되기도 한다([1]단락 참조). 이런 현상을 두고 우리 사회에서도 이제 국가와 대등하게 상호작용하는 시민사회가 터잡았다고 말할 수 있을지 모른다. 실로 근대화의 역사가 시작된 지 100여 년 만에 이루어진 놀라운 변화가 아닐 수 없다. 하지만 이러한 변화는 그리 오래 된 것이 아니다. 1990년대 중반까지만 해도 많은 법학자와 법사회학자들은 서구의 근대법이 아직 우리 사회의 전통문화와 관습적인 삶의 양식에 충분히 이식·통합되지 못하고 있다고 한탄했다. 그러니 이런 변화는 불과 십수 년 만에 갑자기 일어난 일이라고 할 수 있다.

그러나 왜 그런 변화가 일어났을까? 이 물음은 역사학자나 정치학자들에게 답을 구해 봄이 좋을 듯하다. 법학자에게 중요한 점은 어떻게 하여 일어났건 그런 변화가 과연—특히 민주적 법치국가의 기반이 되는—건강한 시민사회가 빠르게 성장하고 있음을 의미하는 것인가 하는 점이다. 이를테면 시민들 사이에 전통을 재해석하고, 중요한 사회문제들을 공론화하고, 공론화의 과정에서 펼쳐지는 의사소통의 논증적 영향력이 국가영역에까지 흘러 들어가고 있는 것일까 하는 등등의 물음이다. 이런 물음들에 대한 나의 생각은 아직 그렇지 못하다는 것이다. 좀 과장하여 말한다면, 시민사회라고 하기보다는 각자의 이익을 외곬으로 주장하는 집단들의 무수한 집합이 있을 뿐이고, 전통의 재해석과 공론의 경쟁이 있기보다는 편견에 빠진 주관과 그것을 관철하려는 전략적인 행동들 사이의 긴장과 대립이 있을 뿐이다. 다원주의는 그런 집단이기주의와 전략적 행동의 긴장과 대립을 미화하는 수식어로 기능하기도 한다.

그럼에도 불구하고 시민단체들은 자신의 시민운동이 의심할 여지가 없는 공동선(共同善)을 지향한다고 확신하고 선전하기도 한다. 이런 모습의 사고와 행동은 법이론적으로 보면 자연법(Naturrecht)에 대한 시대착오적인 믿음과 그에 기초한 행동으로 이해할 수 있다. 그렇기 때문에 시민단체들이 때때로 의회나 다른 국가기구들의 권한을 존중하지 않고, 또한 헌법을 정점으로 형성된 법질서의 가치와 원칙들을 정략적인 관점에서 부정하거나 외면하는 일이 결코 적지 않게 발생한다. 이런 시민운동은 우리의 법공동체를 발전시키는 것이 아니라 정반대로 퇴보시키는 것일 수 있다. 사실 그런 시민운동은 사회가 그리

세분화되지 않았던 시대, 특히 자연법과 불법의 이원적 대립이 어느 정도 유효한 시대, 또한 정치체제가 독재체제이거나 매우 권위적인 지배형태를 띤 시대에나 적합한 실천일 수 있다.

그러나 가치가 다원화되고, 평가 관점이 매우 다양하고 중층화되어 있으며, 현실의 문제들이 상식으로 해결될 수 없는 복잡성을 띤 현대사회에는 적합하지 않다. 그런 사회일수록 문제해결의 방향이나 사회발전의 지향점은 평범한 시민들이 참여 가능한 민주적 의견수렴과 형성의 과정을 통해 설정되어야 한다. 거대한 시민단체의 엘리트들에 의한 도덕적 기획과 정치적 실천이 그런 의사소통의 과정을 대신해서는 안 된다. 민주적 법치국가는 바로 그와 같은 의사소통의 과정을 제도화하는 것을 덕목으로 삼는 법공동체이다. 특히 이 법공동체에서 시민운동은 독재체제에 대해 항거하듯 저항의 정신으로 의회 등을 비롯한 공식적인 입법기구를 '대체'해서는 안 되고, 그 기구들이 민주적 의견수렴과 형성을 통해 법을 형성하는 기능을 제대로 다하지 못하는 '부족 부분'을 메워주는 데에서 그 정당성과 의미를 발견해야 한다. 오늘날 그런 시민운동의 대부분은 세 가지 형태, 즉 '인권운동'([2]단락), '시민불복종운동'([3]단락) 그리고 '공익소송운동'([4]단락)의 형태로 전개될 수 있을 것이다.

또한 시각을 달리하여 보면, 이러한 사정은 두 가지 결론을 가져다 준다. 첫째, 오늘날 시민운동은 적어도 민주적 법치국가가 터잡은 국가에서는 이 세 가지 형태로만 전개될 수 있다는 것이다. 둘째, 아울러 이 세 가지 형태의 시민운동은 그 의미가 민주적 법치국가에서 공식적인 법형성기제의 부족한 부분을 메워주는 역할에 맞도록 이해되어야 하고, 그 허용과 실행의 조건들도 그에 맞게 재구성되어야 한다. 나아가 시민단체의 정당성도 그렇게 이해된 시민운동의 주체로 거듭날 수 있을 때에만 비로소 확보될 수 있다. 지금처럼 시민단체들이 관변화와 금전화(산업세력과의 연계)를 통해 권력화된 상태로는 진정한 시민운동의 주체가 될 수 없다.

이 책은 정치학자나 사회학자 등이 시민운동을 논의할 때 언제나 빼놓곤 했던 측면, 즉 우리가 현재 살아가고 있는 법공동체가 민주적 법치국가라는 체제이고, 시민운동은 이 체제에 대해 비판적인 외부적 힘이나 실천이 아니라 바로 그 '체제를 구성하는 내재적 요소'라는 점에 주목한다. 물론 이 내재적 요소는 '민주적 법치국가의 자기반성적 요소, 성찰적 요소'의 성격을 띤다. 오늘날 시민운동에 대한 이해의 패러다임은 바로 민주적 법치국가라는 현대사회의 법공동체에 적합하게 재구성되어야 한다. 이제 더 이상 시민운동이 체제순응적인 신민(臣民)들의 정치적 지지운동이 되어서도 안 되겠지만, 맹목적인 체제저항적 투쟁으로 이해되어서도 안 된다. 더 나아가 시민단체의 역할과 기능도 이와 같은 재구성을 통해 새롭게 설정되는 시민운동의 패러다임에 맞도록 재해석되어야 한다. 그렇지 않는다면 시민단체는 실질적인 기능의 의미에서 볼 때 관변단체가 되거나 반국가단체가 되기 쉬울 것이다.

이 책은 바로 시민운동에 대한 기존의 이해패러다임을 재구성하고, 시민단체의 역할과 기능을 새롭게 자리매김하는 기획을 추구한다. 이 책의 이러한 기획은 시민운동이나 시민단체에 대한 다양한 사회과학적 논의를 풍부하게 해줄 수 있을 것이다.

끝으로 이 책을 펴내는 데 도움을 준 나의 아끼는 제자들, 영국 London 정경대 박사과정의 홍성수 군, 고려대 대학원 박사과정의 김대근 군과 이정민, 이소영·양 그리고 석사과정의 지유미, 민윤영, 정채연 양에게 감사의 마음을 전한다.

2007. 1. 2.
고려대 법대 연구실에서

이 상 돈

차 례

[1] 시민단체와 시민운동의 주체

[2] 인권운동

[3] 시민불복종운동

[4] 공익소송운동

1 시민단체와 시민운동의 주체

오늘날 시민운동은 민주적 법치국가의 민주적 법형성 기능의 한계를 보완해 주는 또 다른 민주주의의 기제로 이해된다. 한국사회에서 시민단체는 그런 운동의 핵심주체로서 자리잡았고, 정치적 영향력을 키워 왔다. 그러나 이제 시민단체들은 마치 권력기구처럼 의사결정하고 행동하는 모습을 보여주기도 한다. 이 장에서는 시민성의 기반을 잃어만 가는 시민단체들의 문제점은 무엇이며, 민주적 법치국가 안에서 시민단체들이 어떤 역할을 해야 하는지를 살펴본다.

I. 시민단체의 권력화와 그 문제점

오늘날 우리 사회에서 시민단체는 무소불위의 정치적 영향력을 갖고 있는 것 같다. 거의 모든 입법과정에 시민단체들이 참여하고 있고, 중요 요직의 관료를 배출하는 사관학교로서 기능할 뿐만 아니라, 언론에 가장 빈번히 등장하고, 또한 여론을 주도하는 공론의 지배자 같은 모습을 보여주기도 한다. 그렇기에 바라보는 관점에 따라서는 제4의 권력이라 불리는 언론보다도 시민단체들이 더 강하고 큰 권력을 갖고 있다고 말할 수 있을지도 모른다. 정치체계에서 이와 같은 시민단체의 영향력은 1980년대 후반부터 꾸준히 증대되어 온 것이지만, 특히 2000년 초에 전개된 시민단체연합(총선시민연대)의 '낙천낙선운동'[1)]을 통해 더욱더 새롭게 자리잡게 되었다. 이 사건은 한

---

1) 2000.1.12. 경실련과 총선시민연대는 선거운동기간이 시작되기도 전에 공천반대명단을 공표하고 동시에 그럼에도 불구하고 공천된 후보자에 대해 낙선운동을 전개하였다. 이 운동은 당시 공직선거 및 선거부정방지법(특히 선거기간 중 노동조합을 제외한 단체의 선거운동을 금지한 제87조와 낙선운동을 금지한 제58조, 사전선거운동을 금지한 제59조)에 정면으로 반하는 것(동법 제254조의 범죄)이었다. 이 운동은 정치권으로 하여금 이 운동을 위법화하는 규정들의 일부를 개정[낙천낙선운동과 관련한 개정내용의 중요한 사항으로 ① 정당의 후보자 추천에 관한 단순한 지지·반대의 의견개진을 선거운동으로 보지 아니하게 하고(제58조), ② 후보자를 초청 대담·토론회를 개최할 수 있는 단체의 선거운동도 허용(제87조)]하게 만들었다.

국사회에서 민주적 법치국가의 체제를 성장시키기 위한 시민단체의 운동이 비로소 의미 있는 정치적 영향력을 발휘하는 시대가 도래했음을 천명하였다. 그렇다면 이제는 시민운동이 열매를 맺고 풍성한 수확을 거두는 시대, 그래서 민주적 법치국가가 선진국의 수준만큼 성장하고 또 나날이 성숙하게 되는 시대로 접어들게 될 것이라는 기대를 가질 수 있는 것일까?

1. 시민단체의 권력화

그러나 그런 기대가 모아지는 시대는 역으로 보면, 바로 그런 기대를 무너뜨리는 부정의 계기, 그러니까 그간—1980년대 말부터 지금까지[2]—시민단체의 시민운동이 민주적 법치국가의 성장에 기여했던 긍정적인 요소에 내재해 있던 부정의 계기가 현실세계에 펼쳐지게 되는 시대라고 할 수 있다. 이러한 나의 관점은 일찍이 독일의 철학자 아도르노(Adorno)가 「부정의 변증법」(negative Dialektik)[3]을 통해 우리에게 가르쳐 준 바 있다. 좀더 구체적으로 말하면 시민단체가 지난 십수 년간 시민운동을 펼치기 매우 힘든 한국사회의 정치적, 사회적 토양—예를 들면 시민들의 기부문화 결핍, 시민들의 참여의식 부족,

2) 1980년대까지의 한국의 시민운동은 '정치적 민주화를 위한 민중운동'과 구분되지 않았으며, 1990년대 들어서야 민중운동과 구분되는 시민운동으로 분화된다고 할 수 있다; 한국의 시민사회와 시민운동의 역사적 고찰에 대해서는 정태석/김호기/유팔무, 「한국의 시민사회와 민주주의의 전망」, 유팔무/김호기 편, 『시민사회와 시민운동』, 1995; 조희연, 「민중운동과 '시민사회', '시민운동'」, 같은 책 참조.

3) Adorno, *Negative Dialektik*, 1966 참조.

권위주의적 정부의 억압— 위에서, 시민운동의 중심적 역할을 수행하기 위해 불가피하게 선택할 수밖에 없었던 전략은 바로 스스로 자신을 —국가권력과 거대한 산업세력에 맞설 수 있도록— '권력화'하는 것이었다고 할 수 있다.

[한국시민사회의 구조적 취약성] 여기서 말하는 토양은 '한국시민사회의 구조적 취약성'을 말한다. 이 취약성은 다양하게 분석되고 묘사된다. 대표적인 분석의 예를 든다면, 한국시민사회의 구조적 취약성은 ① 중앙집권적 국가주의, 분단으로 인한 국가건설의 미완성, 민족주의와 국가주의의 혼합, 연고주의 문화, 국가, 자본, 언론의 삼각지배동맹, 시민사회의 과도한 정치화, 복지국가적 기반의 취약성, 시민운동의 풀뿌리화 저조 등으로 분석된다.[4] ② 또한 한편 한국에서는 사적 신뢰를 바탕으로 한 전근대적 요소와 근대적 요소, 그리고 최근의 지식정보사회적 내용을 포함하는 탈근대적 요소가 시민사회 내에 '삼중적 응축현상'을 보임으로써 '시민사회의 정치'가 합리화되고 활성화되는 것을 지체시키고 있다고 보기도 한다.[5] ③ 더 나아가 "전반적으로 한국의 시민사회는 아직 법적 시민권의 보장, 생활양식과 사회조직의 분화 등과 같은 양적 성장을 넘어, 철저한 권력분산의 보편화, 시민참여의 제도화, 시민의식의 내면화 등과 같은 질적 성숙의 단계에까지는 이르지 못한 것으로 평가되고 있다. … (중략) … 서구사회와는 달리, 한국의 시민사회는 강력한 중앙집권적 국가주의의 전통, 남북 분단에 따른 불완전한 국가건설, 연고주의 문화의 팽배에 따

---

4) 김성국, 「한국 시민사회의 성숙과 신사회운동의 가능성」, 임희섭/양종회 편, 『한국의 시민사회와 신사회운동』, 1998, 39~47쪽.

5) 조대엽, 「한국 사회운동연구의 비판적 조망」, 『사회운동과 사회변동』, 나남, 2002, 206쪽; 이러한 분석은 내가 법학에서 행한 한국사회의 법제화가 전근대, 근대, 탈근대의 중층적 구조를 띠고 있다는 것과 유사하다(이상돈, 『형법의 근대성과 대화이론』, 1994; 『법학입문』, 2005, [3]단락 참조).

> 른 시민사회 잠재력의 축소, 복지국가 기반의 취약성, 시민운동에의 시민참여 저조 등을 특징으로 한다"[6]고 말해지기도 한다.

그러나 그런 권력화의 과정, 다시 말해 시민단체가 민주적 법치국가의 성장에 기여하는 '긍정의 과정'은 동시에 시민단체가 스스로 자신들의 정당성기반을 해체해 가는 '부정의 과정'이었을 수도 있다는 것이다. 낙천낙선운동은 한국사회에서 바로 그와 같은 '시민운동의 변증'이 본격화되는 전환점이라고 할 수 있을 것이다. 그런 변증은 이론적인 분석에 들어가지 않아도 2004년의 낙천낙선운동이 다양한 시민단체에 의해 서로 갈라지고, 서로 충돌하고, 심지어 원칙 없이 전개됨으로써, 시민단체가 정치집단의 하나로 비춰지는 모습을 보여준 데서도 이미 쉽게 확인할 수 있다.

2. 관변화와 금전화

시민운동의 변증은 본질적으로 최근 시민단체가 보여주는 '관변화'와 '금전화'의 현상에서 확인할 수 있다. 여기서 내가 말하는 시민단체의 '관변화'란 예를 들면 시민단체의 대표가 행정부의 장이 된다든지,[7] 정부의 정책입안이 공론화되지도 않

---

6) 김종길, 「인터넷 시민운동의 특성과 전망」, 『IT의 사회·문화적 영향 연구』, 2004, 25쪽 참조.

7) 이와 관련하여 연세대 유석춘 교수 팀이 조사연구한 바(『참여연대 보고서』, 자유기업원, 2006)에 따르면 1994. 9. 창립된 참여연대 전현직 임원 416명 중 36.1%에 해당하는 150명이 청와대, 정부 고위직, 산하 각종 위원회 위원 등 313개의 자리를 맡았던 것으로 밝혀졌다.

은 단계에, 관청의 밀실에서 행정관료와 협의하고, 때로는 그 정책을 추진하는 데 필요한 연구용역을 받아 그 정책의 구체적인 기획을 설계하거나 정부의 정책집행을 뒷받침하는 대안을 마련하는 것과 같은 활동을 가리킨다. 그런 활동은 물론 한편으로는 정부의 정책원안을 교정하는 기능을 발휘할 수는 있다. 그러나 그것은 정부의 정책에 대한 시민단체의 비판적 기능을 부분적으로 상실하지 않고는 얻을 수가 없다. 그러므로 시민단체는 그와 같은 관변적인 활동을 통하여 어느 정도는 '정치체계의 절대명령'(Imperativ), 즉 권력의 (확대)재생산이라는 메커니즘 속으로 빨려 들어갈 수밖에 없다고 할 수 있다.

다음으로 시민단체의 '금전화'도 마찬가지이다. 내가 말하는 '금전화'란 어떤 방식으로든 시민단체가 거대한 산업기구로부터 자금줄을 대게 되는 현상의 모든 경우를 가리킨다. 예를 들면 시민단체가 거대기업으로부터 직접 연구용역을 받는다든가 아니면 시민단체의 대표가 거대기업의 경영진(예: 사외이사[8])으로 들어가서 받게 되는 수입을 기부금의 형태로 전환하여 받게 되는 것을 들 수 있다. 이런 재정적 연결고리에 의해 시

특히 이 중 180개의 자리는 참여연대활동 이후 정부관련기구 진출이 이루어진 경우임도 밝혀졌다. 이는 시민단체가 국가와 분리되어 감시, 비판하는 시민사회의 조직이라고 보기 어려운 한국의 시민운동현실을 보여준다.

8) 환경운동연합의 대표였던 Ch씨가 삼성 SDS의 사외이사로 일정한 수입을 벌어들이고 그 수입을 환경운동에 사용한 사건을 들 수 있다. 이에 관해서는 동아일보 2000.9.17. 사회면; http://www.donga.com(2000.9.16.23:11) 참조.

민단체의 활동이 한편으로는 더욱 활성화될 수도 있지만, 다른 한편으로는 그로 인해 '자본의 (확대)재생산'이라는 '경제체계의 절대명령'이 지배하는 거대기업들의 기업활동에 대해 비판적인 기능을 수행하기가 어렵게 될 수도 있다.

3. 구조적 원인

그렇다면 왜 우리나라 시민운동에서는 이와 같은 관변화와 금전화의 현상이 발생하는가? 이미 선행연구들[9]은 그 원인을 우리 시민단체들의 조직이 대체로 방대하다는 데에서 찾는다. 조직이 방대해지면 조직을 효율적으로 운영하기 위해 위계질서형의 구조를 선호하기 쉽고, 그 결과 행위방식에서도 관료사회의 그것과 유사해지게 된다. 시민단체의 조직이 (준)관료조직화되면 될수록, 본래적 의미의 시민운동이 가져야 할 '자발성'에 입각한 '참여'가 그만큼 더 약화될 수밖에 없다. 그런 과정에서 시민단체의 의사결정과정은 자연스럽게 '과두체제적'으로 변하게 된다는 것이다.

또한 다른 한편 시민단체의 조직이 방대해질수록 재정적인 부담이 커지게 된다. 특히 이런 재정적인 부담의 증대는 무엇보다도 한국 시민운동 단체들이 '백화점식 시민운동'을 하는 데서 비롯된다. 경실련이나 참여연대의 예에서 알 수 있듯이

---

9) 대표적으로 신율, 「한국시민운동의 개념적 위상과 문제점: 경실련과 참여연대를 중심으로」, 한국정치학회보 제35집 제2호, 2001. 특히 이하의 단락은 위 논문의 171~172쪽 참조.

우리의 시민운동단체는 정치, 경제, 사회, 문화 그리고 환경에 이르기까지 거의 모든 분야에 관여하고 있다. 이렇게 조직이 방대해지게 되면 조직운영에 필요한 재정조달의 부담도 그에 비례하여 더욱더 커지게 된다. 시민단체의 과중한 재정조달부담은 또 다른 조직의 우(愚)를 발생시킨다. 즉 시민단체가 비판해야 할 산업세력에다 자금조달의 공급관을 갖다 댐으로써 시민운동의 순수성을 의심할 수 있는 사건들이 종종 발생할 수도 있게 된다.

여기서 우리나라 시민단체는 대체로 명망가 중심으로 조직이 구성되고 있다는 점도 문제의 심각성을 더하게 한다. 우리의 '시민운동'에는 절대 다수의 사회적 '지도층'이 포진해 있고, 이러한 상태를 통해 한국의 '시민운동'은 시민들의 '자발적 참여'를 통한 운동의 양적 기반 확보보다는 이른바 '계몽을 통한 동원'적 성격이 강하다는 점을 알 수 있다. 더욱이 지역 단위의 운동단체들은 대체로 지역유지를 중심으로 이루어지고 있는데, 그로 인해 우리나라의 시민단체들은 시민사회에서 자생적으로 성장하는 의견들을 조직화하는 기능을 제대로 수행하기 어려운 상태에 빠지게 된다.

II. 시민단체의 권력화와 인식의 내적 연관

바로 이런 나의 비판적인 전망에서 보면 시민단체와—내가 이 책에서 민주적 법치국가의 헌정질서에서 가능하고 허용되는[10]—세 가지 형태의 시민운동, 즉 시민불복종운동, 인권운동, 공익소송운동과의 관계를 법철학적, 법이론적으로 성찰해야 할 필요성이 등장한다. 왜냐하면 앞에서 말한 낙천낙선운동과 같은 시민(불복종)운동에서 엿볼 수 있었던 시민단체의 권력화, 즉 관변화와 금전화 현상은 앞으로 그들이 펼치는 시민운동이 민주적 법치국가에 순기능보다는 역기능을 가져다줄 가능성이 높음을 예고해 주고 있는 것이기 때문이다. 다시 말해 우리는 이제 시민운동이 부정의 변증을 겪는 전환점에 서 있다.

10) 민주적 법치국가가 어느 수준으로 터잡은 법공동체에서는 공식적인 (법형성) 기구들과 그 활동이 법공동체의 질서를 형성하고 행위규범을 관리하게 되기 때문에, 대부분의 시민운동은 그런 공식적인 기제의 작동에 기여하는 구성적인 요소가 된다. 다시 말해 민주적 법치국가란 시민운동을 반체제운동이 아니라 민주적 의견형성과 수렴을 위한 체제내적 요소로 자리잡게 한다. 그렇기 때문에 민주적 의견수렴이나 입법청원, 행정청문, 사법참여 등과 같은 용어가 아니라 특별히 시민운동이라고 부를 필요가 없다. 사회운동들은 공식적인 법적 기제들의 민주적 법형성의 기능이 끝나는 곳에서 비로소 시작할 수 있다. 그런 곳의 대표적인 경우는 인권운동, 시민불복종운동, 공익소송운동이라고 볼 수 있다.

1. 권력과 인식의 연결구조

특히 낙천낙선운동에서 보듯이 시민단체가 자신들의 실정법에 대한 불복종을 공개적으로 시민불복종이라고 규정짓고 또 그렇게 자기의식화하거나, 의약분업사태에서 보듯이 실정법(국민건강보험법)에 대한 불복종을 독백적으로 천명하고 또 이를 통하여 다른 사회단체에게 압력을 행사하는 행위방식은, 시민단체가 시민불복종운동을 이해하는 '인식패러다임'과 시민단체의 '권력화' 사이에 어떤 '내적 연관'이 존재하며, 이는 결코 우연이 아님을 말해 준다. 이런 내적 연관은 다른 시민운동, 즉 인권운동이나 공익소송운동에서도 찾아볼 수가 있다. 이를 테면 시민단체들은 수많은 부작용에 대한 전문가들의 경고에도 불구하고 증권관련집단소송제의 강력한 도입을 외곬으로 주장하고, 입법을 관철시킨 바 있다. 또한 양심적 병역거부를 처분불가능한 보편적 인권으로 표제화하고, 그런 인권을 실현하는 입법을 외치고 있기도 하다. 시민단체들이 이처럼 공익소송운동이나 인권운동을 전개하는 태도에 내재된 정의에 대한 인식은 오늘날 증대되어 가는 시민단체의 권력화 현상과 모종의 내적인 연관을 맺는 패러다임을 배후에 두고 있다고 추측된다.

나의 이와 같은 추측이 타당한 것이라면, 시민운동을 이해하는 시민단체의 인식패러다임이 해체되고, 또 변화될 때에만, 시민단체의 권력화라는 시민운동의 변증도 막을 수가 있게 될 것이다. 여기서(아래 2)는 시민운동에 대한 잘못된 인식패러다임을 해체하고, 재구성하기(뒤의 III)에 앞서 도대체 어떠한 점이 그런 내적 연관을 형성하고 있다고 보는 것인지를 좀더 자세히 설명하기로 한다.

시민단체의 권력화는 앞에서 설명한 것처럼 단지 관변화나 금전화 현상만을 의미하지는 않는다. 그런 현상이 가능할 수 있는 것은 시민단체 내부의 의사결정구조가 마치 관료조직 내의 그것과 매우 유사하기 때문이며,[11] 따라서 시민단체의 권력화는 시민단체의 (준)관료주의적 의사결정방식을 의미하기도 한다. 여기서 관료주의적 의사결정의 특징으로 나는 '엘리트주의'와 '권위주의'를 바라보고자 한다.[12] 그러니까 시민단체의 의사결정이 관료적 의사결정처럼 엘리트주의와 권위주의로 얼룩질 때 시민단체의 권력화가 가능해진다는 것이다.[13] 그런데 이

11) 시민운동이 지식인이나 유명인사 중심으로 전개되면서 시민들이 주체가 아니라 동원의 대상으로 전락하게 되는 문제가 생기게 된다; 이 점을 김성국 교수는 명망가중심주의, 엘리트주의, 관료적 거대화의 문제 등으로 분석하기도 한다. 김성국, 「한국 시민사회의 성숙과 신사회운동의 가능성」, 임희섭/양종회 편, 『한국의 시민사회와 신사회운동』, 1998, 62~63쪽 참조.

12) 참여연대 5주년 기념 심포지엄(1999)에는 환경운동연합, 경실련 등 시민운동단체 관계자, 시민운동을 연구하는 연구자 등이 각각 발제를 하고, 토론을 벌였는데, 거의 대부분의 발제문에는 '시민 없는 시민운동'의 문제를 현재 시민운동의 가장 큰 문제로 지적하고 있었다. '시민 없는 시민운동'의 문제는 곧 엘리트주의, 권위주의의 문제로 그대로 연결된다.

13) 예컨대, 참여연대의 활동은 국민들의 지지와 관심을 많이 받는 운동임이 분명하지만, 아이러니컬하게도 그 활동에서만큼은 철저하게 전문가와 활동가 중심이라고 할 수 있다. 이런 점에서 참여연대의 활동을 '시민 없는 시민운동'이라고 지적하는 이홍균, 「참여연대의 운동 방식과 범위」, 참여연대 창립5주년 기념 심포지엄 자료집, 1999, 74~75쪽 참조.

러한 준관료주의적 의사결정방식은 시민단체가 자신들이 전개하는 시민불복종운동이나 공익소송운동 또는 인권운동을 이해하는 방식으로 이어져 있다는 것이 나의 분석이다.

예컨대 자신들이 행했던 낙천낙선운동은 의심 없는 시민불복종운동이고, 2000년의 의료대란사태와 같이 의료인들의 파업은 국민건강을 해치는 범죄행위라고 단정짓는 인식에는 엘리트주의와 권위주의가 각인되어 있다. 양심적 병역거부를 인권의 외침으로 규정하고, 병역면제나 과중한 대체복무의 부당함을 무조건 주장하는 시민단체들은 인권이 주권의 행사와 — 이를테면 시민의 대표인 의회가 인권보장의 기초로서 국방력 유지의 관점에서 병역의무를 평등하게 부과하는 입법과 — 내적으로 연결되어 있음[14]을 간과한 채 자신들의 인권의식을 확실한 정의로 표상하는 엘리트주의와 권위주의를 보여준다. 공익소송운동에서도 마찬가지이다. 많은 시민단체들은 소비자보호를 위해 피해자들로부터 소송대리권을 위임받지도 않은 채 자신들이 직접 이를테면 제조물결함에 대한 배상책임을 추궁할 권한을 부여받을 자격이 있다고 믿는다. 그런 믿음에는 무과실에 가까운 배상책임이 정의라는 믿음과 그런 믿음을 도덕성으로 연결짓는 인식엘리트주의와 권위주의가 전제되어 있다. 이러한 나의 분석이 타당하다면 다음과 같은 연결고리가 형성된다.

시민운동 ∞ 엘리트주의 · 권위주의 ∞ 관료적 의사결정 ∞ 시민단체의 권력화

---

14) 인권과 주권의 내적 연관에 대한 Habermas의 인권이론 소개와 그 응용적 실천에 관해서는 이상돈, 『인권법』, 2005, 71쪽 아래 참조.

이러한 연결고리는 인식론적 차원에서 보면 시민운동에 대한 이해방식과 시민단체의 권력화 사이에 확고한 내적 연관이 형성됨을 의미한다.[15)]

2. 인식패러다임

그러면 시민단체가 이해하는 시민운동이 어떤 점에서 엘리트주의와 권위주의로 얼룩지고 있는지를 좀더 자세히 살펴보기로 한다.

(1) 인식엘리트주의 1986년의 KBS 시청료납부 거부운동,[16)] 1999년의 분당시민 통행료거부사태,[17)] 2000년초 총선연대

15) 엘리트주의, 권위주의의 문제는 여기서 그치지 않고 계속 확대 재생산된다. 시민운동이 명망가 중심이고, 활동회원의 숫자가 적다는 것은, 곧 시민단체의 재정구조 취약으로 이어지고 이는 시민단체는 기업, 정부, 언론의 재정지원에 의존하게 된다는 문제(금전화의 문제)를 야기한다. 또 부족한 회원 숫자를 늘리기 위해 적은 인원으로 사람들의 이목을 집중시키는 사업에만 치중하게 되고, 그러다 보니 정작 중요한 사업보다는 이슈가 될 수 있고, 언론에 보도가 가능한 사업만을 졸속적으로 추진하게 되는 문제가 생긴다; 이러한 연결고리를 분석하는 유팔무, 「시민 없는 시민운동의 극복」, 당대비평, 제2호, 1997 가을호, 93~94쪽; 때문에 "한국의 시민운동은 전문성이 결여된 상태에서 '여론 조성을 통한 당위성의 창출과 이를 통한 동원'이라는 인상이 강하다"(신율, 「한국시민운동의 개념적 위상과 문제점: 경실련과 참여연대를 중심으로」, 한국정치학회보 제35집 제2호. 178쪽).

16) 1986년 농촌의 실상에 대한 KBS의 왜곡보도에 분노한 전라도 완주군의 한 농민으로부터 시작되어 약 4년여에 걸쳐 국민 절반 이상이 시청료납부를 거부하는 운동을 전개하였다. 이 운동을 시민불복

의 낙천낙선운동과 의료파업사태[18]에서 보듯이 실정법거부행위를 '시민불복종운동' 개념으로 표제화해 온 주체,[19] 양심에 반

종운동으로 진단을 하는 견해로 박은정, 법치국가와 시민불복종, 현대의 사회문제와 법철학, 1995, 8~10쪽 참조: 이 운동을 기점으로 과거 단지 정치적 문제를 이슈로 전개되었던 시민운동이 시민의 실생활과 관련하여 전 분야에 걸쳐 권리찾기 운동으로 확대 재생산되기 시작하였다는 견해로는 김상겸, 「헌법국가에 있어서 시민운동의 정당성에 대한 고찰 —시민불복종운동과 관련하여」, 아·태공법연구 제10집, 2002, 153쪽.

17) 1999.9.1. 분당신도시 아파트입주자대표회의가 건설교통부장관을 상대로 낸 (판교~서울간)고속도로통행료부과 무효소송의 재판이 끝날 때까지 통행료납부거부를 결의하고, 이 운동에 참여하는 분당시민들과 한국도로공사 직원들 사이에 몸싸움이 전개되어 대표회의회장 Y 등이 업무방해죄 혐의로 검찰에 고발됨. 이후 전국 각지에서 단거리 구간의 고속도로 통행료징수(유료도로법)에 대한 거부운동이 전개되었다. 이 운동을 계기로 같은 해 11.5. 국회의원 107명에 의해 15km 이내 구간의 고속도로에 대해 출근길무료통행제도의 개정안이 마련되기도 하였으나 무산되었고, 현재는 출근시간대에 통행료를 할인하는 정책만 실시되고 있다.

18) 대다수의 의사들은 의협과 의쟁투를 중심으로 2000.7.1.부터 시행된 개정 약사법의 의약분업제도에 대해 1999년 후반기부터 항의집회와 집단휴폐업(또는 파업)을 감행하였고, 개정 약사법이 발효된 이후에도 같은 투쟁을 계속하고 있다. 약사법을 집단적으로 불복종하는 투쟁은 약사법의 부분적 개정을 가져오기도 하였으나 이후에도 의사들은 약사법을 거부하는 투쟁을 같은 방식으로 전개하고 있다.

19) KBS 시청료거부운동에 대해서도 시민단체에 의해 시민불복종운동이란 말이 사용되었고(KBS-TV 시청료폐지운동 여성단체연합 홍보지, 1986.8.25.; KBS-TV 시청료거부범국민운동본부, 시청료거부운동, 제7호, 1988.10.25, 4쪽), 총선시민연대의 낙천낙선운동도 총선시민연대 스스로에 의해 시민불복종운동으로 자칭되었다. 또한 개정약사법에 대한 의사단체의 저항 이후 정부의 의료보험수가인상안이 나오자 시민단체들은 의료보험법(국민건강보험법)에 대한 불복종을 선언

하는 병역의무의 부과를 인권침해로 표제화해 온 주체, (증권관련집단소송을 통하여) 집단적인 사익을 추구하는 것이면서 그것이 마치 공익을 실현하는 것인 양 선전해온 주체들은 이제까지는 거의 시민단체들이었다. 시민단체들은 거기서 더 나아가 그런 권한을 독점하고자 하는 경향을 보여주기도 한다.

그래서 시민단체들은 시민들의 실정법불복종을—뒤에서 법이론적으로 분석하는 바와 같이 시민불복종으로 승인될 수 있는지 여부가 불확실한 상황에서도— 통행료거부[20]는 '정당한' 불복종운동으로 규정지었던 반면, 의사들의 집단휴폐업은 일종의 '집단적 범죄'로 차별화한 바 있다. 그런데 이러한 차별화전략에 대해 맞설 수 있는 사회적 세력은 아직까지는 형성되지 않고 있는 듯하다. 공익소송제도의 주장에서 보듯 시민단체는 그 자체로서 공익의 화신(化身)처럼 자평하고, 또 행동하는 듯하다. 어쨌든 적어도 이제까지 우리나라의 시민단체들은, 실정법의 불복종을 시민불복종으로 표제화하는 데 있어, 독점적 지위, 좀 비유적으로는 '인식엘리트'의 지위를 누려 왔다고 말할 수 있다.

양심적 병역거부를 굴절될 수 없는 보편적 인권으로 표제화하는 바와 같은 인권운동이나 투자자보호를 위해 증권관련집단소송제가 반드시 필요하다는 바와 같은 공익소송운동에서도 시민단체들은 인식엘리트의 지위를 지향하고 있다. 물론 무엇이 인권인가에 대한 시민사회의 담론은 매우 다양하게 전개

하기도 하였다.

20) 이에 대해서는 아래 [2] 참조.

하고 있어, 시민단체들이 어떤 권리주장은 의회의 입법을 통해 실정법적 권리로 즉각 수용되어야 하는 인권운동이고 다른 어떤 권리주장은 그렇지 않은 것으로 규정지을 수 있는 힘을 실제로 독점하고 있지는 못하다. 그러나 적어도 인권운동을 규정짓는 권한의 독점력을 장악하려는 경향이 우리사회의 시민단체들에게 있다는 점은 부인하기 어려울 것이다.

공익소송운동에서도 마찬가지이다. 수많은 전문가들의 과학적 분석과 비판적 전망에도 불구하고 시민단체들은 증권관련 집단소송제의 도입이 투자자를 보호하고 증권시장에서 정의를 실현할 것이라는 주관적인 믿음을 객관적인 정의의 확신으로 너무 쉽게 전환시킨다. 무엇이 공익인지에 대한 규정에서도 시민단체들은 독점적 지위를 누리려고 한다.

(2) 도덕(주의)적 권위주의 그런데 이제까지 시민단체가 펼친 시민불복종운동을 살펴보면 인식엘리트로서 시민단체들이 특정한 실정법에 불복종할 때 그 실정법은 단지 '불합리한 정도'를 넘어서서 '확실하게 부정당한 것'이라는 함의를 가진 것처럼 보인다. 또한 시민단체들이 특정한 이익을 인권으로 표제화하고 즉각적인 입법을 주장할 때 그 이익의 실정법적 권리화는 '확실하게 정당한 것'이라는 함의를 가진다. 그러므로 시민단체들이 이른바 '자연법의 확실성'(naturrechtliche Gewißheit)을 인정하고 또한 그것을 한 개인(또는 집단)이 인식할 수 있다는 사고, 즉 '자연법적 사고'와 연장선상에 있는 것으로 볼 수 있다. 그러나 현대사회에서 확실한 자연법은 존재하지 않는다. 그것의 존재를 믿고, 그것을 인식할 수 있다는 엘리트주의적

발상은 도덕주의와 권위주의가 결합한 '도덕(주의)적 권위주의'를 가져온다.

여기서 '도덕(주의)적'이라 함은 실정법과 대립되는 주장이 실정법에 대해 우위를 점해야 하는 '규범적-실천적 타당성'을 갖고 있음을 말한다. 이를테면 시민단체들은 의회에서 정상적으로 입법된 법률에 자신들이 불복종하는 주관적인 근거가 의회의 민주적 입법과정이 가질 수 있는 이성을 넘어설 만큼의 타당성을 갖는다고 생각하곤 한다. 또한 많은 시민단체들은 의회의 다수가 실정법적 권리화에 주저하는 나름의 근거에도 불구하고 이를테면 인권보장을 위해 국가보안법을 전면 폐지한다든지, 양심적 병역거부를 권리화하는 법률을 제정해야 한다고 주장한다. 더 나아가 전환사채의 실권주를 재벌의 상속인에게 배정하는 행위를 두고, 시민단체들은—그의 경영능력이나 시장에서의 평가에 아랑곳하지 않고—무조건 배임죄로 고소를 하거나, 해당 이사진들을 상대로 손해배상소송을 제기하면서 그런 배정의 (형식적) 합법성보다 우월적인 공익성을 그 근거로 내세운다.

이처럼 실정법과 무관한, 그것을 초월한 도덕성 개념은 자연법에 대한 완고한 확신에서 비롯된다. 이런 확신은 시민단체들이 선호하는 '정책의 합리성'에 대한 단선적인 믿음'에까지 연장되고, 또 그 확실성이 '인식엘리트주의'와 결합한 다음 더 나아가 '권위주의'에 빠지게 된다. 그런데 이런 완고함은 정반대의 사고, 즉 법실증주의적 사고에서도 찾아볼 수 있다는 점에 주목할 필요가 있다. 법실증주의적 사고는 실정법이 유일한 법의 인식원(認識源)이라는 믿음에서 출발하고, 실정법을 집행하는 권한을 국가기관에 독점적으로 귀속시킨 다음, 모든 실정법에 대한 불복종(운동)을 불법행위나 범죄행위로 예외 없이 단죄하는 권위주의에 빠지게 된다. 이를테면 2000년 의약분업을 강력히 지지한 시민단체들이 의약분업의 실시에 관해 뒤늦게 펼쳐지기 시작한 공론의 장에서도 지속적으로 보여준 완고함, 즉 의약분업을 통한 시민들의 건강증진에 대한 비과학적이며 단선적인 믿음이나 그 믿음을 정부정책의 집행대리인 역할로 변환시키는 전략적 태도, 공론의 변화를 외면하는 반성적 성찰의 거부 등은 아이러니컬하게도 법실증주의적 사고에 젖어 있는 국가기관의 권위주의적 태도와 매우 유사하다. 다만 차이가 있다면 시민단체의 태도는 '합법주의'가 아니라 '도덕주의'(또는 자연법주의)라는 점이다.

그러므로 여기서 시민불복종운동이나 인권운동, 공익소송운동 등에 대한 시민단체의 태도를 '권위적 도덕주의'라고 부를 수 있을 것이다. 국가기관의 권위적 합법주의(autoritärer Legalismus)가 '법의 준수'에 대한 토론과 논쟁을 금지시키고 법에 대한 권위를 강요하는 식으로 전개된다면, 시민단체의 도덕적 권위주의는 시민운동가들의 판단과 결정을 의심할 수 없는 진리로 설정하고, 이를 시민에게 강요하는 식으로 작동하고 있다. 권위적 합법주의와 도덕적 권위주의는 민주적 법치국가의 발전에 똑같이 걸림돌이 된다. 그러므로 다음과 같은 비판은 매우 설득력을 지닌다.

"시민운동이 공공선을 독점하는 시대는 지나갔다. 시민운동의 공공선 주장은 이제 배타적 타당성과 정합성에 위해서가 아니라 대화에 의하여 결정된다. 공공선이 일반성을 주장하면 할수록 더욱 더 대화는 요청된다. 즉 공공선은 이제 시민운동의 전제조건이 아니라 형성하고 재구성해야 할 과제가 된 것이라는 점을 인정해야 한다. 공공선을 설득 가능한 것으로 만들기 위해서는 원칙적 비판과 감시의 수준을 넘어서는 비전과 추진력을 확보해야 한다."[21]

21) 차성수, 「시민사회의 지형변화와 시민운동」, 지역사회연구 제6집, 1998, 191쪽.

III. 민주적 법치국가와 시민운동

시민단체의 역할에 대한 올바른 이해는 오늘날의 민주적 법치국가에서 시민운동이 차지하는 의미에 대한 이해가 없이는 불가능하다. 독재체제나 민주체제로의 이행기에 시민운동이 지녔던 의미와 민주적 법치국가의 체제가 터잡은 시대에 시민운동이 갖는 의미는 사뭇 다르기 때문이다. 사회학자나 정치학자에 의해 주도되어 온 시민운동론에 대한 지금까지의 논의가 갖는 한계는 바로 시민운동의 의미와 시민단체의 위치를 민주적 법치국가라는 법공동체의 발전상황 속에 집어 넣고 논의하지 못한 데에 있다.

1. 시민운동의 전제로서 민주적 법치국가

우선 민주적 법치국가에서 시민운동은—적어도 현재까지의 현상에서 바라보면—시민불복종 아니면 인권운동 아니면 공익소송 가운데 어느 한 형태를 취할 수밖에 없다. 독재정권에 대한 저항과 달리 민주적 법치국가에서 이 세 형태의 시민운동은 기존 체제의 정당성을 원칙적으로는 승인하면서 그 체제가 갖고 있는 민주성의 한계를 보완하는 기능을 수행한다.

(1) 민주적 법치국가 우선 인권을 주장하고 권리화를

관철하는 행위나 나름의 도덕적 근거를 갖고 다수의 이질적인 시민들이 특정한 실정법에 불복종하는 행위, 그리고 공익소송을 제기하고 소송을 수행하는 활동은 모두 기존의 법체계에 구현된 제도들의 개혁에 대한 강한 지향성과 사회운동적 성격[22]을 갖는다. 이들 세 가지 시민운동들은 민주적 법치국가의 성장에 대해 특별한 기여의 가능성을 갖고 있다. 우리의 헌정질서가 표방하는 민주적 법치국가가 만일 '이상적으로' 구현된다면 보호되어야 할 모든 권익은 모든 사람들이 동의할 수 있는 수준과 방식으로 실정법의 권리체계에 정합적인 질서의 모양을 한 채 빈틈없이 그리고 가지런히 자리잡을 것이다. 그런 이상은 '공식적인 입법기제'(의회, 행정입법, 법원의 구체적 법규범 형성)가 모든 사람의 관점을 형평 있게 그리고 최대한 교환시켜 진정한 의미의 합의(상호이해)에 도달케 하는—하버마스가 말하듯—"이상적인 대화상황"(ideale Sprechsituation)[23]에 완전하게 수렴될 수 있을 때에나 실현될 것이다. 하지만 현실의 입법기제가 갖는 대화적 의사형성(대화적 법규범의 형성)의 역량은 대화의 시·공간 제약과 대화자들의 당파성이나 전략적 행동경향으로 인해 언제나 제한된 범위에 머무른다.

(2) 합법성의 정당성공백을 메우는 시민운동 그러므로 공

22) 공익소송의 사회운동적 성격을 강조하는 김인회, 담배소송이 민변의 공익소송인가, 공익소송위원회 활동보고서, 민변, 2002,3, 25쪽; 김인회, 민주사회를 위한 변론, 2000, 11/12월호, 통권 37호 참조.

23) 이 개념은 Habermas, *Wahrheitstheorien, Vorstudien und Ergänzungen zur Theorie des kommunikativen Handelns*, 1983 참조.

식적인 입법기제로 제도화된 실정법체계는 한편으로는 그것이 갖고 있는 민주적 의사형성의 역량만큼 비례하여 정당성을 지니게 되지만, 다른 한편으로는 그런 역량의 한계만큼 비례하여 정당성의 결핍에 시달릴 수밖에 없다. 합법성(Legalität)은 그처럼 정당성(Legitimität)과 실정성(Positivität) 사이에 존재한다. 시민운동은 오직 이와 같은 합법성에 완전히 구현되지 못한 정당성의 공백을 메우는 기능을 할 수 있을 뿐이다. 또한 그런 기능은 시민사회의 공론이 활성화되고, 그 공론 속에서 타당성 경쟁을 펼친 다양한 견해들 가운데 우월한 경쟁력을 보이는 주장들에 대해 법체계가 지속적으로 반성적인 자기변화를 도모해 나아가는 방식으로만 수행될 수 있다. 다시 말해 민주적 법치국가에서 합법성은 법제정권력자의 권위로 환원될 수도 없지만, 자연법적 정의에 대한 (시민단체들의) 주관적 확신으로 대체되어서도 안 되는 것이다. 민주적 법치국가에서는 시민운동의 기획자들이 자신들의 생각과 주장에다 인권이니 공익이니 또는 불복종의 권리니 하는 이름을 붙인다고 해서 그것이 곧바로 정의가 되는 것은 결코 아니다.

2. 민주적 법형성의 보완기제

공론경쟁을 펼치는 시민들의 행위를 통해 국가는 새로운 정의를 기획하고, 법과 제도를 변화시켜 나아갈 수도 있다. 그런 점에서 시민운동이 침해받은 자들의 피해를 구제하는 개인적 차원에 머무르지 않고, 제도개선, 소수자의 권리형성과 실현 등과 같이 넓은 의미에서 정의를 실현하는 기능을 수행한다는 점은 매우 중요하다.

(1) 삼륜마차 이렇게 볼 때 인권운동, 시민불복종운동, 공익소송운동은 모두 민주적 법치국가의 공식적인 입법기제가 민주적 의사형성을 다하지 못하는 부족부분을 메워주는 민주적 법치국가의 성찰적 기제가 된다고 말할 수 있다. 만일 공익소송이 인권운동과 시민불복종운동과 함께 그런 기제로 확고하게 자리잡게 된다면 민주적 법형성은 그 결함을 메워주는 3륜마차를 갖게 되는 셈이 된다.

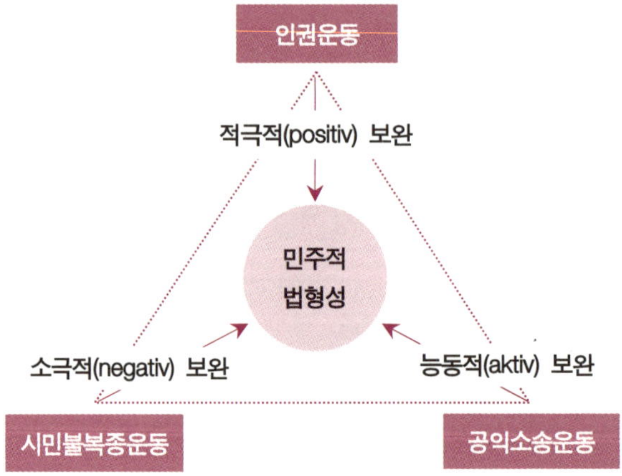

도표 1: 시민운동의 3가지 형태와 민주적 법치국가

이 3륜마차들은 모두 공통된 기능을 수행하지만 운동이 전개되는 양상은 다소 다르다. 즉 인권운동이 입법기구에 적극적(positiv)으로 인권사상을 밀어 넣는다면, 시민불복종운동은 현행

법의 소극적인(negativ) 거부를 통하여 법체계의 변화를 촉발시킨다. 인권운동이 의회의 적극적인 입법조치를 추구하는 행위인 반면, 시민불복종운동은 의회에서 입법된 규범을 거부하는 소극적인 행위이다. 또한 공익소송운동은 권리를 실현하거나 새로운 권리를 구성하긴 하지만 직접 의회의 입법을 추진하는 것이 아니라 구체적인 권리구제를 추진할 뿐이며, 그런 점에서 시민불복종운동처럼 소극적이라고 할 수 있다. 하지만 공익소송은 재판을 통해 새로운 법규범을 형성한다는 점에서는 역시 적극적이라고 할 수 있다. 여기서 이 두 가지 특성을 아울러서 공익소송은 능동적(aktiv)으로 민주적 법형성의 부족을 메우는 기제가 된다고 할 수 있다.

(2) 시민운동의 공론경쟁적 성격 민주적 의사형성의 보완적 기능은 지금까지는 주로 인권운동과 시민불복종운동에 의해 수행되어 왔다. 그런데 인권운동에서나 시민불복종운동에서나 그 운동주체들이 갖는 정의(또는 자연법적 인권)에 관한 주관적 확신을 실현하는 정치적 투쟁이 그 운동의 목표를 달성하지는 못한다. 오히려 인권운동이나 시민불복종운동은 공론영역에서 그것들이 주장하는 권리의 타당성에 대해 논증하고 시민들의 광범위한 동의를 얻어가는 의사소통적 방식에 의해서만 수행될 때 더 성과적인 것이었다. 이러한 점은 최근 새로운 시민운동의 하나로 커가고 있는 공익소송에서도 똑같다. 공익소송은 그것이 주장하는 정의관념에 대한 시민들의 동의가 광범위해질수록, 즉 공론경쟁에서 더 타당한 것으로 승인될수록, 그 주장내용을 실정법으로 제도화하는 힘을 얻을 수 있다. 또

한 정치인들도 정치적 지배를 유지하기 위해서는 공론경쟁에서 타당성이 승인된 새로운 주장들을 수용하지 않을 수 없게 된다. 이처럼 인권운동이나 시민불복종운동 그리고 공익소송운동이 가질 수 있는 힘은 하버마스의 용어를 빌리면 '의사소통적 권력'(kommunikative Macht)이라고 부를 수 있다. 하버마스는 이 개념에 대해 다음과 같이 말한다.

> "베버(Weber)는 권력이라는 근본적 현상을 사회적 관계 속에서 자신의 의지를 타인의 저항에도 불구하고 관철시킬 수 있는 개연성으로 이해해 왔다. 이와는 대조적으로 한나 아렌트(Hana Arendt)는 권력을 강제 없는 의사소통 속에서 형성된 공동의지의 잠재력으로 이해한다. 그녀는 '권력'과 '폭력'을 대비시킨다. 다시 말해서 상호이해를 지향하는 의사소통이 갖는 합의를 이루어내는 힘과 타인의 의지를 자신의 목적을 위한 도구로 만들어 낼 수 있는 능력을 대비시킨다. '권력은 단순히 행동하거나 그 무엇을 하는 것이 아니라 타인과 단합하고 타인과 조화를 이루어 행동하는 인간의 능력으로부터 나온다.'[24] 이와 같은 의사소통적 권력은 오직 왜곡되지 않은 의사소통의 훼손되지 않은 상호주관성 구조로부터 나온다. 의견 형성과 의지 형성의 장소에서 '자신의 이성을 모든 점에서 공적으로 사용하는' 모든 시민들의 거침없는 의사소통적 자유를 통해 '확장된 정신'의 생산력이 관철될 때 의사소통적 권력이 생겨난다. 이 확장된 정신의 특징은 이를테면 '사람들이 자신의 판단을 타인의 현실적 판단보다는 가능한 판단과 비교하고 스스로 다른 모든 타인의 위치를 취해 본다'는 데 있다."[25]

하지만 하나의 법형성운동으로서 시민운동은 공론경쟁에

---

24) H. Arendt, *Macht und Gewalt, München*, 1970, 45쪽.

25) Habermas, *Faktizität und Geltung*, 1992, 183~184쪽(한상진/박영동, 『사실성과 타당성』, 191~192쪽).

서 패할 수 있음을 간과해서는 안 된다. 예컨대 설령 공익소송의 경우 소송에서는 이기더라도 그 판결의 정당성에 대한 의문이 지속적으로 근거 있는 논거에 의해 반박된다면 그 판결을 뒤집는 의회차원의 입법이 이루어질 수 있다. 이런 점은 인권운동이나 시민불복종운동에서도 마찬가지이다. 인권주장이 의회의 입법으로 실정화되더라도 또 다른 시민들에 의해 나름의 합리적 논거에 의해 불복종될 수도 있다. 시민불복종 역시 오히려 인권침해적일 수 있다는 역기능의 측면이 밝혀지고, 그에 따라 현행법에 위반하는 범죄적 행위로 판정될 수도 있다. 그러므로 시민운동의 정의실현여부는 그 운동을 전개하는 주체, 이를테면 시민단체들이 스스로 결정할 수 있는 것이 아니라 공론영역에서 의사소통적 권력을 얻는 타당성을 획득할 수 있는 역량에 따라 좌우될 수 있을 뿐이다.

3. 법적 대화이론의 시민운동 이해

이렇게 볼 때 시민운동은 궁극적으로는 시민사회에서 펼쳐지는 의사소통적 흐름에 기초해야 한다는 요청이 제기된다. 우리나라 시민단체들의 사회운동에 대한 비판과 회의는 근본적으로 이러한 요청을 외면한 데서 비롯된다. 시민단체의 정체성 위기도 바로 거기서 시작될 수 있다. 그러므로 시민단체의 정체성 재구성은 민주적 법치국가의 법체제에 적합한 시민운동 패러다임을 구축함으로써만 가능할 수 있다.

(1) 법실증주의적 사고와 자연법적 사고 우리나라에서 지

금까지 시민운동을 이해하는 주된 법학 내의 흐름은 법실증주의적 사고와 자연법적 사고로 구분할 수 있다. 이 두 사고의 대립은 오랜 세월동안 마치 모든 법적 사고에서 선과 악으로 대립되는 두 가지 원형으로 여겨져 왔다. 이 점은 지금도 마찬가지이다. 여기서 법실증주의와 자연법론의 대립을 자세히 논의할 수도 없고 그럴 필요도 없다. 내가 바라보는 문제점의 핵심은 그와 같은 법률가의 상식과는 달리 이 두 가지 사고 모두 시민운동을 교조적인 확신에 —이를테면 시민불복종의 정당성(확신)에 또는 시민운동의 현행법 위반성(위법성)에— 편향시켜서 그 의미를 새김으로써, 시민사회와 정치체계 그리고 법체계 사이의 상호작용적 구조(동조와 저항의 관계)를 깨뜨리는 근본적인 문제를 함께 하고 있다는 것이다.

A. 정당성의 법실증주의적 위기 먼저 법실증주의적 관점은 무조건적인 법준수의무를 부과한다. 즉, 의회에서 제도화된 입법절차에 따라 유효하게 성립한 규범만이 유일하게 효력 있는 법이 되고, 이 법규범은 반드시 지켜야 한다는 것이다.

㈎ 권위와 절차 속에 갇힌 정당성 입법자의 명령과 의지는 법규범의 내용으로 전환된다. 또한 이런 법실증주의는 '절차를 통한 정당화'[26]를 외치는 루만(Luhmann)의 법사회학이론[27]에 의해 다시금 깔끔하게 현대화된 이론의 옷을 입을 수

26) Luhmann, *Legitimation durch Verfahren*, 1975.

27) 이에 관한 일반적인 이해에 관해서는 이상돈/홍성수, 『법사회학. M. Weber, J. Habermas, N. Luhmann의 사회학이론과 법패러다임』,

도 있다. 그러나 어떤 논증이건 간에 법실증주의적 사고는 여전히 법규범의 정당성기초를 매우 박약하게 만든다. 왜냐하면 법규범에 담길 정의의 내용을 기껏해야 오직 그 법규범이 형성된 바로 '그' 시공간(사회와 역사) 속에서 펼쳐졌던 논의(정의에 관한 대화)의 결론에서만 찾기 때문이다. 그러나 법규범이 성립한 후에도 그 법규범의 타당성에 대해 합리적 논거로 근거지어진 비판이 시민사회에서 진지하고 지속적으로 제기될 수 있다. 또한 이를 계기로 공론이 새롭게 형성될 수 있으며, 더 나아가 그런 공론의 변화를 바탕으로 정치체계에서 ―심지어는 다수(자)와 소수(자)의 역전과 같은― 변화가 전개되기도 한다. 그런데 법실증주의적 사고처럼 만약 법의 정당성기초를 오로지 입법자의 법제정 '권력'(Macht)에 예속시키거나 입법자가 법제정을 위해 진행시킨 '절차'(Verfahren) 속에 가두어 버린다면, 법체계는 그와 같은 변화에 대해서 맹목적이게 된다.

(나) **정당성의 위기** 이런 맹목성은 정치적으로는 '권위주의' 또는 국가지상주의(statism)[28]이며, 인식론적으로는 ―정의에 대한 사회적 의사소통을 마치 '불연속적으로 발생하는 자연현상'처럼 간주하는 것이라는 점에서― 사이비 '과학주의'이며, 법이론적으로는 정당성을 합법성으로 환원시킨다는 점에서― 합법주의라고 비판할 수 있다.[29] 그러나 이보다 더 중요한 점

2000, 제4장 참조.

28) 홍윤기, 민주주의의 시민적 개혁 ―민주주의적 법치주의 원칙과 역사에서 본 총선시민연대 낙천낙선운동의 정당성과 합법성, 「총선시민연대 정책자문교수단 발간 낙천낙선운동 기초자료집 (1)」, 2000, 32쪽.

29) 하버마스는 그런 사고를 '권위적 합법주의'(autoritärer Legalismus)라

은 권위주의, 과학주의, 합법주의의 모습을 띠고 있는 법체계는 필경 정당성의 위기에 매우 쉽게 빠지게 된다는 점에 있다. 그런 법체계는 시민사회뿐만 아니라 정치체계에 대해서도 문을 닫고 오직 의회의 실증적인 입법절차라는 좁다랗기 그지없는 통로를 통해서만 사회의 정의 관념을 수용하기 때문이다.[30] 즉, 그런 법체계에서는 의회의 입법절차가 수행하는 민주적 의사형성의 기능에 일정한 결함이나 장애가 발생하게 되면, 그것은 곧바로 법규범의 정당성기초를 박약하게 만든다.[31] 이런 상황이 법률가들이 생각하는 우리나라 법체계의 현실이었다고 볼 수 있다. 물론 여기서 한국사회에서 의회의 입법절차가 수행할 수 있는 민주적 의사형성의 기능적 결함과 장애에 대한 정치학적 논의에 깊게 들어갈 여유는 없다. 또 그럴 필요도 없을 것 같다. 왜냐하면 그런 현실은 이미 한국사회의 정치사가

고 비판한다(Habermas, *Ziviler Ungehorsam —ein Testfall für den demokratischen Rechtsstaat Ziviler Ungehorsam im Rechtsstaat*, Glotz 편, 1983, 43쪽 참조).

30) 이러한 이유로 "우리의 경우 상대적으로 정체되고 사회의 요구를 제대로 수용하지 못하는 입법기관의 입법활동은 시민운동의 한 요인이 되고 있다. 또한 민주화운동으로 시작된 국민의 다양한 요구는 법현실 속에서 점차 실질적·구체적 법익문제로 진행되고 있다."(김상겸, 「헌법국가에 있어서 시민운동의 정당성에 대한 고찰—시민불복종운동과 관련하여」, 아·태공법연구 제10집, 2002, 160쪽).

31) 이와 같은 문제의식의 이면에는 근대 국가의 기본원리로서의 대의민주주의에 대한 비판이 놓여 있다는 견해로는 김호기, 「시민사회론과 한국사회」, 『사회운동과 사회변동』, 나남, 2002, 214쪽 이하 참조. 이 견해에 따르면 근대 대의민주주의는 정치적 결정에 대한 통제를 다른 사람에게 양도하는 것이 불가할 수밖에 없으며, 따라서 모든 통제가 간접적으로만 행사되기 때문에 시민들의 자율성을 침해할 가능성이 상존하다고 볼 수 있다.

웅변적으로 말해 주고 있기 때문이다.

B. 자연법적 이해 다음으로 시민운동을 자연법의 연장선에서 이해하는 사고이다. 이를테면 인권운동은 자연권을 실정화하는 행위이고, 시민불복종운동은 저항권[32]의 연장선에서 즉, 실질적으로 불법인 실정법에 대해 (법치국가)체제 '내'적으로 저항하는 행위라고 보는 사고이다. 이런 자연법적 사고가 법체계와 시민사회 및 정치체계 사이의 상호작용적 구조(동조와 저항의 관계)를 깨뜨리는 점은 법실증주의적 사고와 다를 바가 없다. 법실증주의와 자연법적 사고의 차이는 앞의 것이 시민사회와 정치체계의 정의실현역량을 실정법체계에 예속시키는 반면, 뒤의 것은 실정법체계를 시민사회와 정치체계의 정의실현역량에 예속시킨다는 데에 있을 뿐이다.

㈎ 자연법적 확실성의 믿음에 의해 해체된 합법성 예를 들어 시민불복종운동을 자연법적으로 구성하는 흐름은 세 가지로 나누어 볼 수 있다. 첫째, 시민불복종행위와 불복종되는 법규범을 <자연법과 실정법>, <법과 (부분적) 불법>으로 각각 대비시키고 불복종행위를 <법치국가 내의 반대권>과 <불법국가에 대한 저항권>의 중간영역에 위치시키되, 이들 세 권리의 '자연법적 동질성'을 바라보는 견해,[33] 둘째, 불복종되는 실정법

32) 이에 관한 체계적이고 종합적인 연구로 심재우, 『저항권』, 고려대 출판부, 인문사회과학총서 제38권, 2000 참조.

33) 조천수, 「시민의 정치적 권리와 국가형벌권」, 한국법철학회 2000년도 춘계학술대회 발표문, 2000.6.17, 15~16쪽.

은 불법, 즉 자연법적 원리의 위반으로 규정짓지만, 불복종행위의 정당성은 오로지 정치적 차원에서—그러니까 정치학적으로는 시민민주주의(civil democracy)[34] 또는 참여민주주의의 실현이라는 차원에서— 정당화하는 견해,[35] 그리고 셋째, 불복종되는 실정법을 '법과 정의가 파괴될 위험이 수반되는 법'(불법)이 아니라 아직은 '정치적 실패'로만 규정지을 수 있는 법(부당한 법)이라고 보고, 시민불복종행위는 그런 실패를 미리 교정하여 실정법이 불법이 되고 법치국가가 불법국가로 전락하는 것을 막는 '일상적인 작은 저항'으로서 정당화된다고 보는 견해[36]가 있다. 이들 세 가지 유형의 자연법적 사고에서 사용되고 있는 (시민불복종행위의) 정당성이란 개념은 자연법적 내용을 말한다. 다시 말해 시민불복종운동을 단숨에 정당화시키는 모든 견해

---

34) 홍윤기, 「민주주의의 시민적 개혁- 민주주의적 법치주의 원칙과 역사에서 본 총선시민연대 낙천낙선운동의 정당성과 합법성」, 총선시민연대 정책자문교수단 발간 낙천낙선운동 기초자료집 (1), 2000, 24~40쪽 참조.

35) 예컨대 낙천낙선운동이 거부하는 선거법 제58조, 제59조 및 제87를 따르는 것은 오히려 '불법'이 되는 것임을—따라서 그 법을 준수하는 자는 심지어 불법자(criminal), 법률적 용어로는 범죄자가 되는 것임을— 역설하는 반면, 불복종행위에 대해서는 시민민주주의를 실현한다는 (한국사회의) '정치역사적 맥락에서'—그러므로 합헌적인지, 합법적인지, 단지 합원칙적인지 여부는 중요한 관심사항에서 제외된 채— 정당성을 부여하는 홍윤기 교수(홍윤기, 앞의 글)나 '국민의 직접적이고 합의된 정치행위'라는 점에서 정당성을 부여하는 오현철 연구위원의 견해(오현철, 「시민불복종과 낙선운동의 정치학적 정당성」, 총선시민연대 정책자문교수단 발간 낙천낙선운동 기초자료집 (1), 2000, 1~16쪽)를 들 수 있다.

36) 심재우, 「시민과 정치적 권리」, 한국법철학회 2000년도 춘계학술대회 발표문, 2000.6.17, 5쪽.

는 전면적이냐 부분적이냐 하는 차이는 있지만 결국 '자연법적 확실성'(naturrechtliche Gewißheit)을 전제로 하지 않고는 성립할 수가 없다.

이러한 사정은 인권운동에서도 마찬가지이다. 시민단체들이 주장하고 대변하는 인권은 보편적인 것인 반면, 의회의 입법기제가 수행하는 법적 권리체계의 형성은 '인권구성적'인 것으로 보지 않고 많은 경우 당파적인 '정치구성적'인 것으로 격하시킨다. 이 과정에서 의회의 입법기제가 갖는 민주적인 의견형성과 그것을 통한 인권의 구체적 실정화 기능은 시야에서 사라지고 만다. 자연법적 확실성에 대한 믿음은 의회의 공식적인 입법기제가 수행하는 인권실현적 기능을 지워버린다. 그런 믿음을 강하게 가진 시민단체일수록 그 단체가 펼치는 인권운동은 오히려 비민주적이기 쉽다.

(나) 합법성의 위기 그러나 이러한 자연법의 확실성에 대한 믿음은 합법성을 해체시키는 시대착오적인 사고이다. 이 점을 이해하기 위해서는 여기서 먼저 합법성의 개념을 재구성할 필요가 있다. 여기서 합법성이란 단순히 '권위적 명령'이나 '정치적 힘(의 크기)'을 뜻하는 것이 아니라, 비록 입법절차에서 특정한 정의표상을 법규범으로 전환시킬 수 있는 (정치적) 힘의 크기를 반영하기는 것이기는 하지만, 동시에 그런 힘이 입법절차의 민주적 의사형성력을 반영하는 것인 한, 일정한 수준의 정당화 역량을 포함하는 개념이라는 것이다. 다시 말해 실정법은 한편으로는 '제도적으로 한계지어진 정당성(Legitimität)'을 가지면서 다른 한편으로는 '도덕적으로 한계지어진 실증성(Positivität)'을 갖는다는 것이다. 이를 두고 (실정법의) '합법성'(Legalität) 이라고 부를 수 있을 것이다.[37] 말하자면 합법성은 정당성과 실증성, 그 사이에 위치하는 셈이다. 시민운동의 자연법적 이해는 정당성을 '도덕적으로 한계지어진 실증성'의 틀에 가두는 법실증주의적 이해방식의 오류와는 정반대의 오류, 즉 '제도적으로 한계지어진 정당성'을 정의에 관한 주관적 확신(자연법적 확신)으로 해체해 버린다. 바꿔 말해, 법실증주의적 사고가 합법성을 정당성과 동일시한 반면, 자연법적 사고는 합법성을 실증성과 동일하게 본 것이다. 그러나 그와 같은 주관적인 정의관념이 의회에서 다수결의 방식으로 결정되는 법규범보다 더 정의로운 것이라는 보장이 어떻게 가능할 것인가? 특히 시민불복종운동에서처럼 실정법에 불복종하는 사람들이 정당성의 수호자라고 어떻게 단정지을 수 있을 것인가? 이에 대한 나의 대답은 매우 회의적이다. 그것은 무엇보다도 현대사회의 특성에서 비롯된다. 즉, 생활형식이 전체사회적 통일성을 상실하고, 가치판단이 중층적인 구조를 띠며, 사회현실이 일상지식의 규율지평을 넘어선 복잡성을 보이는 사회에서는 자연법은 그 구체적 모습을 적어도 개인적으로는 확인할 수가 없다는 점이다.[38] 현대사회에서 개인의 실천적 이성능력만으로도 구체적인 내용의 자연법(정법)을 인식할 수 있다는 믿음은 지극히 시대착

37) 이에 관한 하버마스의 논의는 Habermas, *Wie ist Legitimität durch Legalität möglich?* KJ 1986, 1~16쪽 참조: 다만 하버마스는 합법성을 때로는 다소 실증성의 개념으로 사용하는 듯한 인상도 있다.

38) 법인식에서 자연법적 확실성의 상실에 관하여 Haverkate, *Gewißheitsverluste im juristischen Denken*, 1977 참조.

오적인 것이다.[39] 합법성의 해체는 그와 같은 시대착오적인 믿음이 없이는 더 이상 가능하지가 않다.

(2) 시민운동의 대화이론적 재구성 그러면 정당성을 입법절차에 가두어 버리는 법실증주의적 사고의 오류나 주관적 확신으로 합법성을 해체해버리는 자연법적 사고의 오류에 빠지지 않고 시민운동을 설명할 수는 없는 것일까? 나는 그런 대안으로 내가 하버마스의 의사소통행위이론을 한국사회와 한국의 법문화라는 사회역사적 콘텍스트에 집어넣어 여러 법영역에서 발전시켜 온 대화이론적 법이해를 제시하고자 한다.

A. 법인식패러다임의 변환 먼저 법실증주의적 사고와 자연법적 사고는 실천적으로는 매우 상반된 결론에 이르러 있지만, 이론적으로는, 특히 인식론적으로는 매우 친화적인 구조, 즉 '주체-객체'-인식모델(Subjekt-Objekt-Erkenntnismodell)의 구조를 취한다.[40] 법실증주의적 사고에서는 입법자(주체)가 실정법텍스트(객체)에 입력한 실천적 명령이 완전무결한 법규범이 되는 반면, 자연법적 사고에서는 개인(주체)이 홀로 인식한(할 수 있는) 올바른 규준(객체)이 배타적인 법규범이 된다. 다시 말해 법실증주의적 사고에서는 명령으로 표현되는 '주체의 인식'(활동과 그 권위)이 전제되어 있고, 자연법적 사고에서는 올바른 규준으

39) 여기서 자연법의 인식론적 불확실성이 자연법의 존재론적 불확실성까지 전제하는 것인지를 자세히 논의할 수는 없다. 또한 그것은 나의 인식관심에서 벗어나 있기도 하다.

40) 이에 대해 자세히는 이상돈, 『새로쓴 법이론』, 2005, 131쪽 아래 참조.

로 수렴되는 '주체의 인식'(능력과 그 이성)이 법생산의 구성적인 요소가 된다. 시민운동의 현상에서 보면 어느 사고이든 한 개인이나 집단, 그러니까 입법자(의원집단)나 시민단체가 각각 '배타적인' 법인식의 권한을 누리는 셈이 된다. 이를 법인식의 '엘리트주의'라고 부를 수 있을 것이다.[41] 그러나 이러한 엘리트주의는 정당성을 합법성으로 환원시키거나 합법성을 정당성의 이름으로 해체시키는 오류를 낳는다.

이러한 오류를 극복하기 위해서 나는 '주체-객체'-인식모델, 즉 과학주의적 법인식패러다임을 지양하고 상호주관적 (또는 대화적) 인식모델로 나아갈 것을 주장한 바 있다.[42] 즉, 정의를 정하는 이성도, 권력을 낳는 절차(입법절차)도 궁극적으로는 모든 사람들 사이의 대화적 의사소통에 의해 '상호이해'가 가능한 규범만이 법규범으로 수용되어야 한다는 것이다. 이를 하버마스(Habermas)의 표현을 빌리면 '대화원칙'(Diskursprinzip)이라고 부를 수 있다. 이 원칙 아래서 법의 인식은 한 주체가 다른 주체와 함께 어떤 규범의 타당성에 대해 서로 이해를 도모하고, 그 상호이해의 의미세계 속에서 하나의 질서로 통합된 삶을 살아가게 되는 모습을 띤다.[43] 여기서 법인식의 주체는 한 개

---

41) 하쎄머는 "엘리트적 자연법론"(elitäre Naturrechtsdoktrin)으로 표현하는데(Hassemer, *Ziviler Ungehorsam —ein Rechtfertigungsgrund?* Festschrift für Wassermann, 1985, 343쪽), 이 지적(같은 지적으로 변종필, 시민불복종과 국회의원 후보 낙천·낙선운동의 정당화문제, 형법정책연구회 발표문<2000.2.19> 14쪽 참조)은 법실증주의에도 타당할 수 있을 것이다.
42) 이상돈, 『새로쓴 법이론』, 2005, [1]단락 참조.
43) 이를 민주적 법치국가의 에토스로 설명하는 이상돈, 『법학입문』,

인이 아니라 상호이해를 도모하는 모든 사람들이며, 이를 '상호주관성'(Intersubjektivität)이라고 표현할 수 있다. 이러한 상호주관성은 법을 제정하고 집행하는 모든 국가기구들에게도 요구된다. 입법자든, 행정관료든 또는 법관이든, 홀로 법을 인식하는 태도로부터 규범의 타당성에 대해 다른 사람들과 함께 끊임없이 대화하고, 상호이해가 가능한 규범만을 법규범으로 인정하는 태도로 전환하라는 '패러다임변환의 요구'로부터 결코 예외일 수 없다.

B. 민주적 법치국가의 구성요소 이러한 상호주관적 인식패러다임에서 보면 첫째, 실정화된 입법절차(대의민주주의)나 다수결원칙, 그리고 이 원칙들과 상호작용관계에 있는 법치국가원칙들은 대화원칙을 단지 '제도화'(Institutionalisierung)하는 방편일 뿐이다. 그러나 제도화란 인적·물적 자원의 한계와 시간적·공간적인 ―정보화사회에서는 정보적인― 제약 속에서 이루어진다. 그래서 입법절차나 다수결원칙이 대화를 통해 합의를 현실 속에 구현하는 기능은 제한적이다. 그렇게 제한적인 대화적 의사형성을 '민주적 의사형성'이라고 부를 수 있다. 민주적 법치국가는 이런 의사형성에 가장 적합한 법공동체의 조직원리라고 할 수 있다. 둘째, 그런데 '제도화'는 오히려 대화적 의사형성을 왜곡시키기도 한다. 왜냐하면 제도화는 현실적으로 어느 정도는 대화적 의사형성의 '협착화'를 뜻하고, 더욱이 그런 협착화는 권력과 금전의 논리에 영향을 받기 쉽기 때문이

2004, [2]단락 참조.

다. 이것을 '제도화의 패러독스'[44]라고 부를 수 있다. 이러한 패러독스를 최소화하기 위해서 민주적 의사형성은 '일회적인 사건'이 아니라 '끊임없이' 진행되어야 한다는 요청이 등장한다. 다시 말해 제도화된 법규범의 형성은 그 법규범의 정당성이 검증되는 시작일 뿐, 결코 끝이 아닌 것이다.[45] 그러므로 법을 제정・집행하는 국가기구는 법이 제정되거나 집행되기 시작한 이후에 그 법에 대해 (특히 시민사회에서) 펼쳐지는 비판과 성찰의 의사소통적 흐름에 대해 문을 열고, 그 흐름을 제도적인 법형성과정에 다시 수용하는 개방적인 태도를 취해야 한다. 그런 의사소통적 흐름에 폐쇄적일수록 실정법은 그만큼 더 정당성의 위기에 빠져든다.

그러므로 법규범이나 정책적 결정의 정당성은 실정법상의 결정절차가 시민들 사이의 의사소통적 교류에 끊임없이 문을 열어놓고, 그 교류 속에서 형성되는 광범위한 합의를 지속적으로 반영할 때만 확보될 수 있다. 여기서 정당성의 수호자는 국가기구나 시민운동을 하는 시민단체라는 어떤 특정한 주체가 아니라 '민주적 의사형성의 끊임없는 동적 과정' 그 자체라고

---

44) 형법에서 이 개념을 설명하는 이상돈, 『형법의 근대성과 대화이론』, 1994, 72쪽.

45) 그러므로 하버마스도 이렇게 말한다: "이 공중의 정치적 영향력은 민주적 의지형성과 의견형성의 제도화된 절차라는 필터를 통과할 때 비로소 의사소통적 권력으로 전환되고, 정당한 법제정에 동참하게 된다. 또한 이 때 비로소 실제로 일반화된 공적 의견으로부터, 이익의 일반화라는 측면에서 검증받은 확신이 등장하여 정치적 결정을 정당화할 수 있다."(Habermas, *Faktizität und Geltung*, 1992, 451쪽; 한상진・박영도 역, 『사실성과 타당성』, 나남, 2000, 446쪽).

할 수 있다.

C. 의사소통적 행위로서 시민운동 시민운동은 바로 그런 동적 과정을 구성하는 한 요소로 자리매김될 수 있다. 즉 시민운동은 그 운동이 표방하는 정의내용이 민주적 의사형성의 제도화된 통로를 통해 법규범으로 유입되지 못한 상황 속에서 권력적으로 형성된 법규범의 정당성을 의문시하고, 그 대안을 모색하는 공론의 장을 열어 놓으려는 의사소통적 행위이다. 이런 행위의 지평을 인정하는 것은 민주적 의사형성의 네트워크에 모종의 의사소통적 기능장애가 있음을 전제로 한다. 그런 의사소통적 기능장애는 모든 법체계에 '내재'해 있다. 왜냐하면 앞에서 논의한 바와 같이 이상적인 대화적 의사소통은 어떤 정도로든 협착되지 않고는 제도화된 네트워크를 통하여 법규범의 형성기반으로 기능할 수 없기 때문이다. 여기서 민주적 법치국가에서 실정법을 비판하는 의사소통적 행위가 펼쳐지는 것은 예정된 일이며 또한 지극히 '정상적인 현상'에 속하게 된다. 따라서 시민운동은 자연법적 사고처럼 민주적 법치국가의 '법체계'에서의 '예외적 현상'으로 바라보거나, 법실증주의적 사고처럼 민주적 법치국가의 '정치체계'를 위태롭게 하는 '반체제적인 현상'으로 바라보는 것은 더 이상 타당할 수 없다. 하버마스의 표현을 빌린다면 '반체제적인 현상'은 "외부와 내부의 적들에 향해져 있는 실증주의적 안보사상"[46]이라고 할 수 있겠다.

---

46) Habermas, *Ziviler Ungehorsam —ein Testfall für den demokratischen Rechtsstaat Ziviler Ungehorsam im Rechtsstaat*, Glotz 편, 1983, 51쪽.

그렇기 때문에 이른바 참여민주주의, 즉 민주적 자율성을 실현하기 위해 평등한 구성원으로서 집단적 의사결정에 참여할 수 있는 권리를 보장하는 체제[47]는 민주적 법치국가의 기본원리가 된다. 이처럼 시민운동은 시민사회의 구성원인 시민에 의하여 국가권력행사의 과정에 직접 참여함으로써 참여민주주의를 실현시키는 데 큰 기여를 한다. 바로 그런 점에서 "시민운동은 대의제 민주주의의 단점을 보완하고 직접민주주의를 실천함으로써 민주주의의 발전과 민주사회의 구현에 중요한 수단이 된다"고 말하기도[48] 한다.

D. 정치체계와 법체계의 통합　이제까지의 논의에서 언급된 민주적 법치국가란 '사회적 하부체계'로서 법체계와 정치체계의 통합이 전제된 개념이며, 시민운동은 민주적 법치국가의 안에, 그러나 법체계와 정치체계 사이에 위치함에 주의해야 한다. 그러므로 시민운동을 "정당성과 합법성 사이에 자리잡아야 한다"라고 하는 견해는 틀린 것은 아닐지라도 충분하지는 못하다. 왜냐하면 자연법론자들에게는 '정당성'이 '자연법'으로 그리고 '합법성'이 '실정법'으로 읽혀질 수 있고, 그렇게 되면 시민운동은 자연법과 실정법 사이에 위치하면서, 그 간극을 지양하는 법 자체의 본질적인 역동적 요소로 해석될 여지가 생기기 때문이다. 또한 시민운동을 "성숙한 정치문화의 포기할 수 없는 구성부분"(unverzichtbarer Bestand einer reifen poli-

47) C. Pateman, *Participation and Democractic Theory*, Cambridge University Press, 1970.

48) 양건, 「참여민주주의 · 시민운동 · 법」, 공법연구 제26집 제1호, 1998.

tischen Kultur)[49]이라고 하는 것도 틀리지는 않지만 완전하지는 못하다. 왜냐하면 시민운동은 법체계를 완전히 떠나 정치체계의 내부영역으로 들어와 자리잡는 것이 아니기 때문이다. 그렇게 되려면 법체계는 적어도 정당성의 측면에서는 정치체계에 예속되어야 한다. 바로 이 점이 아마도 시민운동을 해석하는 사회학자나 정치학자, 혹은 철학자들이 범하기 쉬운 오류일 것이다. 나의 생각으로는 법체계와 정치체계는 '긴장과 동조'의 상호작용적 관계를 이룬다고 보아야 한다. 즉, 정치체계가 시민불복종운동을 배후로 하여 법체계에 대해 변화의 영향력을 행사하는 일방적 관계가 아니라, 법체계도 시민운동에 대한 (개방적인 또는 폐쇄적인) 반응을 통하여 정치체계에 대해 역시 어떤 방향으로든 변화의 영향력을 행사한다는 것이다. 여기서 시민운동은 이와 같이 상호작용적 관계 속에 있는 법체계와 정치체계 사이의 통합(체계통합)을 수행하는 구성요소로서 자리매김될 수 있다. 다만 여기서 말하는 '정치체계'란 개념은 정치권이나 행정체계와 같은 좁은 뜻이 아니라 그것을 포함하여 시민사회와 공론영역의 의사소통적 흐름을 조직화하는 사회체계로서 이해하는 것임에 다시 한 번 주의할 필요가 있다.

(3) 시민운동의 테두리 조건 이러한 이론적 논의를 전제로 나는 대화이론적으로 재구성된 시민운동은 다음과 같은 표지를 충족할 수 있어야 한다고 본다: 시민성, 비폭력성, 공공성,

---

49) Habermas, *Ziviler Ungehorsam —ein Testfall für den demokratischen Rechtsstaat Ziviler Ungehorsam im Rechtsstaat*, Glotz 편, 1983, 43쪽.

비례성, 공론경쟁력.

A. 시민성　　첫째, 시민운동의 주체는 그의 행위가 시민사회에서 자발적으로 펼쳐지고, 그 운동의 합리적 논거들이 공론의 장으로 넘어 들어올 수 있을 정도로 민주적 의사형성의 의사소통적 흐름으로 자리매김될 수 있기에 적합한 특성, 즉 시민성(civility)을 갖추어야 한다. 시민성은 일종의 이념형(Ideal-typus)으로서 '시민'을 가리킨다. 이념형으로서 시민은 노동자와 같은 특정 계층이나 의사와 같은 특정 집단의 일원이 아니다. 이념형으로서 시민은 다양한 이념적 스펙트럼과 대중적 기반 위에 서 있고, 언제든지 국민적 개인으로서 '공익'이라는 보편적 요구를 중심으로 활동할 수 있는 의식을 지닌 사람을 가리킨다.[50] 이런 시민은 무엇보다 과거의 사회운동의 주체와는 달리 '계급성'이 강조되지 않는다.[51] 그런 의미에서 시민성은 과거의 사회운동과 달리 다음과 같은 탈정치적 성격을 갖는다.

> "시민운동은 단순한 계급적 이해관계를 넘어서서 공공성의 실현을 지향하고 있다. 노동운동은 시민사회운동의 일부이나 그것과 분리된 계급이익을 추구하는 운동이다. 계급적인 이해의 대립이 자본주의 사회에서 가장 중심적인 대립축인 것은 사실이나, 계급이해는 시민 일반의 이해와 공유되는 영역, 독자적인 영역을 함께 포함하고 있다."[52]

---

50) 시민운동의 동질성을 부정적인 관점에서 논의하는 정종권, 「시민운동에 대한 비판적 평가」, 경제와 사회 통권 제45호, 2000, 135쪽.

51) 정종권, 「시민운동에 대한 비판적 평가」, 경제와사회 통권 제45호, 2000, 138쪽.

52) 김동춘, 참여연대 5주년 기념 심포지엄(1999) 참조.

B. 비폭력성 둘째, 시민운동은 대화지향적인 의사소통적 행위이어야 한다. 따라서 폭력성을 배제해야 한다. 다만 폭력성은 기존 법체계 내의 폭력개념, 특히 형법적 폭력개념에 의해—그것도 외연이 매우 넓고 내포(의미)도 매우 불명확한 폭력개념에 의해[53]— 판단해서는 안 된다.[54] 폭력성은 시민운동 불복종행위가 생활세계에서—일상지식과 일상언어 그리고 일상경험을 바탕으로— 폭력으로 인지되는지에 따라 결정되어야 한다(생활세계적 폭력개념).

C. 공공성 셋째, 시민운동은 공론의 장에서 펼쳐지는 의사소통행위이므로, 시민단체는 그들의 주장내용과 그 근거 그리고 그 주장을 관철하기 위해 실정법위반을 무릅쓴 (집단)행동의 방식 등을 '일반시민에 대해서뿐만 아니라 정치권에게도'[55] '공식적으로 천명'[56]하여야 한다. 특히 시민불복종운동에 참여하는 시민은 그 운동이 표방하는 주장의 타당성에 대한

53) Hassemer, *Ziviler Ungehorsam —ein Rechtfertigungsgrund?*, Festschrift für Wassermann, 1985, 327쪽.

54) 같은 생각으로 Horst Schüler-Springorum, *Strafrechtliche Aspekte zivilen Ungehorsam*, Ziviler Ungehorsam im Rechtsstaat, Glotz 편, 1983, 83쪽; Dreier, *Widerstandsrecht und ziviler Ungehorsam im Rechtsstaat*, Ziviler Ungehorsam im Rechtsstaat, Glotz 편, 1983, 65쪽 참조; 다만 드라이어는 시민불복종운동을 헌법적으로 정당화하는 자연법적 사고를 좇고 있다는 점이 나와 기본적인 이론틀이 다르며, 또한 이 점에 각별한 주의를 요한다.

55) Dreier, *Widerstandsrecht und ziviler Ungehorsam im Rechtsstaat*, Ziviler Ungehorsam im Rechtsstaat, Glotz편, 1983, 62쪽.

56) Schüler-Springorum, *Strafrechtliche Aspekte zivilen Ungehorsam*, Ziviler Ungehorsam im Rechtsstaat, Glotz편, 1983, 79쪽 아래 참조.

근거지음이 공론의 장에서 실패로 끝날 경우에는—그리고 그 경우에만— 실정형법위반으로 인한 처벌을 감수하겠다는 자세가 있어야 한다. 그러나 시민운동의 공공성 요구가 시민운동이 추구하는 권익이 반드시 공익이어야 하는 것을 요구하는 것은 아니다. 시민운동은 공익이든 사익이든 간에, 어떤 이익을 제도화된 입법절차가 민주적 방식으로 수용하는 기능의 결함에 대한 항의일 뿐이기 때문이다.

이러한 관점에서 볼 때, 예컨대 소액주주운동도 "자본의 금융세계화라는 흐름과 정책기조가 어떤 파괴적 효과를 낳고, 우리 사회의 모순을 은폐, 확대시키고 있는가를 분석하여 밝혀내고 이에 대한 저항을 조직하는"[57] 활동으로 이해될 때에만 공공성이 있는 시민운동으로 자리매김될 수 있는 것은 아니다. 가령 소액주주운동은 나날이 확대되고, 초국가화되고 있는 '주식시장의 공정성'을 실현하는 합리화기능을 수행하는 데 그 의미가 있다고 보는 경우에도 소액주주운동은 공공성을 지닌 시민운동이 될 수 있다.

D. 비례성(보충성) 넷째, 시민운동은 제도화된 민주적 의사형성이 실정법의 정당성을 보장하는 힘이 끝나는 곳에서 비로소 시작될 수 있을 뿐이다. 그렇지 않다면 합법성은 정당성의 옷을 입은 '주관적 확신'(자연법적 확신)에 의해 손쉽게 해체되기 때문이다. 즉, 시민운동은 민주적 법치국가의 체제에서 제도화된 민주적 의사형성의 기능을 찬탈하는 것이 아니라, 그런 기능과 함께 민주적 의사형성을 촉진하는 구성적 요소로

57) 정종권, 「시민운동에 대한 비판적 평가」, 경제와사회 통권 제45호, 2000, 144쪽.

자리매김 되어야 한다. 예컨대 한 시민운동이 인권운동이 될 수 있기 위해서는 공식적인 입법메커니즘과 다수결원리가 펼쳐줄 수 있는 의사소통의 장이 그 시민운동이 외치는 권익을 실정법적 권리로 수용할 개연성이 없는 경우일 것이 전제된다. 또한 시민불복종운동의 경우, 실정법의 불복종운동은 그 실정법을 제도화된 기존 법적 수단에 의해 변화시킬 수 있는 모든 가능성(예: 소송이나 헌법재판)이 소진된 경우에만 전개되어야 한다는 점이다. 이 때 불복종되는 실정법에 의해 침해되는 이익은 불복종운동에 의해 침해되는 제3자의 이익보다도 '더 중대한' 것이어야 한다. 그렇지 않다면 불복종행위자들은, 공론영역에서 근거지음의 경쟁을 펼쳐야 하는 본래의 문제영역에 채 들어가기도 전에, 그 공론영역에 진입하기 위한 자신들의 행위수단이 정당한 것임을 근거지어야 하는, 그러나 아마도 근거지을 수 없는 선결문제의 늪에 빠지게 된다.

E. 공론경쟁력 다섯째, 시민운동이 표방하는 정의내용은 확정적인 것이 아니라, 그 운동을 계기로 전개되는 대화적 의사소통의 과정에서 이미 법규범에 수용된 정의관점과 '함께' 더 광범위한 동의를 얻어 나아가는 경쟁의 자격을 누릴 수 있을 뿐이다. 시민운동은 광범위한 새로운 합의를 창출하지 못할 수도 있다. 그러나 그 경우에도 시민운동이 표방하는 정의내용이나 새로운 행위규범들이 공론영역에서 기존의 법규범과 함께 정당성을 향한 경쟁을 상당한 정도로 견디어내는 단계에 이르렀었다면(공론경쟁력), 그 운동은 그런 공론의 경쟁 이후에도 '여전히' 정당성과 합법성 사이에 위치하는 것으로 자리매

김되어야 한다.

F. 연대성 여섯째, 시민운동은 고유한 목표를 추구하면서도 시민들간의 연대성과 공론장을 산출하는 조직형태를 만들고 발전시키며, 아울러 이미 존재하는 의사소통의 권리와 구조도 온전히 사용하고, 더 발전시키는 지향성을 가져야 한다.[58] 즉 시민사회 내 상호 관계를 맺는 행위자들은 자발적 결사체의 형성을 통해 소속감을 느끼고 타인과의 연대를 형성하며, 자신이 주장하는 이익을 공공성의 맥락에서 이해하면서 상호협력과 부조를 모색해야 한다.[59] 이런 상호협력과 부조의 정신은 시민사회의 자산이며, 시민운동의 에토스가 된다. 현대사회의 시장화와 탈정치화 속에서 개인들은 오히려 원자화되어 가는데 그런 개인들을 이런 협력과 부조의 참여자로 전환시키는 일은 그 자체로서 시민운동의 빼놓을 수 없는 과제가 된다. 이 과제는 무엇보다도 시민운동이 개인적 고민(private troubles)을 공

58) Habermas, *Faktizität und Geltung*, 1992, 454쪽; 한상진 · 박영도(역), 『사실성과 타당성』, 나남, 2000, 451쪽 참조.

59) 퍼트남(Putnam)도 시민사회를 이루는 구성원들 간의 미시적 협력을 기초로 형성되는 자발적이고 협력적이며 수평적인 네트워크, 규범, 신뢰 등을 '사회자본'(social capital)으로 규정한다. 그는 사회자본이 공동의 이익을 위한 협력과 참여를 창출하고 시민적 덕목(civic virtue)을 배양함으로써 민주주의를 심화시킨다고 주장한다[Putnam(유석춘 외 역), *The Prosperous Community: Social Capital and Public Life*, the American prospect 13 참조]. 이런 사회자본은 개인들의 주장이 시민운동으로 조직화되는 연대성 창출의 조건이 된다는 김종길, 「인터넷 시민운동의 특성과 전망」, 『IT의 사회 · 문화적 영향 연구: 21세기 한국 메가트렌드 시리즈』(정보통신정책연수원), 2004, 23쪽 참조.

공의 쟁점(public issues)과 결합시키는 노력으로 지속되고, 특히 한국사회에서 시민운동은 그것이 설정한 목표달성의 효율성에 지향되어서는 안 되고, 이를테면 '표출적 습관적 감성적 행위 지향을 조절함으로써 집합행동의 전제조건인 연대의 원천을 밝혀'[60] 주어야만 한다. 이는 시민운동이 학연, 지연 등 폐쇄적 사적 일차 집단들 가운데 어떠한 연결망이 어떠한 조건에서 시민운동의 조직으로 활성화시킬 수 있는지를 끊임없이 성찰해야 함을 의미한다. 바꿔 말해 '미시적인 유동화의 맥락'(micromobilization context)을 설정하여 운동의 구체적 발흥과정을 설명하면서 다른 이들과 함께 하려는 노력[61]은 한국사회에서 시민운동이 갖추어야 할 에토스가 된다.

60) 차성수, 「시민사회의 지형변화와 시민운동」, 지역사회연구 제6집, 1998, 192쪽.

61) 정수복, 「새로운 사회운동과 참여민주주의」, 문학과 지성, 1993; 차성수, 「시민사회의 지형변화와 시민운동」, 지역사회연구 제6집, 1998, 192쪽 참조.

IV. 시민단체의 반성과 전망

이상과 같은 시민운동의 대화이론적 이해는 낙천낙선운동을 정점으로 부정의 변증을 하고 있는 시민단체의 시민운동에게 반성적이며 미래지향적인 변화의 계기를 제공할 수 있다.

1. 시민단체의 역할과 기능

그러한 반성적 기획에 들어가기에 앞서 대화이론적 관점에서 시민단체가 민주적 법치국가에서 담당해야 하는 역할을 —위에서 대화이론적으로 이해된— 시민운동과 관련지어 살펴본다.

(1) 의사소통적 역할　　시민운동과 마찬가지로 시민단체의 역할도 민주적 의사형성을 촉진하는 의사소통적 기능에서 이해될 수 있다.[62] 즉, 시민단체의 역할은 시민사회에서 자발적으

62) 시민단체의 활동에 대한 이러한 이해는 기본적으로 하버마스(Habermas)의 새로운 사회운동의 구상과 일치한다고 할 수 있다. 그에 따르면 새로운 사회운동은 시민사회 내에서의 합리적 의사소통을 제도화하는 운동이며, 이러한 시민사회의 자율적인 활동에 경제체계와 행정체계의 논리가 개입되는 것을 막는 운동이다. Habermas, *Theorie des kommunkativen Handelns*, Bd.2, 575~583쪽 참조; 새로운 사회운동(New Social Movements)이란 지난 1970~80년대 서유럽과 북아메리

로, 그러나 산발적이며 불분명한 형태로 형성되는 시민들의 의사를 수집하고, 이론적으로 개념화하며, 정치적으로 조직화하여, 공론을 형성함으로써 정치체계의 제도적인 의사결정에 일정한 영향력을 발휘하는 것이라 할 수 있다.[63] 바로 이러한 의사소통적 촉매기능에서 시민단체와 시민운동은 연합할 수 있게 된다. 이 연합은 시민단체와 시민운동 모두에게 이롭다. 즉, 시민단체는 시민사회에서 자발적으로 전개되는 시민운동에 합류함으로써 자신의 '정치적 위상'을 높일 수 있으며, 반대로 시민운동은 시민단체에 의해 지원받음으로써 산발적인 형태로부터 '조직화'된 연대의 형태로 전개될 수 있고, 또 그렇게 함으로써 시민운동은 더욱더 '광역화'되고, 공론의 장에서 더욱 폭넓은 공감대를 형성할 수 있는 힘을 얻게 된다. 그러므로 시민

카에서 크게 증대한 환경 · 평화 · 여성 · 인권 · 반문화 운동 등의 다양한 사회운동들을 지칭한다. 그것이 '새로운'(New) 사회운동으로 불리는 것은, 이 운동들이 이제까지 산업사회의 대표적 사회운동 형태인 노동운동과 비교할 때 위치(시민사회), 목표(가치 및 생활양식 변화 · 시민사회 방어), 조직(네트워크 · 풀뿌리), 행동수단(직접행동 · 문화혁신)의 측면에서 새로운 사회운동이라는 사실에 기인한다. 이에 관해 김호기, 「시민사회론과 한국사회」, 『사회운동과 사회변동』, 나남, 2002.

63) 하버마스는 시민사회에서 조직화된 힘인 '의사소통적 권력'은 정치체제의 판단·결정과정에 포위의 양상으로 영향을 미쳐야 한다고 주장한다(Habermas, *Faktizität und Geltung*, 1992, 626쪽); 비슷한 맥락에서 코헨/아라토는 이를 '영향의 정치'(politics of influence)라고 표현하며(Cohen/Arato, *Civil Society and Political Theory*, 1992, 563쪽), 이는 시민사회의 체계에 대한 '간접적 조정'(indirect steering)을 지향한다고 볼 수 있다(Baynes, *Democracy and the Rechtsstaat*. Habermas's Faktizität und Geltung, The Cambridge Companion to Habermas, White 편, 1995, 217쪽 참조).

단체와 시민운동의 연합은 '의사소통적 촉매기능'을 급상승시킨다고 할 수 있다. 이러한 점은 시청료거부사건이나 통행료거부사건에서 잘 드러난다.

(2) 전략화된 기능 그러나 다른 한편 시민단체와 시민운동의 연합은 민주적 법치국가에 또 다른 위험이 될 수 있다. 이 위험은 단지 시민단체가 시민불복종운동을 기반으로 더욱 더 강력한 정치세력이 된다는 사실 그 자체로부터 비롯되는 것은 아니다. 근본적인 위험은 그보다는 시민운동을 시민사회의 의사소통적 교류를 기반으로 진행되는 '대화적 의사형성'의 궤도에서 이탈시키고, 더 나아가 특정 단체나 집단이 그들이 설정한 목표(사익 또는 공익)를 달성하기 위한 수단의 차원, 즉 '전략적 행동'의 흐름으로 편입시킬 수 있다는 점이다.[64] 이 점은 낙천낙선운동과 의료휴폐업사건 또는 국가보안법의 외곬 폐지론에서 잘 드러난다. 가령 2000년의 낙천낙선운동에서는 시민단체가 선거법의 개정을 이끄는 대화적 의사형성에 참여하는 주체로 남아 있었지만, 그로써 '시민불복종운동'은 이미 전략화되었다고 할 수 있다. 이에 반해 같은 해 일어난 의료휴폐업사건에서는 '시민단체'의 시민운동 자체가 전략화되었다고 할 수 있다. 이 사건에서 시민단체가 의사들을 매도한 그 시간

64) 이러한 모습은 특히 우리 시민단체들의 활동양상이 성명서와 기자회견 그리고 볼거리를 제공하는 이벤트성 행사를 위주로 하고 있으며, 미디어에 의존하는 비중이 크다는 것에서 읽을 수 있다. 정종권, 「시민운동에 대한 비판적 평가」, 경제와사회 통권 제45호, 2000, 146쪽 참조

은 수많은 의사들의 산발적이며 서로 다른 의견들이 갈등과 조정의 국면을 거쳐 하나의 정책대안을 이루는 대화적 의견형성의 과정이라고 할 수 있다. 그 기간 중 시민단체가 1999.5.10.의 의약분업에 관한 합의를 마치 대화적 의사형성의 '결말'로 간주하고 그 합의의 내용만을 유일한 정당성의 원천인 것처럼, 그 이후에 진행된 의사사회의 일체의 대화적 의사형성을 집단이기주의로 매도한 것은 적어도 시민단체의 시민운동이 얼마나 '전략적 행동'으로 변질되어 버렸는지를 말해 준다.[65]

시민단체의 시민운동이 이와 같이 대화적 의사형성의 차원으로부터 전략적 행동의 차원으로 이동하게 되는 것은 매우 심각하고 근본적인 문제를 불러일으킨다. 왜냐하면 그런 중점변화를 통해 시민단체는 기존의 정치체계를 변화시키는 시민사회의 조직화된 의사소통적 흐름이 아니라 기존의 정치체계 내에 새로운 권력기구로 자리잡게 될 가능성이 매우 높기 때문이다. 다시 말해 그런 변화를 통해 시민단체는—좀 극단적으로 표현한다면—시민사회를 대변하기보다는 기존의 정치세

65) 실제로 시민들은 의약분업문제의 본질에 대한 정보를 제공받지 못한 채(여기에는 언론의 선정주의적 보도에도 책임이 있다), 의사폐업으로 인해 의료서비스를 제대로 제공받지 못하고 있다는 피상적인 결과만을 가지고 의사폐업을 비난했다. 이러한 상황에서 시민단체는 시민들에게 올바르고 충분한 정보를 제공함으로써, 시민들 사이에 자발적인 공론이 형성될 수 있도록 유도하기보다는, '의사폐업은 집단이기주의의 소산'이라는 '시민단체'의 판단을 시민들에게 일방적으로 제시하고, 이를 의사에 대한 손해배상소송을 지원하는 방안으로까지 활용하는 전략적 행동을 취했다.

력과 마찬가지로 시민사회를 지배하는 새로운 권력단체로 변질될 위험성이 높기 때문이다.[66] 시민단체가 의사소통적 흐름을 형성하기보다는 한쪽의 이해당사자처럼 밀어붙이기식으로 사안에 접근하게 되면, 어느덧 시민단체는 마치 이해당사자적인 권력과 지위를 누리게 된다. 이러한 문제는 최근 천성산과 새만금 사건에서도 여실히 드러나고 있다.

2. 미래를 위한 반성의 과제

이로써 시민단체의 활동에 대한 반성은 바로 위와 같은 '전략적 행동으로의 변질'을 통찰하는 것이며, 미래지향적 전망은 시민단체를 다시 시민사회의 대화적 의사형성의 궤도로 복

66) 이에 관해 한겨레신문, 2006년 3월 23일 목요일, 조홍섭 칼럼, 「소통으로 갈등넘기」: "…안타깝게도 이런 소통단절에는 시민단체도 기여했다. 개발세력과 맞서 싸우는 데 급급한 나머지 공익을 대표해 다양한 의견을 드러내고 합의를 형성하는 심판의 자리를 걷어차고 스스로 좁은 이해당사자가 돼 버렸다. 천성산과 새만금 논란에서는 강제력이 담보되는 소송방식의 운동으로 치달았다. 방조제가 막히거나 터널이 뚫리는 것을 막는 일이 절박하다고 해서 운동이 곧 소송으로 바뀌게 되면 곤란하다. 판결 이후 시민단체들이 소송결과를 인정하지 않는 것은 판결 내용의 잘잘못을 떠나 애초에 소송이 투쟁수단에 지나지 않았음을 보여준다. 사회적 조종과 협상을 파탄으로 이끈 정부와 정치권의 무능력이 근본원인임을 부정할 수는 없다. 하지만 불신과 적대감을 키우지 않고 신뢰회복과 소통의 끈을 이어가려는 노력은 소송과정의 일희일비에 가려 미미했다. 부안사태의 유일한 성과인 주민투표제가 방폐장 터 선정과정에서 부메랑이 돼 시민사회에 타격을 준 것도, 부정선거 의혹 등을 떠나 밀어붙이기식 운동의 한계로 보인다."

귀시키는 데 있음을 알 수 있다. 마지막으로 시민단체의 활동이 시민운동으로 자리매김될 수 있기 위한 조건들을 분석적으로 성찰함으로써 시민단체의 활동에 대한 반성과 전망의 과제를 수행하기로 한다.

(1) 시민성의 회복　　시민불복종운동은 불복종행위의 시민성을 요구한다. 시민단체의 불복종행위가 시민불복종운동으로 자리매김되려면 시민단체도 시민성을 갖추어야 한다.

A. 시민성의 요청　　먼저 시민운동의 시민성요청을 구체화할 필요가 있다. 시민불복종운동의 예에서 이를 설명한다. 먼저 불복종행위는 한 개인의 행위가 아니라 다수의 개인들이 공통된 확신에 기초하여 '조직적으로' 전개하는 행위이어야 한다(조직성). 이처럼 조직화된 불복종행위는 더 나아가 자발적인 의사에 의해 전개되는 것이어야 한다. 이를테면 관료나 산업세력에 의해 권력적으로 또는 금전적으로 행위가 조종되는 사람들은(예: 관변단체, 산업주변단체[67]) 불복종운동의 주체로서 적격성을 처음부터 가질 수 없다(자발성 요청).[68] 그리고 불복종행위

---

67) 예를 들면 전경련, 경총, 중소기업연합회 등과 같은 단체를 생각할 수 있다.

68) 신사회운동, 즉 시민운동은 분명 개인의 역할이 부각되는 시민사회에 그 기반을 두고 있다[장동진, 「시민사회와 민주주의」, 『시민사회운동』(이신행 · 장동진 외 엮음), 법문사, 1999, 47쪽]. 그리고 시민운동이란 의미는 문자 그대로 시민의 자발적 주도권에 의해 이루어지는 운동을 의미한다. 신율, 「한국시민운동의 개념적 위상과 문제점: 경실련과 참여연대를 중심으로」, 한국정치학회보 제35집 제2호,

는 '이질적'인 사회집단에 의한 것이어야 한다. 즉, 신분적으로(직업적으로) 폐쇄되지 않고, 지역적으로 편중되지 않으며, 아울러 계층적으로도 분파되지 않은 주체들의 집합이어야 한다(이질적 구성[69]).

이런 시민성의 요청은 공익소송을 수행하는 주체(시민단체)에게도 요구된다. 공익소송을 수행하는 주체는 자발적이며, 다수 개인들의 공통된 정의관점에 기초하여 조직화된 행동을 하는 그리고 시민사회에 속하는 기구이어야 한다. 이런 주체의 시민성 요청은 공익소송의 수행주체가 공익성을 결정하는 권력(Definitonsmacht, definition power)을 장악하는 개념정의의 경향을 고려할 때 결코 굴절할 수 없는 요청이 된다. 시민성마저 갖추지 못한 조직이 그들이 수행하는 소송의 공익성을 스스로 결정짓는 힘을 갖는다면 공익소송은 그 조직의 정치적 기획을 좇는 수단으로 변질될 것이기 때문이다.

B. 시민단체의 변화요구 이러한 시민성의 요청에 의하면 시민단체가 '국가의 의사결정'에 참여한다고 할 때, 그 참여란 시민단체가 정치체계나 경제체계의 중심기구(정부 또는 산업세력)와 협조적 업무관계에 들어서는 것을 의미할 수 없게 된다. 다시 말해 시민단체의 관변화와 금전화는 시민단체의 시민성

2001, 167쪽.

69) 비슷하게 하버마스는 "이질적으로 구성되고, 넓게 분산되어 있으며 탈중심화된 채 움직이는 시민운동"일 것을 주장한다(Habermas, *Ziviler Ungehorsam, —ein Testfall für den demokratischen Rechtsstaat Ziviler Ungehorsam im Rechtsstaat*, Glotz 편, 31쪽).

을 파괴한다. 참여란 오직 '대화적 의사형성에의 참여'[70]이어야 한다. 이런 의미의 참여 개념은 시민단체에게 몇 가지 자기변혁을 요구한다.[71]

첫째, 시민단체의 의사는 소수의 지도자들이 결정하는 것이 아니라 시민사회에서 자발적으로 형성되는 의견들을 조직화한 것이어야 한다.

둘째, 시민단체의 재정적 기반은 철저하게 시민들이 자발

---

70) 참여(민주주의)를 시민운동의 헌법적 정당성의 근거로 보는 견해로는 양건, 「참여민주주의 · 시민운동 · 법」, 공법연구 제26집 제1호, 1998; 김상겸, 「헌법국가에 있어서 시민운동의 정당성에 대한 고찰—시민불복종운동과 관련하여, 아 · 태공법연구 제10집, 2002, 157쪽("오늘날 시민운동이란 시민들의 자발적 참여를 통하여 전개되고 있다는 점에서 민주주의원리 속에서 그 헌법적 보장의 근거를 찾아볼 수 있다. 특히 시민운동은 시민사회의 구성원인 시민에 의하여 국가권력행사의 과정에서 직접 참여함으로써 참여민주주의를 실현시키는 데 일조를 하고 있다. 이것은 시민운동을 통하여 대의제 민주주의의 단점을 보완하고 직접민주주의를 실천함으로써 민주주의의 발전과 민주사회의 구현에 중요한 수단이 된다는 것이다.") 참조.

71) 물론 아래의 자기변혁의 과제를 시민운동단체들이 인식하지 못하고 있는 것은 아니다. 예컨대, 경실련의 유종성 사무총장은 시민운동의 문제점을 "시민 없는 시민운동"이라고 요약하면서, 기업체의 협찬을 받는 문제, 정부의 프로젝트를 수주하는 문제, 시민운동가가 정부 요직에 진출하는 문제, 전문가와 상근활동가만 활동한다는 문제 등을 지적하고 있으며, "시민 있는 시민운동"으로 나아가기 위한 다양한 대안을 모색하고 있다(유종성, 「전환기 시민운동의 방향과 경실련의 과제」, 1998.1. 참조); 참여연대의 조희연 정책위원장 역시 시민 없는 시민운동의 문제를 직시하면서, 시민참여를 확대하기 위한 다양한 내 · 외적 노력이 필요하다고 주장한다(조희연, 「참여연대 5년의 성찰과 전망」, 참여연대 창립5주년 기념 심포지엄 자료집, 1999, 45~46쪽 참조).

적으로 내는 후원금으로만 이루어져야 한다.[72] 다시 말해 시민성의 원천은 그 조직의 재정적 기반이 국가(행정, 정치)로부터 또는 산업(경제, 시장)으로부터 나오지 않고, 수많은 시민들이 그 조직의 시민운동 모습을 보고 자발적으로 내는 작은 기부금들이어야 한다는 것이다.[73]

셋째, 시민단체의 구성원들은 행정관료가 되거나 거대기업의 경영진(예: 사외이사)으로 들어가서는 안 된다. 시민단체의 구성원들이 얻을 수 있고, 또 그래야 하는 권력은 의사소통적 권력이기 때문이다. 이와 관련하여 하버마스도 다음과 같이 말하고 있다.[74]

---

72) 이전부터 기업들의 협찬이나 정부의 재정지원은 계속 문제가 되어 왔다. 특히 현 정부는 시민운동단체에 대한 재정지원에 대해 적극적인 태도를 보였기 때문에 —실제로 1999년의 경우 행정자치부가 150억원의 재정지원을 하기도 했으며, 민간운동지원법과 시민사회지원법이 법제화될 예정이다— 이를 어떻게 받아들일 것인가를 놓고 시민운동단체들 사이에 이견이 존재하는 상황이다. 대부분의 시민단체는 비교적 긍정적이지만, 참여연대의 경우에는 기업협찬이나 정부재정지원을 받지 않는 것을 원칙으로 하고 있다(조희연, 참여연대 5년의 성찰과 전망, 참여연대 창립 5주년기념 심포지엄 자료집, 1999, 45~46쪽 참조).

73) "회비는 구성원과 지도자들을 긴밀하게 연결해주는 데 도움이 되었고, 사회적 기반에 대한 책임귀속성을 진작시켰다. 또한 저소득층 사람들이 엘리트층에게 '신들을 위해' 대표 역할을 맡아 달라고 요구하는 대신, 자신들 스스로 지도력을 계발하는 것을 장려했다" [Mike Edwards, *Civil Society —Is Civil Society a Big Idea?*(서유경 역, 『시민사회 —이론과 역사, 그리고 대안적 재구성』), 동아시아, 2005, 162쪽].

74) Habermas, *Faktizität und Geltung*, 1992, 449～450쪽(한상진 · 박영도 역, 『사실성과 타당성』, 나남, 2000, 446쪽) 참조.

"적어도 자유주의적 공론장 속에서는, 행위자들이 영향력만 얻을 수 있을 뿐, 정치권력을 얻지는 못한다. … 그러나 이 공중의 정치적 영향력은 민주적 의지형성과 의견형성의 제도화된 절차라는 필터를 통과할 때 비로소 의사소통적 권력으로 전환되고, 정당한 법제정에 동참하게 된다. 또한 이 때 비로소 실제로 일반화된 공적 의견으로부터, 이익의 일반화라는 측면에서 검증받은 확신이 등장하여 정치적 결정을 정당화할 수 있다. … 이 공적 담론의 영향력이 정치적 권력을 산출하려면, 의견형성과 의지형성의 민주적 제도 속에서 이루어지는 토론에 영향을 미쳐야만 하고 공식적 의결이라는 권위 있는 형태를 취해야만 한다."

넷째, 시민단체의 의사형성이 분산되고 비체계적인 시민들의 의견을 조직화하는 과정은 다양한 의견들을 조정하는 과정이고, 그러한 의견조정에는 어느 정도 전문적인 이론의 동원이 불가피하다. 이것은 시민단체의 시민운동이 문어발식으로 전개되어서는 안 되고,[75] 전문영역별(예: 환경, 의료, 경제, 교통, 교육 등의 영역별)로 특화되어 전개될 것을 요구한다.[76] 2000년의 의

75) 최장집, 한국의 민주화, 시민사회, 시민운동, 정치비평, 제7호, 봄-여름호, 156~184쪽 참조; 최장집 교수는 이를 "포괄적 시민운동"(catch-all movement association)이라고 표현한다.

76) 참여연대 정책위원장인 조희연 교수는 참여연대와 경실련 같은 '종합적 시민운동'이 일단 현재의 한국사회의 현실에서 중요한 의의를 가진다고 지적하면서도, 장기적으로 종합적 시민운동이 포괄하는 각각의 독립적 부분단체로 독립시켜야 한다고 보고 있다; 조희연, 「참여연대 5년의 성찰과 전망」, 참여연대 창립 5주년 기념 심포지엄 자료집, 1999, 29~30쪽["체제의 극복이 아닌 (체제의) 합리화를 지향하는 운동이기 때문이다. … 시민운동은 민중운동과 대립하면서 등장한 운동이며, 사회구조적 모순과 갈등의 극복이 아닌 합리적 관리를 지향하는 운동이다. 그런 점에서 공익의 논리도 다른 각도에서 보면 다양한 사회 이익집단의 요구를 조정하는 논리를 의미하기도

사휴폐업사태에 대한 시민단체의 태도는 이러한 시민성의 요구들이 얼마나 외면되고 있는지를 극명하게 보여준다. 물론 시민사회는 전문지식에 대한 접근가능성의 비대칭성과 제한된 문제해결 능력에도 불구하고 대항지식을 동원하고 적합한 전문지식을 나름의 방식으로 번역할 수 있는 기회를 갖고 있다.[77]

(2) 공론화역량의 강화 　　시민운동의 테두리조건 가운데 시민성을 제외한 나머지 것들을 통해서도 시민단체의 시민운동은 반성될 수 있다. 한편으로는 더 강한 투쟁의 역량이 요구되면서 다른 한편 더 강한 도덕성의 수준이 요구된다.

A. 더 강한 투쟁 　　먼저 시민단체의 활동은 개개의 시민

한다. … 현재 상황에서 공익의 담지자는 시민운동이 되며 관철의 수단은 영향력과 사회적 합의를 통한 압력이며 그리고 과정에서의 절차적, 사회적 정당성을 획득하는 것으로 변화하고 있는 것이다."]; 또한 그와 같은 시민운동의 성격을 '관리주의'라고 표제화하는 정종권, 「시민운동에 대한 비판적 평가」, 경제와 사회, 통권 제45호, 2000, 140쪽("관리주의는 현재 존재하는 사회적 갈등과 모순의 존재에 대해 부정하거나 보수적이고 물리적 방식에 의존하는 해결방식을 회피하고, 갈등의 법률적 관리와 전문적 지식, 미디어를 통한 관리방식을 선호한다. 또한 실용적이고 정책적인 해결책 제시를 통한 갈등의 해소를 지향하기 때문에 정부와 국가에 대한 '영향력'이 필수적인 요소가 된다. 이렇듯 관리주의적 성격에서는 공익소송과 같은 법률적 매개수단을 보편화 · 절대화시키는 법률주의, 전문적 지식에 기반한 정책의 입안과 갈등의 중재를 일상화할 수밖에 없는 전문가주의를 내부적 요소로 안고 있다.") 참조.

77) Habermas, *Faktizität und Geltung*, 1992, 450~451쪽 한상진 · 박영도 역, 『사실성과 타당성』, 나남, 2000, 447쪽.

이 하는 사회운동보다 더 강력하게 전개되어야 한다. 이 점을 시민운동의 테두리조건과 관련지어 보면 몇 가지 요청이 시민단체의 공론화역량을 강화하기 위해 제기된다.

㈎ 비폭력성의 확장 첫째, 비폭력성 개념을 최대한 확장하는 운동이 기대된다. 앞에서 대화이론적으로 재구성된 시민운동의 이론(특히 생활세계적 폭력개념)에 의하면 시민단체가 펼칠 수 있는 시민운동의 한계지점은 그 운동이 '생활세계'에서 널리 '폭력'으로 인지되는 곳까지이다. 예를 들어 가두집회나 시위는 그런 한계지점에 훨씬 못 미쳐 있다. 여기에다 현재 시민단체가 누리고 있는 정치적 힘의 크기를 고려한다면 조직화되지 않은 시민들이 아니라 시민단체가 시민운동을 전개할 때에는, 그와 같은 한계지점까지는 시민운동을 굽히지 않는 것이 —시민단체의 권력화 차원에서는 비전략적인지는 모르겠으나— 기대된다.

가령 2000년 낙천낙선운동을 계기로 선거법이 부분개정된 이후에도 여전히 위법한 선거운동으로 남아 있던 '가두집회 및 대시민 홍보활동'을 시민단체연합(총선시민연대)이 처음에는 의연히 전개하다가 검찰의 처벌 및 진압의 의지표명이 강력해지면서 거두어들인 점은 이와 같이 시민단체에 거는 더 강력한 투쟁의 기대에 못 미치는 것이라 할 수 있다. 시민단체연합의 그런 후퇴는 적어도 시민단체의 권력을 합리적으로 관리하기 위한 전략의 연장선에서 이해될 여지가 있다.

㈏ 처벌감수자세의 강화 둘째, 이런 기대는 시민운동의 또 다른 요건으로서 처벌감수 자세에서도 반영될 수 있다. 권

리주장이나 법에 대한 불복종이 개인적 차원에 전개될 경우에 그 행위자는 훨씬 더 큰 처벌의 두려움 속에 빠지게 된다. 이에 반해 시민단체가 그런 활동을 하는 경우에는 정치권과의 역학관계를 배후로 하고 있고, 때로는 언론과의 연대가 얼마간은 가능하기 때문에 그 시민단체의 구성원, 특히 리더들은 처벌을 무릅쓴 투쟁을 전개할 수 있는 힘을 갖고 있다. 즉, 시민단체는 개별 시민들보다 자신들의 주장을 공론화할 수 있는 역량이 훨씬 크고, 또한 공론의 장에서 시민들의 광범위한 동의를 이끌어낼 가능성도 일반적으로 높다. 이것은 시민단체의 주장이 법규범의 변화로 이어질 개연성이 높음을 의미하고, 그렇게 될 때 시민운동을 전개한 시민단체의 리더들은 설령 행위시법에 의해 일단 범죄행위로 평가되어 기소될 수는 있을지언정, 그 뒤 이어지는 법규범의 변화로 인하여 사실상 처벌될 가능성은 매우 낮기 때문이다. 이것은 특히 실정법에 위반하여 시민운동을 전개할 때 시민단체의 리더들이 일단 더 강력하게 처벌을 무릅쓸 수 있는 기반이 된다.

B. 더 강한 도덕성(대화윤리) 시민단체가 정치적 힘을 바탕으로 공론의 장에서 높은 경쟁력을 갖는다는 점은 시민운동을 할 경우에 시민단체에게 더욱 높은 도덕성을 요구하게 된다. 여기서 말하는 도덕성이란 시민단체의 리더인 개인의 인격적 수준(예: 복잡한 애정관계)[78]에 관계되는 것이 아니라 대화적

78) 예컨대 2000년 총선시민연대의 대변인을 맡았던 장원 씨의 사건[동아일보 2000.5.17.사회면; http://www.donga.com(2000.5.17. 13:24)]을 들 수 있다. 녹색연합은 장원 씨 사건이 발생한 후 제명하는 등의

의사형성에 다른 시민들과 동등하게 그리고 자유롭게 참여하는 자세(대화윤리 Diskursethik)를 가리킨다. 다시 말해 시민단체는 시민운동을 전개할 때 개개의 시민이나 특정한 집단보다도 더욱 엘리트주의나 권위주의적 태도를 지양하고, 상호이해에 지향된 의사소통을 전개해야 한다는 것이다. 공론영역에서 활동하면서 엘리트주의와 권위주의적 태도로 문제를 해결하려는 시민단체의 반응과 전략은 개인적인 이익을 고집하는 사적 집단의 진지성보다 결코 더 도덕적일 수 없기 때문이다.

조치를 취했는데 이것은 시민단체가 얼마나 '개인윤리적으로'(individualistisch) 해석된 도덕성 개념을 지향하는 것인지를 짐작하게 한다. 장원 씨의 사생활이 장원 씨의 환경운동역사를 지워버릴 수는 없으며, 환경시민단체가 반성해야 하는 것은 그 단체가 얼마나 권력(정부)과 금전(산업)에 가까이 다가가 있는가, 그리고 그 단체에 대한 시민사회의 비판을 수용하는 열린 태도를 얼마나 갖고 있는가 하는 점일 뿐이다. 개인적인 생각으로는 장원 씨는 제명할 것이 아니라 대표직에서만 물러나 근신하게 하고, 녹색연합의 구성원으로 계속 남겨두어 그런 사건 이후에도 다시금 환경운동에 기여할 수 있도록 배려하는 조치를 취했어야 한다고 본다.

2 인권운동

인권운동은 민주적 법치국가의 민주적 법형성 기능의 한계를 보완해 주는 대표적인 시민운동이며, 민주주의의 또 다른 기제로 이해된다. 하지만 우리 사회에서 인권사상은 여전히 자연권으로 규정되는 근대적 인권관념으로 각인되어 있다. 현대사회의 복잡성은 그런 인권사상을 배후로 주장되는 인권 아이템들이 때로는 다른 인권 아이템과 충돌을 일으키게 하고, 그에 따라 인권의 보편성을 의심스럽게 만든다. 이 장에서는 현대사회, 민주적 법치국가가 어느 정도 터잡은 사회에서 인권이 어떻게 새롭게 이해되어야 하는지 그리고 인권운동은 어떤 방식으로 전개되어야 하는지를 대화이론의 토대 위에서 새롭게 해명한다.

I. 인권의 현황과 과제

1. 인권의 발전

오늘날 우리 사회에서 인권은 다양한 권리주장의 논거로 사용된다. 예컨대 정치적 박해나 국가권력의 명백한 남용을 비판할 때나 환경문제의 개선을 주장할 때 또는 생명공학에 재갈을 물리는 윤리를 설계할 때에도 인권이 원용된다. 또한 인권도 사회하부체계의 분화에 따라 이를테면 정보인권, 생명인권, 교육인권 하는 식으로 분화되어 가기도 한다.

(1) 인권의 세대구분 그렇게 다양하게 분화하며 개발되고 있는 수많은 인권들의 목록은 흔히 세 가지 세대, 즉 자유권, 사회권(제2세대 인권) 그리고 제3세대 인권으로 구분되곤 한다. 자유권은 17, 18세기 서구시민사회의 부르주아들이 누린 권리(생명, 재산, 명예, 정치적 자유 등)에서 그 원형을 찾을 수 있는데 오늘날에는 정보통신의 자유나 생명공학기술 이용의 자유와 같이 새로운 형태로 발현되어 가고 있다. 사회권은 19세기 중반 이후 자본주의의 발전과 함께 자유를 잃어간 노동자들의 인간적 실존을 위한 권리에서 그 원형을 찾을 수 있는데, 사회적 약자가 다원화된 오늘날에는 소비자(주)권, 환자의 권리 등과 같이 다양한 형태로 확산되고 있다. 20세기 중·후반 이후

에는 제3세대 인권이 주장되기도 한다. 환경권, 발전권,[1] 평화권, 또는 의사소통권, 인류공동의 유산에 대한 소유권, 문화적 상이성을 주장할 권리 등이 그 대표적인 예이다. 제3세대 인권은 아직 보편적인 인권으로서 승인되어 정치체계에 확고하게 터 잡지 못하고 있고, 단일국가가 아니라 세계시민사회에서의 공론을 통해 형성되고 구체화되는 경우가 많다. 이 점을 제외한다면 제3세대 인권은 1, 2세대 인권과 단지 발생사적으로 구별될 뿐이다. 인권의 유형을 도표 2와 같이 정리할 수 있다.

	인권세대	법패러다임	정치모델	시 대
인권	제3세대 인권	절차주의적 법	참여민주주의	20C 중후반~
	사회권	사회국가적 법	공화주의, 사회국가, 사회주의	19C 중후반~
	자유권	자유주의적 법	자유주의	17, 18C ~

도표 2: 인권 · 법제 · 정치의 유형과 발전의 상관성

⑵ 법패러다임과의 상관관계 이런 인권의 발전은 법패러다임의 발전[2]과 대체로 상응한다. 자유권은 자유주의적 법체계의 성립과 확산 속에서, 사회권은 사회국가적 법체계의 성장 속에서 각각 실현되었다. 제3세대 인권은 특히 그 '외연'(그 구체적인 인권목록의 확정)의 측면에서는 1, 2세대 인권처럼 법패러다임과 명확한 관련을 맺지는 않는다. 하지만 제3세대 인권은 대화적 에토스가 정의의 논리로 점점 더 중요해져 가는 20

1) 발전권에 대해서는 김형민, 「발전과 인권: 제3세대의 인권론을 중심으로」, 한국기독교신학논총 제13호, 1996, 203~234쪽 참조.

2) 이에 관해 이상돈, 『법학입문』(제3판), 2005, [3]단락.

세기 후반 이후에 생장했고, 그 개념의 '내포'에는 이른바 '당사자주의'[3]나 '문화상대주의'와 같은 자율과 참여의 이념이 각인되어 있다. 그렇기에 제3세대 인권은 절차주의적 법패러다임의 성장 속에서, 또는 적어도 그와 함께 커가고 있다고 말할 수 있다. 제3세대 인권은 자유권과 사회권을 대체하는 것이 아니라 부족한 부분을 보충하는 종합권[4]이라고 불리기도 하는데, 이 또한 절차주의적 법체계가 자유주의적 법체계나 사회국가적 법체계와 맺는 관계와도 비슷하다.

⑶ 정치모델과의 상관관계 인권의 각 세대는 정치체계의 발전과도 맥을 같이한다. 자유권이 자유자본주의의 기틀 위에 구축된 정치적 자유주의에서 성장하였다면, 사회권은 공동선, 사회적 연대성 그리고 평등의 이념에 각각 지향한 정치체제들, 즉 공화주의(공동체주의), 사회국가(또는 사회민주주의), 사회주의 속에서 배양된다. 여기서 사회권의 이념이 실현되는 강도는 공화주의, 사회국가, 사회주의 순으로 강해지지만, 그와 반비례하여 자유권의 실현은 감소된다. 이를테면 사회주의는 사회권을 극대화하지만 자유권적 인권을 거의 황폐화시킨다. 이에 비해 공화주의는 자율성의 부분적 상실과 같은 약한 정도의 자유권 위축을 가져올 뿐이지만, 사회권의 실현은 단지 기독교적 성격

3) 특히 장애인인권운동에서 참여의 이념을 중시하는 당사자주의가 강조되고 있다. 이에 대한 개관적 소개로 유동철, 「장애운동의 깃발: 당사자주의인가, 인권론인가?」, 시민과 세계 제4호, 2003, 273~293쪽 참조.

4) 홍성방, 「제3세대 인권」, 법정고시 제5호, 1996, 41~42쪽.

의 자선행위에 따른 시혜적 수준에 머문다. 사회국가는 이 둘 중간에 위치한다. 사회국가는 공화주의보다는 사회권을 강하게 실현하지만 그로 인해 자유권은 상당한 정도로 침윤된다. 그렇기 때문에 자유권과 사회권의 갈등구조는 사회국가체제에서 가장 극명하게 터 잡는다. 제3세대 인권은 인권의 향유주체들이 스스로 그들의 인권을 구체화하는 정치적 과정에 참여함으로써 가능한 것들이 대부분이다. 다시 말해 참여민주주의는 제3세대 인권이 성장하는 정치적 토양이라고 할 수 있다.

2. 인권법이론의 과제

이와 같은 인권의 발전상황은 많은 이론적·실천적 과제를 안겨준다. 그 가운데 가장 중요한 점은 다음 세 가지이다.

(1) 자유권 중심의 인권이론 첫째, 제1, 2, 3세대 인권이 서로 어떤 관계에 놓이는지가 문제이다. 자유권과 사회권이 서로를 간섭하지 않은 채 아무 문제없이 각기 성장하고 있고, 또 제3세대 인권이 이들을 종합하는 식의 관계는 인권운동가들의 꿈일지는 모르지만 현실은 결코 아니다. 마치 여러 겹의 지층들이 그 사이의 부정합으로 서로를 불안정하게 하는 것처럼 자유권은 사회권의 성장으로 그 지반이 흔들리고, 사회권은 제3세대 인권의 발전으로 새로운 성장장애에 부딪히곤 한다. 그런데도 우리 사회에서 인권의 이해는 (물론 실천적으로는 그렇지만은 않지만) 이론적으로는 자유권의 이상(아래 II)에 안주해 있다. 인권법이론은 이런 자유권 중심의 인권이론을 해체적으로 재구성하는

과제를 진다. 이 과제를 이행하지 않고는 장기적으로 볼 때 각 세대의 인권이 지속적으로 성장하고 확산되기 어렵다.

(2) 정치적 기획의 수용과 통제 둘째, 상식적인 이해와는 상당히 다르겠지만, 인권은 이론적으로뿐만 아니라 실천적으로도 탈정치적인 도덕적 실천이 아니라 언제나 '정치적 기획'의 성격을 띤다는 점이다. 근대사회에서 인권이 정치적 지형을 바꿔 놓았듯이 오늘날에도 인권은 세계사회의 정치적 지형을 변화시키는 힘을 수행한다. 이는 단지 미국이 이슬람권이나 북한에 대해 인권문제를 제기하고 인권법안을 만들 때 때때로 '지배'전략을 숨기고 있다는 점, 이른바 '인도적 개입'의 지배 이데올로기적 성격과 같은 부정적인 정치적 기획만을 의미하는 것은 아니다. 초국가적인 시민연대의 지속적인 인권 주장과 실천은 오히려 강대국 중심의 세계질서를 세계시민사회로 변화시키는 정치적 힘을 발휘하기도 한다. 그런데도 우리 사회에서 인권의 이해는 (역시 실천적으로는 아니지만[5]) 아직 부족하고 인권이론은 자연법의 둥지에 안주하고만 있다. 자연법이 그의 시대에는 하나의 정치적 기획[6]이었듯, 오늘날의 인권사상 역시 그러하다. 인권법이론은 인권이 하나의 정치적 기획이라는 점을 부정해서는 안 되고, 다만 인권 개념을 해체적으로 재구성

5) 예컨대 미국이 북한인권법안을 발의하고 의회에서 통과시키는 과정에서의 인도적 개입 이데올로기를 지적하면서, 법안통과의 저지를 위해 노력하고 일부 법안내용의 수정을 가져오게 한 우리나라의 한 인권단체의 활동을 생각할 수 있다.

6) 이에 대해 이상돈, 『새로 쓴 법이론』, 2005, 147쪽 아래 참조.

하고, 인권의 실현 기제를 법적 정당화의 절차로 짬으로써 그 기획이 이데올로기적인 것이 되지 않도록 통제하는 과제를 수행해야 한다.

(3) 인권과 법의 내적 연관　　셋째, 최근 인권문제는 법학 이외의 다양한 학문(예: 사회학, 철학, 정치외교학, 여성학, 윤리학, 교육학)에서 오히려 더 활발히 논의된다. 이런 인권담론의 편중 현상 때문인지 인권은 주로 법체계와 '별개로' 시민사회에서 문제 제기되고, 권리화되며, 정치적 영향력을 결집시키는 구심점이 되는 반면, 법은 단지 그 영향에 굴복하여 자신을 변화시키기만 하는 관계에 놓이게 된다. 이런 현상은 실천적으로 참여의 확대라는 측면에서 고무적이지만, 중대한 법이론적 문제를 남겨 놓는다. 즉 인권은 법이라는 매체를 통해 논의되고 ―특히 법에 의해 제도화된 '주권'(Souveränität)의 일상적 행사 속에서― 생성·변화·소멸해갈 수밖에 없다는 점, 인권이 법의 밖에 서식하지 않고 법 '안'에서 법과 '함께' 성장·발전하는 것이라는 점이 때때로 심각히 외면될 수 있다. 이로 인해 인권은 '전(前)국가적 권리'(또는 자연법)로서 실정법의 안에 수용되어야 할 실체라는 관념이 ―헌법학계의 지배적인 관념인 '인권→기본권'의 관계이해가― 더욱 단단해진다. 그러나 이런 관념은 어떤 인권주장이 스스로를 반성할 수 없게 하고, 다른 인권주장들을 배척하며, 그로 인해 오히려 사회적 갈등과 문제를 야기하는 원인이 되기도 한다. 인권법이론은 인권주장의 이런 교조화를 해체하는 과제를 진다. 이 과제는 인권과 법을 서로 외재적인 존재로 설정하지 않고, 내적으로 연관 지음으로써 이행될 수 있다.

II. 인권사상의 해부

근대화 이전 우리의 전통사회에도 나름의 인권사상은 존재했을 것이다. 하지만 그런 인권사상은 근대화의 과정에서—특히 서구의 법체계를 계수하는 방식으로—서구의 인권사상과 이해의 지평에 융합되었을 것이다. 그 융합의 과정을 상세히 밝힐 수는 없지만 어쨌든 적어도 지금 우리의 인권 현실은 서구의 근대시민사회에서 정초된 인권사상으로 각인되어 있다고 보인다. 그런 인권사상의 원형은 서구 근대시민사회에서의 부르주아 권리모델에서 비롯된다. 이 권리모델을 다음 도표 3과 같이 분석적으로 구조화하면 지배적인 인권사상의 정체성과 그 한계가 드러난다. 먼저 근대서구사회의 시민(부르주아)이란 역사 현실적으로 말한다면 재산과 교양(지성) 그리고 신앙(크리스트교)을 갖고 있는 사람이라고 할 수 있다. 이 세 요소는 사상적으로 각각 자유주의, 이성주의, 기독교주의를 배후에 두고 있다. 또한 이 세 요소에 따라 인권은 소유적 권리와 개인적 실천이성 그리고 자연권으로 각각 (인권)이론화된 바 있다. 그리고 이러한 세 요소는 다시금 근대적 인권사상이 갖는 사회경제적 소외, 사회문화적 소외, 정치적 소외라는 실천적 한계의 원천이 된다.

	현 실	사 상	이 론	한 계
인권	재산	자유주의	소유적 권리	사회경제적 소외
	교양	이성주의	실천이성(자연법)	사회문화적 소외
	신앙	크리스트교	자연권	정치적 소외

도표3: 인권사상의 원형에 대한 구조적 분석

1. 소유와 인권

인권은 소유적 개인의 시민상—역사적으론 재산을 지닌 부르주아—에서 열매 맺은 권리이다.

(1) 자유의 소유권으로서 인권　　소유적 권리로서의 인권은 '생명, 자유 그리고 재산을 통틀어 소유적 권리'(property)라고 부른 로크(Locke)의 사상에서 명확성을 얻는다.[7] 소유를 통한 자유의 향유는 경제적으로는 개인의 자유로운 소유지향적 행위들이 '보이지 않는 손'에 의해 조화로운 질서를 형성한다고 믿는 자유자본주의[8]와 정치적 자유주의(liberalism)를 낳는다. 예컨

---

7) J. Locke, 강정인·문지영 역, 『통치론: 시민정부의 참된 기원, 범위 및 그 목적에 관한 시론』, 1996, 123절: "자연상태에서의 자유와 평등은 매우 불확실하여 끊임없이 다른 사람에 의해 침해받을 수 있다 … (중략) … 자연상태의 자유로움에도 불구하고 사람으로 하여금 두려움과 위험으로 가득한 이러한 조건을 떠나게 한다. 따라서 사람들이 이미 사회 속에 연합되어 있는 다른 사람들과 합세하거나 또는 내가 통틀어 소유적 권리(property)라고 부르는 생명, 자유, 그리고 재산의 상호보존을 위해 연합하려는 마음을 갖는 것은 그럴 만한 이유가 있다."

8) 로크는 노동산물의 양도가능성과 교환가능성을 인정하고, 화폐의

대 특별시·광역시에서 택지소유상한을 200평으로 제한한 법률이 위헌적이라거나[9] 양심의 자유를 이유로 한 병역거부를 대체복무제가 실현되기에 앞서 이미 위헌적인 인권침해라고 판단하는 것은 인권을 '자유에 대한 소유'로 바라보는 관점에서 연원한다.

(2) 사회경제적 소외 소유적 권리로서의 인권은 첫째, 인권을 유산자에게만 귀속시키는 한계가 있다. 예컨대 기업을 소유한 자가 누리는 경영의 자유는—미국의 노동법제에서 보듯 완전한—해고의 자유로 이어지고, 이는 노동자에게는 오히려 인권침해적인 현실을 가져올 수 있다.[10] 둘째, 소유적 권리로서의 인권은 그 소유가 '~로부터 침해받지 않을 자유'만을 보장한다. 즉 인권은 소극적 권리로 또는 방어권으로서 구성되기 쉽다. 예컨대 장애인이동권[11]이나 낙태여성의 재생산권[12]은 가

도입에 의해 재산의 무한축적가능성을 승인함으로써 자본주의를 정당화했다는 평가를 받는다. 이에 관해 김종헌, 「인권과 주권의 철학—로크, 칸트, 하버마스를 중심으로」, 철학연구 제57집, 2002, 176~177쪽 참조.

9) 헌재결 1999.4.29, 94헌바37; 2005.8.31. 정부가 발표한 부동산양도세 등 거래세의 중과와 보유세의 강화가 재산권행사의 자유를 제한한다는 점에서 위헌의 소지가 있다고 보는 것도 소유적 권리로서의 인권 의식과 맞닿아 있다.

10) 자세히는 이상돈, 『윤리경영과 형법』, 2005, 269쪽([7]단락 노동형법의 패러다임 변화) 아래 참조.

11) 2005년 1월 제정된 「교통약자의 이동편의 증진법」(법률 제7382조), 특히 제3조 참조.

12) 이에 관해 양현아 편, 『낙태죄에서 재생산권으로』, 사람생각, 2005 참조.

진 자가 누리는 '~로부터의 자유'[13]가 아니라 가진 자의 자유를 성취하는 '~를 향한 적극적 권리'이다. 이와 같은 권리가 오랜 세월동안 구현되지 못한 것은 소유적 권리로서의 인권 관념에서 비롯되었음을 부인하기 어렵다.

2. 이성과 인권

우리 사회에서 부르주아들은 종종 '천민자본주의'의 사생아로 폄하되고, '노블리스 오블리제'가 없는 이기적 존재로 비난된다. 이런 우리의 현실에 비해 서구근대사회의 부르주아는 적어도 그 이상(理想)에 있어서는 지식과 교양을 가진 존재였고, 이는 그들의 인권을 실천이성의 표현으로 이해할 수 있게 하는 역사적 기반을 제공해 준다.

(1) 개인적 실천이성으로서 인권 이성으로서의 인권은 이성철학과 의식철학의 정상에 있는 칸트(Kant)의 철학에서 가장 화려한 꽃을 피운다. 이성능력의 자유로운 사용을 통해 스스로를 발전(계몽 Aufklärung[14])시킬 수 있고, 그런 가능성의 존재로서 자신과 타인을 존중할 의무는 인간의 권리를 "한 사람의 자의가

---

13) 형법상의 체포감금죄(제276조 이하)가 장애인에게도 보장하는 이동의 자유나 낙태의 합법화가 임신여성에게 보장하는 임신계속여부에 관한 자유는 '~로부터의 자유'라는 소극적 인권의 성격을 띤다.

14) "계몽이란 인간이 스스로 범하고 있는 미성숙으로부터 벗어나는 것이다. 미성숙이란 자기의 지성을 남의 지도 없이는 스스로 사용할 수 없는 무능력을 말한다." 이에 대해서는 Kant, "Beantwortung der Frage; Was ist Aufklärung," *Kant-Werk Bd 9*, 1968, 53쪽 참조.

다른 사람의 자의와 자유의 일반법칙에 따라 서로 양립할 수 있는 조건의 총체"[15]라는 공간 속에서만 형성되고 인정될 수 있게 하며, 아울러 그 안에 반드시 가두어져야만 하는 것으로 만든다. 예컨대 배아복제를 금지하고 처벌하는 법[16]은 비록 공리적 유용성의 예외를 두고 있지만 원칙적으로는 생명의 생물학적 연속성에 용해된 이성적 존재로의 성장가능성(계몽의 가능성)에서 인권의 주체성을 바라본다.[17] 또한 인간존엄을 공리로 삼는 자연법사상의 정초와 그 구체적 표현으로서 정밀한 권리체계의 법전화 역사[18]는 이성으로서 인권을 실현한 것이다. 그러나 칸트적 의미의 이성은 개인의 이성이다. 인권이 사는 서식처로서 이성이 개인주의적인(individualistisch) 것이라면, 인권 역시 개인주의적인 틀을 벗어나지 않는다.

(2) 사회문화적 소외 먼저 이성의 개인주의적 이해에서는 첫째, 이성이 소유의 대상이 되기 쉽다. 즉 이성적 인간상은 소유적 개인상에 머무른다. 이처럼 소유적 이성으로서의 인권은 이성을 소유하지 못한 사람들에게 인권 침해적이기 쉽다.

---

15) 칸트의 법과 권리에 관한 이해로 Kant, "Die Metaphysik der Sitten," *Kant-Werke* Bd.7, 1968; Kant, "Grundlegun zur Metaphysik der Sitten," *Kant-Werke*, Bd.6, 1968; 심재우, 「인간의 존엄과 법질서」, 법률행정논집(고려대 법학연구소) 제12집, 1974, 103~136쪽 참조.

16) 이에 대해서는 2004년 제정된 생명윤리 및 안전에 관한 법률 제11조 이하 참조.

17) 이에 대해 자세히는 이상돈, 『생명공학과 법』(생명의 공학화와 생명문화의 절차적 재생산), 2003, 특히 110쪽 아래 참조.

18) 이런 근대법전의 형성은 이성의 제도화, 도덕의 제도화로 볼 수 있다. 이에 관해 이상돈, 『법학입문』, 2005, [2]단락 참조.

이성의 역사가 2세기 넘게 발전한 20세기 초·중반 서구사회에서 벌어진 집단학살이나 도태사는 —이성(계몽)이 자기변증을 하여— 이성을 소유하지 못한 인간에게 인권이 얼마나 쉽게 부정될 수 있는지를 보여준다. 소유적 이성의 인권침해 위험은 오늘날에도 계속된다. 예컨대 장기이식에 관한 법률은 뇌사자를 사실상[19] 죽은 자로 취급하는데, 이는 인간존재를 지나치게 이성 중심적으로 파악한 탓이기도 하다. 그런 이해 속에서 뇌사자의 생명인권은 아예 인식되지도 못한 채 사장[20]되고 만다. 또한 이런 인권침해는 문화적으로 전승된 생명문화의 부정과 파괴 속에 이루어진다는 점에서 이성주의적 인권 개념은 문화적 소외를 초래한다.

둘째, 이성주의적 인권은 서구문화와 비서구문화를 이성과 비이성(또는 야만)의 이분법 속으로 몰아넣는다. 예컨대 이슬람 문화권의 여성할례[21]는 야만이고, 기하학적 조형미[22]를 좇는 서구사회의 성형수술은 심미적 이성이라는 식으로 차별화된다. 그렇기 때문에 국제사회에서 보편적 인권실현을 위한 '인도적

---

19) 적어도 뇌사자 본인의 생전 동의의사가 없는 상태에서 가족의 동의만으로 뇌사자의 장기적출을 허용하는 「장기 등 이식에 관한 법률」 제18조와 관련해서 볼 때 그러하다.

20) 이 점을 밝힌 이상돈, 「뇌사와 인권」, 법철학연구 제2권, 1999, 251~270쪽; 「뇌사 —죽음 개념의 합리화인가 기능화인가?」 인권과 정의 제267호, 1998, 70~85쪽.

21) 여성할례(Female genital mutilation)는 사춘기 무렵 음핵 및 음순의 일부를 도려내어 여성이 성적 만족을 느끼지 못하게 하는 이슬람 문화권의 풍습이다.

22) 서구의 심미적 이성을 기학학적 조형미로 바라보는 이상돈, 『욕망은 행복을 낯설게 한다』, 2003 참조.

개입'은 언제나 서양 강대국이 야만적 문화로 차별화한 사회에 대한 정치적 지배의 기획을 품고 있다는 혐의를 받는다. 그런 기획은 세계화의 물결을 타고 있기도 하다. 비서구권에서 이성주의적 인권의 수용은 이른바 '아시아적 가치'[23] 역시 서구의 아시아 지배를 정당화하는 형이상학적 수사이며 아시아의 개발독재국에서 정치적 권력을 비민주적으로 재생산하는[24] 이데올로기적 국가장치라는 식으로, 인권과 대립항을 설정하게 만든다. 예컨대 최근 위헌결정을 받은 호주제는 유교적인 세계관에서는 인륜(Sittlichkeit)을 구현하는 가족제도로 이해되지만, 사회적 신분의 자기결정이라는 개인주의적 실천이성의 관점에서는 그저 인권침해적인 제도로 낙인찍힌다. 이런 인권판단 속에서는 사회보장체제나 안정망이 확보되지 않은 시대에 호주제가 (입양을 하지 않은 채) 전통적 의미의 가족에 속하는 친척을 돌보는 제도로 기능한 점, 즉 인권보호적이며 휴머니즘적인 가족애의 표현이었다는 점이 몰각되고 만다.

3. 자연과 인권

흔히 인권은 보편적인 권리이면서 절대불가침의 권리라고

---

23) 이 점을 비판하는 이승환, 「아시아적 가치의 담론학적 분석」, 이승환 외, 『아시아적 가치』, 1999, 327쪽.

24) 이와 관련하여 인권이 지배 전략임을 비판하면서도 자신도 그 대상의 방법을 모방하려는 양가적 지배욕망을 분석한 F. Jameson, *Post-modernism or the Cultural Logic of Late Capitalism*, New left Review, 1984, 60~62쪽; 박상기, 「탈식민주의의 양가성과 혼성성」, 비평과 이론 제6권, 2001, 86~90쪽 참조.

이해된다. 이런 이해는 인권을 자연권으로 보는 데서 비롯된다.

(1) 절대불가침의 자연권 지배적인 인권사상은 인권을 자연권으로 이해한다. 자연권은 가설적인 사회계약으로 국가를 형성하기 이전에 존재하는 권리이다. 자연권은 홉스(Hobbes)의 인권사상에서 보면 매우 불안정한 권리이다. 그에 따르면 자연권(ius naturale)은 자기보전에 대한 것이다. 자기보전권은 신체와 행동 또는 여행의 자유나 그 밖에 생존에 필요한 것들을 자유로이 사용할 권리[25]이다. 하지만 이 자연권의 향유는 한계를 모르기 때문에 '인간은 인간에 대해 늑대'가 되며, 각자의 자연권 향유는 충돌하여 급기야 '만인의 만인에 대한 투쟁상태'에 빠지게 만든다. 이런 자연상태는 사회계약을 통해 형성된 국가, 시민의 자유보호를 위해 절대적인 권력을 지닌 국가, 이성[26]의 명령을 내리는 존재의 형상인 리바이어던(Leviathan)에 의해서 비로소 극복할 수 있게 된다.

인권의 자연권성은 '절대불가침성'이나 '양도불가능'의 속성을 띠는 주체가 된다. 하지만 이는 자연상태 그 자체로부터 나오는 것이 아니라 '자연' 개념과 연합해온 기독교적 관념인 '천

---

25) T. Hobbes, W. G. Pogson Smith 역, *Leviathan*, 1952, 15쪽.

26) 국가를 만든 후에 비로소 갖게 되는 초자연적인 심사숙고와 합리적 행동의 역량을 바탕으로(G.H. Sabine & T.L. Thorson, 성유보 · 차남희 역, 『정치사상사 2』, 1997, 704쪽 참조) 인간이 합리적으로 자신의 이익을 추구하는 일련의 법칙이 자연법(lex naturale)이며, 자연법은 인간의 생명을 가장 잘 보존해주는 '이성에 의해서 발견된 계율이나 보편적 법칙'(T. Hobbes, W. G. Pogson Smith 역, *Levianthan*, 1952, 14장 참조)이 된다.

부'(天賦)로부터 나온 것이기 쉽다. 인권은 인간에 대한 하나님의 권리이고, 하나님 이외는 누구도 인권을 침해할 수 없는 것이 된다.[27] 그렇기 때문에 오늘날에도 사형폐지가 주로 기독교적 인권운동에 의해 주도되고 있고, 이 운동이 사형보다도 더 고통스럽고 인권침해적일 수 있는 '절대적 종신형'을 타협적인 대안으로 제시하고 있는 현실이 가능해지는 것이다. 이는 자연권으로서 인권의 절대불가침성이 —가다머(Gadamer)가 말하는 이해의 가능조건으로서 전통의 작용인[28]— 크리스트교의 영향사(Wirkungs-geschichte) 아래 있음을 보여주는 대표적인 예라고 할 수 있다.

추측건대 중세적 국가관을 넘어섰고,[29] 심지어 무신론자라고 비판받은[30] 홉스도 기독교적 영향사로부터 벗어날 수 없었

27) 이런 인권 이해는 1974년 오스트리아 쾰텐에서 열렸던 WCC의 '인권과 기독교인들의 책임에 관한 협의회'에서 다루어진 인권의 성서적 · 신학적 이해에서 잘 나타난다(이에 관해 손규태, 「인권문제에 대한 신학적 고찰」, 기독교사상 379호, 1990, 178~179쪽 참조).

28) H. Gadamer, *Wahrheit und Methode*, 1975, 370쪽.

29) 김병곤, 「홉스: 신 없는 절대주의」, 송호근 · 서병훈 공저, 『시원으로의 회귀』, 1999, 22~26쪽 참조.

30) "교회는 한 주권자의 존재 아래 연합하여 기독교를 신봉하는 인간들의 모임이다. 따라서 교인들은 주권자의 권위 아래서만 회집한다"(T. Hobbes, *Leviathan,* M. Oakeshott 편, Collier Books, 1962, 340쪽)고 이야기했던 홉스는, 교회를 국가의 일부로서만 인정하며 소위 '하나님 나라'의 대표자가 지상국가의 주권자가 아닌 한 신민들의 복종을 요구할 수 없다고 본 점에서, 당대에는 무신론자라고 비판받기도 하였다. 극단적으로 신의 존재를 부인하지 않더라도 교회와 다른 방향성을 취하는 것만으로 무신론자로서 공격받기에 충분했었던 17세기의 현실(S. Minz, *The Hunting of Leviathan*, Cambridge University Press, 1962, 39쪽)을 전제할 때 홉스의 사유체계가 반종교적으로 보였을 가

을 것이다. 기독교인으로서의 내향에 관한 스스로의 항변을 차치하고서라도,[31] 국가를 위대한 리바이어던, "이 땅에서 불멸(immortal)의 신의 가호 아래 인간에게 평화와 보호의 은혜를 입게 해주는 필멸(mortal)의 신"이라 보았던 홉스는, 신과의 연관성 속에서 절대국가의 권한을 강화하고자 했다. 즉 교회와 국가를 동일시하고 세속군주를 주(主)목회자 내지 하나님의 대리인으로 본 것은, 리바이어던을 모세의 위치, 다시 말해 하나님의 뜻을 해석하는 절대적 권위를 지닌 위치까지 고양시키기 위해서였던 것이지[32] 교회를 끌어내리기 위한 시도는 아니었다. 그러므로 홉스에게서 자연상태는 무신앙의 상태에, 국가의 통치는 사회계약을 통해 신의 존재가 비로소 침묵을 깨어 하나님 나라가 지상에 실현된 상태에 각각 비유될 수 있다.[33]

능성은 미루어 짐작해볼 수 있다.

31) 정치적 이유에서건 진심이건, 홉스는 자신이 무신론자가 아니며 오히려 '평범한 신자 이상의 신자'(out-Christian the Christians)임을 강력히 주장하였고, 하나님을 허상(phantasm)이 아닌 실질적 존재로 믿는 자신은 무신론자와 가장 거리가 멀다고 주장하기도 하였다.

32) 서영일, 「토마스 홉스의 통치이론과 기독교」, 신학지남 겨울호, 1986, 163쪽.

33) 물론 홉스가 비록 수많은 성경의 용어들과 구절들을 인용하고 있으나 그 내부는 완전히 다른 개념으로 채워 넣고 있다든가(서영일, 앞의 글, 170쪽), 사회계약의 사고가 근본적으로 하나님의 은총에 의한 문화와 도덕 형성을 배제하고 있다는 주장(황덕형, 「현대인의 성결체험 —하나님 앞에 선 단독자!」, 활천 제612호, 2004, 68쪽)이 역사·종교계에서 아직 주류를 차지하는 듯하다. 홉스가 크롬웰정부와 왕정복고의 급격한 정치적 소용돌이 속에서 박해를 회피하기 위한 도구로서 기독교를 억지로 끌어들였다는 것이다. 그의 리바이어던 사상이, 국가보다 교회를 우선시하는 경향의 카톨릭이나 장로교에 대해 배타적이면서 국교로서의 성향이 강한 성공회와는 강한 친화

(2) 정치적 소외 이런 자연권으로서 인권사상도 실천이성으로서 인권사상과 마찬가지로 비기독교 사회에선 문화적 소외를 가져올 수도 있다. 그러나 신성성의 내용은—예컨대 하나님의 권능으로서 인권이 인내천(人乃天) 사상으로 대체되는 식으로—바뀌기는 해도 그로부터 인권의 절대불가침성이 연원하는 식의 사상적 구조는 크게 바뀌지 않을 것이다. 이런 자연권으로서 인권의 한계는 정치적 소외에 그 중점이 놓일 수 있다. 자연권의 처분불가능성은 인권의 권리 개념을 의사(will)보다는 이익(interests)의 차원에 중점을 두게 한다.[34] 하나님의 의사만이 절대불가침이지, 사람의 의사는 처분 불가능한 것이 아니기 때문이다. 그래서 인권의 법적 실현에 대한 관심은 어떤 고정된 크기의 이익이 개인에게 주어지느냐, 그리고 그런 이익에 대한 국가의 보장을 가능케 하는 정치적 기제로서 의회민주주의가 제대로 구축될 수 있느냐에서 끝나기 쉽다. 바꿔 말해 자연권적 인권이 보장하는 정치적 참여 수준은 루소(Rousseau)의 '일반의지'에 기초한 민주주의, 그러니까—역사적으로 그러했듯이 입헌군주제까지도 용납이 가능한—의회민주주의의 좁은 틀에 국한된다.

성을 보인다는 측면은, 그런 혐의를 더욱 짙게 한다. 하지만 종교적 자기검열을 통해 사상이 변형되었다는 점을 가지고 그의 사상과 기독교 사이의 내적 연관을 부인할 순 없다. 오히려 이는, 근대적 자연권 사상 속에 기독교적 문화와 권위가 자리하고 있다는 사실을 더욱 분명하게 한다.

34) 의사설이 불가침의 기본적 인권을 제대로 설명할 수 없음을 분석한 김도균, 「권리담론의 세 차원: 개념분석, 정당화, 제도화」, 법철학연구 제7권 1호, 2004, 181~210쪽 참조.

실제로 자연권적 인권사상이 꽃피운 지 거의 200여 년이 넘은 20세기 중반에 와서야 서구사회에서 재산과 남녀에 따른 참정권의 차별이 완전히 해체된 것은 결코 우연이 아니라, 자연권적 인권사상에 내재된 한계의 필연적 결과라고 볼 수 있다. 자연권적 인권사상이 가져온 정치적 소외는 오늘날까지 지속되기도 한다. 예컨대 외국인의 인권은 '어떤 이익까지 보장할 것이냐'의 문제이지, 정치적 참여에까지는 미치지 않는다는 생각이 아직도 지배적이다.35) 이런 외국인의 정치적 참여 문제에 대해 자연권적 인권사상은 어떤 해결의 실마리도 제공하지 않는다.

---

35) 물론 우리나라에서도 외국인의 참정권 보장을 인권문제로 바라보는 관점이 성장하고 있다. 예로 서울대 법과대학 BK21 공익인권법연구센터의 '정주외국인의 지방참정권 실현을 위한 일・한・재일 네트워크'라는 학술대회(2004.11.24.)를 들 수 있다. 또한 EU 각국은 Maastricht 조약에 의해 EU 시민에게는 EU 각국의 지방선거권이 개방되어 가고 있다. 하지만 이는 경제적 통합, 바꿔 말해 소유적 인권의 영역이 확장된 것에 불과하다. 아직도 EU 밖의 국민에 대해서는 예외가 있지만 외국인의 참정권은 지방선거에서도 인권관심에서 비켜나 있다고 말할 수 있다.

III. 인권의 절차화

소유권, 이성, 자연권으로서의 인권사상의 한계는 인권이 국가나 법에 앞서 이미 주어져 있는 실체나 고정된 크기의 이익이 아니라 인권을 말하는 모든 사람들 사이의 지속적이며 개방적인 대화적 과정 속에서 비로소 형성된다고 봄으로써 극복될 수 있다.

1. 인권과 주권의 내적 연관

먼저 인권은 자유권과 사회권의 이율배반성, 예컨대 여성의 근로권을 보장하기 위한 고용할당제가 오히려 (능력 있는 여성의) 일할 자유를 협소하게 하고, 여성에게만 보장된 임신, 육아 및 생리휴가가 여성의 성역할에 대한 재해석을 가로막음으로써 여성과 남성 사이의 자유 분배를 여전히 남성중심사회의 구조 속에 갇히게 하는 딜레마를 극복해야 한다. 이를 위해서는 인권 개념의 절차주의적 재구성이 필요하다.

이 재구성의 첫 단계에서는 하버마스(Habermas)와 같이 인권과 주권을 내적으로 연관시켜야 한다. 주권으로부터 풀려난 인권 개념은 자유주의의 결과이다. 자유주의 정치모델에서는 '전국가적이며 비법적인 도덕적 권리'(사적 이익)로서 인권의 보호가 국가의 핵심임무가 되며(법치국가 Rechtsstaat), 정치는 행정권력에 대해 인권(도덕적인 사적 이익)을 하나로 결집하여 관철하는 과정이 된다. 이에 비해 공화주의 정치모델에서 국가는 공동선을 실현하는 공동체이고, 이를 위해 주권자인 개인들이 자유롭고 동등한 법동료로서 공동선을 향한 공동체적 의사형성에 참여하는 민주주의가 실현된다.

하버마스는 자유주의가 지향하는 인권과 공화주의가 지향하는 주권을 대화적 토론정치(deliberative Politik)의 설계를 통해 변증시킨다.[36] 그는 사적 자율이 인정된 시민사회에서 개인들이 자유롭게 인권문제를 제기하고, 조직화되고 공식적인 공론의 장에서 인권주장의 타당성에 대한 비판과 토론을 펼치며, 그 논의의 결과가 정치체계에 영향력(의사소통적 권력)을 발휘함으로써 인권이 제도적으로 형성되는 법과 그것을 가능케 하는 정치체제, 즉 민주적 법치국가(demokratischer Rechtsstaat)를 설계한다고 본다. 이런 체제에서 시민적 자기결정으로서 주권은—루소의 일반의지와 같은—하나의 포괄적인 거대주체에 귀속되지 않고, 대화적 의사소통을 전개하는 수많은 개인들에 의해 일상적으로 행사된다. 이는 주권의 행사가 개인들의 사적 이익을 부당하게 침해하지 않을 수 있게 한다. 반면 인권은 고립된 개인의 고정된 크기의 사적 이익이 아니라 도덕적 자율과 이성적 의지를 실현하는 권리가 된다. 왜냐하면 이런 체제에서 인권은 상호이해에 지향된 개인들의 일상적인 의사소통과 공론참여와 공식적인 정치적 의사형성의 과정 속에서 구체화되고,

---

36) 이에 관해 Habermas, *Die Einbeziehung des Anderen*, 1996, 277~292쪽; "Three Normative Models of Democracy," S. Han 편, *J. Habermas and the Korean Debate*, 1998, 201~215쪽 참조.

법제 속에 규범화되기 때문이다.

	패러다임	자유주의	공화주의	토론민주주의
인권	정 치	사적 이익의 관철	공동선의 실현	토론과 자율
	권 리	인권 중심	주권 중심	인권과 주권
	법체계	법치주의	민주주의	민주적 법치국가

도표 4: 하버마스의 3가지 정치모델 및 인권과 주권의 관계

이처럼 인권과 주권이 내적으로 연관될 때, 개인은 자신이 누리는 자유의 대가로 다른 사람의 자유가 실질적으로 위협받고 침해되는 것을 인권침해적인 사태로 받아들일 수 있게 되고, 사회권적 인권을 보장받을 때에도 사회국가적 복지정책의 (행정)서비스를 소비하는 수동적인 고객의 지위에서 벗어나 여전히 자유권의 주체와 자율적 주체로 남을 수 있게 된다. 이런 인권은 고정된 크기의 사적 이익이 아니라 '의사소통적 참여의 권리'로 이해되며,[37] 인권의 보편성은 실체가 아니라 인권과 주권이 동시에 실행되는 대화적인 의사소통의 과정이 가능하기 위한 조건으로 해석된다.

2. 법의 독자적 역할

물론 이와 같은 하버마스의 인권이해만으로도 종래 헌법

37) 이런 이해로 이상돈, 『형법의 근대성과 대화이론』, 1994, 68~70쪽 참조.

학에 지배적인 인권이해(도표 4 왼쪽), 즉 인권은 전국가적인 자연권이고, 주권자인 국민이 제정한 헌법의 기본권으로 제도화되며, 그 기본권으로부터 다양한 권리가 파생되어 나온다는 도식은 극복될 수 있다. 하지만 현대사회에서 인권의 형성기제를 더욱 완전하게 밝히려면 인권과 주권을 내적으로 연관짓고, 자유주의와 공화주의를 변증시키며 사적 자율과 공적 자율을 통합시키는 기제가 대화적 의사형성[38]이라는 점 이외에, 법이 수행하는 고유한 역할을 바라보아야 한다. 하버마스는 대화적 의사형성의 기제를 시민사회와 공론영역과 같은 비공식적인 영역과 법, 제도, 의회 등의 공식적인 영역으로 나누었고, 그래서 자신의 정치이론을 '이원적 토론정치'(zweigleisige deliverative Politik)

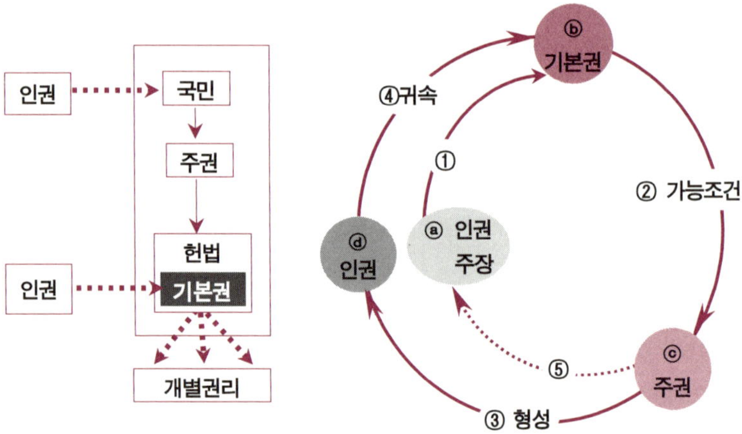

도표 5: 인권과 주권 그리고 법의 관계모델

38) J. Habermas, *Faktizität und Geltung*, 1992, 369쪽 아래 참조; 이원적 토론정치에 대한 자세한 설명은 황태연, 「하버마스의 소통적 주권론과 쌍선적 토론정치 이념」, 『하버마스. 이성적 사회의 기획, 그 논리와 윤리』, 1997, 202쪽 아래 참조.

라고 부르기도 하였지만, 법은 토론정치의 독자적인 제3원을 이룬다. 이를 도표 5의 오른쪽 그림이 보여준다.

예컨대 안락사에 관해 그것은 인권이라는 주장과 인권침해라는 주장이 대립한다. 안락사가 존엄한 죽음에 관한 인권이라는 주장(ⓐ)이 시민사회에서 제기되고, 공론영역에서 그 관점의 타당성에 대한 비판과 토론이 전개되어 광범위한 동의를 얻게 된다면, 그 동의는 정치적 영향력을 끼쳐 결국에는 의회에서 안락사입법을 하도록 만든다(ⓒ). 이 입법의 과정은 전통적인 생명인권(환자의 생명권)을 처분하고 새로운 생명인권(ⓓ: 환자의 존엄사)을 재생산해내는 과정이다.

여기서 첫째, 이 과정에서 인권은 주권의 행사, 즉 국민이 의회를 구성하고 공론에 참여하여(②) 그 의회에 영향력을 발휘함으로써(③) 비로소 구체적으로 형성되는 것임을 알 수 있다. 즉 새로운 생명인권으로서 '존엄사'는 전국가적인 생명권을 법규범으로 만든 결과가 아니라 주권을 통해 형성된 인권(ⓐ→ⓒ→ⓓ)인 것이다.

둘째, 법(ⓑ: 기본권)은 이와 같이 주권행사를 통해 인권이 형성될 수 있게 하는 가능조건(의사소통조건)이 된다. 의회선거나 공론참여는 법(기본권)이 보장하는 표현의 자유, 학문의 자유, 언론이나 출판, 집회결사의 자유를 누림으로써 가능하다는 점에서 그러하다.

셋째, 법이 주권행사의 의사소통조건을 보장함으로써 재해석되고 재생산된 인권, 예컨대 존엄사는 다시금 법에, 특히 기본권(예: 행복추구권, 인격발현권)의 규범내용으로 축적된다(ⓓ→④→ⓑ). 그러나 이런 축적은 일정한 시간이 요구된다. 때때로 그 시간 동안 민법이나 형법 등의 개별법분과에서 인권이 형성되고, 그 법체계 안에 머무는 경우도 있을 수 있다. 예컨대 성희롱 당하지 않을 권리는 노동법이나 형법에 인권으로 승인되고, 그 뒤 헌법상의 기본권으로 재해석되었다고 할 수 있다. 그러므로 인권의 생성과정에서 인권은 아직 기본권이 아니면서도 이미 실정법적 권리로 전환된 상태에 놓이기도 한다.

넷째, 그렇게 역사적으로 주권행사에 의해 구체화된 인권내용을 담은 기본권(ⓑ)은 인권이 주권에 의해 형성되는 것이 아니라 침해되는 것을 방어해 주기도 한다. 예컨대 나치 시절처럼 국민들의 총의가 열등한 인간들의 도태사를 인정하는 방향으로 모아져 입법까지 되었다고 할 때, 그 입법은 기본권(인간의 존엄과 가치)의 본질적 내용을 침해하는 것으로서 법적으로 무효가 된다. 법의 이런 방어적 기능에 의해 인권은 잘못된 주권행사로부터 보호된다.

다섯째, 하지만 법에 의해 가능한 주권행사가 인권을 재해석하고 재생산하는지, 아니면 정반대로 기존의 인권을 파괴하는지가 불분명한 한계영역이 있을 수도 있다. 예컨대 현재의 한국 사회처럼 존엄사가 아직 공론의 지배적인 결론으로 되지 않은 상태임에도 불구하고 의회에서 입법되는 경우에는 헌법소원이 제기되기 쉽다. 이 때 헌법재판은 시민적 공론을 수용하는 것이지만 그 자체로서 시민적 공론을 (특히 법전문가들의 공론에 영향을 받아[39]) 형성하는 대화적 과정이 된다. 이 경우

39) 헌법재판에서 시민적 공론의 영향보다 법전문가의 공론이 상대적으로 더 중요하다는 분석으로 이상돈, 『헌법재판과 형법정책』, 고려대출판부, 2005, 57~67쪽, 특히 62쪽 참조.

주권행사의 결론은 아직은 인권침해에도 이르지 않고, 인권의 재생산에도 이르지 않은 것이며, 단지 하나의 인권주장으로서 자리매김 된다. 여기서도 인권은 여전히 법(체계) 안에서 재해석되고, 구체화되는 것임을 알 수 있다.

여섯째, 법은 인권이 주권행사가 아닌 방식을 통해 사적으로 침해될 위험을 막아준다. 멀쩡한 환자를 도태사시키려는 개인은 생명인권을 구현한 살인죄에 의해 처벌된다.

이상에서 법은 단지 인권을 구체화하는 주권행사(위 A.)의 가능조건(위 B.)으로만 있지 않고, 주권에 의한 인권침해를 방어하면서(위 4)), 동시에 인권이 재해석되는 대화의 과정 그 자체가 되기도 하며(위 5)), 아울러 재해석되고 재생산된 인권이 침전된 결과물(위 3))이 되기도 한다. 이로써 법은 주권과 인권 어느 한 영역에 전속되지 않으며, 인권과 주권이 내적으로 연관짓는 대화적 의사형성의 ―하버마스가 말하는 시민사회와 공론영역의 제1원과 제도, 의회 등 제2원 이외의― 제3원이 된다고 말할 수 있다.[40]

3. 민주적 법치국가의 성찰적 기제

인권의 절차주의적 구성의 세 번째 단계는 인권 개념을 민주적 법치국가의 반성적 기제로 자리잡게 하는 것이다.

---

40) 좀더 자세히는 이상돈, 『인권법』, 110쪽 참조.

(1) 말함 속의 인권 인권실현의 대화적 과정은 인권의 자연법적 실체성을 완전히 해체시키지는 못한다. 인권을 본질(Wesen)로, 기본권을 현존(Dasein)으로 설정하면, 인권이라 불리는 권리가 대화적 과정으로 재해석되고 재생산되는 과정은 기본권이라는 실정법적 현존이 인권이라는 본질에 수렴되어가는 과정으로 이해[41]될 수 있기 때문이다. 그러므로 지배적인 인권사상의 완전한 극복은 '인권이란 그것을 말함(speech act) 속에 있다'고 봄으로써 가능하다. 인권이 존재하는 것이 아니라 그것을 말하는 행위가 사회적으로 존재한다는 것이다. 가령 에이즈(AIDS) 환자가 사회적 소수자로 '말해'진다면,[42] 그들의 인권은 제대로 실현되기 어렵다. 사회적 소수자는 병든 사람이든 아니든 언제든지 르네 지라르(Renč Girard)가 말하듯[43] 욕구불만이 억압된 사회집단이—에이즈 환자의 격리수용을 주장하는 일부 목소리처럼— 그들을 '폭력의 집단 전이', 즉 희생물로 선택할 위험성이 잔존하기 때문이다. 이 예에서도 인권을 말함, 특히 말하는 방식마저도 인권을 구성한다는 점을 엿볼 수 있다.

하지만 인권은 아무리 적절하게 말해지더라도 그 내용의 타당성이 언제나 관점을 달리하는 사람에 의해 의문시될 수

41) 이런 이해방식은 A. Kaufmann의 정의에 대한 수렴이론(Konvergenz-theorie)과 연장선에 있다.

42) 2004년 국가인권위원회의 인권백서를 펴내기 위한 집필진 모임에서 에이즈 환자의 인권이 '사회적 소수자와 인권' 편에 분류된 점에 대해 제기한 어느 에이즈환자 인권운동가의 강력한 항의가 내게는 이 점을 인상 깊게 이해시켰다.

43) R. Girard, 김현 역, 『폭력과 성스러움』, 1993, 9~51쪽 참조.

있다. 그러므로 인권을 말하는 사람은 자신이 말하는 내용이 타당한 것임을 근거지어야 하고, 사람들이 그 타당성을 널리 인정할 때 비로소 인권으로 승인된다. 수많은 사람들이 이처럼 인권에 대해 말하고 근거짓는 행위는 역사적으로는 비판과 토론의 대화적 과정(인권담론)을 구성한다. 인권의 주장이 인권으로 승인되는 과정은 —말함에 내재된 보편적인[44] 구조이며 법의 선(先)구조 또는 유사구조[45] 속에서— 자유롭고 기회균등한 비판과 토론의 대화적 과정임을 전제한다.

(2) 인권 개념의 수사학적 기능　하지만 "인권이 말함 속에 있다"는 명제는 권리의 생성 일반에 대해 적용될 수 있다. 인권 개념의 고유함은 말행위의 실행적 부분(performativer Teil)에 있다. 즉 인권을 말할 때에는 말해지는 내용이 규범적으로 타당한 것이며, 실정법체계가 이를 수용해야 한다는 점을 '이례적으로'[46] '강력하게'—즉 인권의 자연권적 함의처럼 절대로 침

44) 이 구조를 발굴해낸 학문을 보편적 화용론(Universalpragmatik)이라고 한다. 하버마스의 보편적 화용론에 관해서는 Habermas, "Was ist Universalpragmatik?" *Vorstudien und Ergänzungen zur Theorie des kommunikativen Handelns*, 1984, 8단락 참조.

45) K. Günther, "Recht und Sprache," 한국법제연구원 · 한국법철학회 · 고려대법학연구원이 공동주관한 국제심포지엄 <법과 언어>(2001.9.21.) 발표문, 2001, 18쪽; 물론 한국어에는 이 민주적 선구조가 취약한 데 점차 성장하고 있다고 판단된다. 이에 관해 이상돈, 『법철학』, 2003, [3]단락(법과 한국어) 참조.

46) 이 이례성은 오늘날 수많은 권리주장들이 점점 더 인권주장의 이름을 달아가고 있다는 점에서 더 이상 이례성이 아닐 수 있다. '인권 개념의 남용'이라 할 만하다.

해되어서는 안 되는 권리임을 상기시키면서— 호소하는 '수사학적 기능'이 전제되어 있다. 이 수사학적 기능은 주로 민주적 법치국가의 공식적인 입법메커니즘과 다수결원리[47]가 펼쳐줄 수 있는 의사소통의 장이 인권주장을 실정법적 권리로 남김없이 제도화하지 못하는 상황에서 작용한다. 즉 공식적인 입법메커니즘의 민주적 의사형성기능이 한계를 나타내는 지점에서 민주적 법치국가의 반성과 자기교정을 강력하게 촉구하는 의사소통행위의 하나가 바로 인권주장인 것이다. 그러므로 인권운동은 국가권력에 대한 저항이 아니라 인권을 실현하는 국가의 공식적인 입법과정에 늘 따라다니는 비판, 즉 수행적 비판(begleitende Kritik)의 성격을 띤다.

(3) 시민불복종의 반대짝 그러므로 인권주장은 같은 성격의 행위인 시민불복종[48]과 반대짝을 이룬다고 볼 수 있다.[49]

---

47) 다수결의 원리는 형식적 평등을 전제로 하지만, 한편으론 지배이익을 정당화하면서 소수자의 배제를 정당화한다. 다시 말해 다수결원리는 한편으론 소수(자)들을 한 사회의 구성원으로 인정하지만, 다른 한편으론 의사결정과정으로부터 제거시키는 합법적인 방편이 된다. 이처럼 배제와 제거는 다수결원리가 갖는 민주적 의견형성의 근원적 한계를 말해준다.

48) 이에 관해 자세히는 이상돈, 「시민불복종운동—논쟁, 이론, 개념, 법제화」, 한국법철학회 편, 『법치국가와 시민불복종』, 2002, 109~112쪽 참조.

49) 인권운동과 시민불복종 이외에 공익소송도 민주적 법치국가의 성찰기제로 자리잡는다. 인권운동이 민주적 법형성에 적극적으로 보완한다면, 시민불복종은 소극적으로, 그리고 공익소송은 능동적으로 보완한다. 공익소송에 관해서는 기업소송연구회에서 내가 발표한 「공익소송과 인권실현」, 2004.11. 참조

불복종이 실정화된 규범적 명제의 권리성을 부인하는 것인 반면, 인권주장은 어떤 규범적 명제가 실정화되어야 함을 공식적인 입법메커니즘에 촉구하는 것이다. 이런 시민불복종운동과 인권운동의 사회적 공간을 허용하는 것은 민주적 법치국가의 또 다른 정당성기초가 된다.[50] 여기서 인권주장이 실정법에 위반할 때 특별하게 취급될 수 있으려면 시민불복종운동의 테두리조건(시민성, 비폭력성, 공공성, 비례성)[51]요건을 충족해야만 한다는 결론을 이끌어 낼 수 있다. 예컨대 양심적 병역거부가 전적으로 여호와의 증인만의 행동이라면 그것은 양심범의 문제가 될 뿐 인권운동이 될 수는 없다. 이질적이고 다원적인 시민들로 구성되어야 한다는 시민성 요건을 충족하지 않기 때문이다. 물론 양심적 병역거부가 여호와의 증인 이외의 사람들에게 점차 확산되어 가고 있어 우리 사회에서 양심적 병역거부는 인권운동으로 승인될 가능성이 꽤 크다.

4. 인권실현모델

이상에서 설명한 인권의 절차주의적 구성에서 보면 인권개념과 그 실현기제는 분리되지 않음을 알 수 있다. 인권의 동적 형성과정을 단계화하여 각 단계에 고유한 이름을 부여하는

---

50) 시민불복종운동에 대해 같은 입장을 보이는 J. Habermas, "Ziviler Ungehorsam," Glotz 편, Ziviler Ungehorsam im Rechtsstaat, 1983, 특히 43, 51쪽 참조

51) 이상돈, 「시민불복종운동—논쟁, 이론, 개념, 법제화」, 한국법철학회 편, 『법치국가와 시민불복종』, 114~135쪽 참조.

것은 어떤 권리주장의 법적 위치를 상호주관적으로 매기는 데 큰 도움을 줄 수 있다.

(1) 인권형성의 네 단계　이제까지 전개한 나의 인권이해에서 보면 인권의 형성은 네 단계로 나눌 수 있다. ① 개인의 인권주장은 인권에 관한 말행위일 뿐이고, 수사학적 호소를 통해 민주적 법치국가에서 권리보장이 소외된 점에 대해 다른 사람들의 관심을 끌어내는 사회적 행위의 하나가 된다. ② 그런 주장에 공감하는 사람들이 시민사회에서 하나 둘씩 늘어나면 주장된 인권의 내용에 대해 토론이 촉발되고, 서로 다른 관점의 표현들이 유발된다. 이 상태에 이르면 주장된 인권은 '생성중인 인권'이라고 부를 수 있다. ③ 생성중인 인권은 다시 조직화되고 공적인 토론의 장으로 들어가 그 승인여부를 놓고 합리적인 논거로 무장한 비판과 토론을 벌인다. 그런 대화의 과정에서 모든 이는 아닐지라도 다수를 설득시킨다면 생성중인 인권은 '공론경쟁력'을 갖는다고 할 수 있고, 이 때 생성중이던 인권은 보편적인 인권—엄밀하게는 '절차적으로 정당화된 인권'—으로 성장한다. 우리 사회에서 볼 때 가령 동성애자의 결혼권이나 독신여성의 입양권 등이 생성중인 인권 단계에 있다면, 양심적 병역거부자의 대체복무권은 보편적 인권의 단계에 거의 다 와 있다고 볼 수 있을 것이다. ④ 마지막으로 인권주장의 공론경쟁력이 정치체계에 영향력, 즉 법제형성력으로 전환되면 보편적 인권은 마침내 실정법적 권리로 제도화된다. 이를 아래 도표가 요약하고 있다.

영 역	인권의 형성	추 진 력		행 위
국 가	실정법적 권리	법제형성력	정치적 힘	인권실현 (법실현운동)
공론영역	보편적(?) 인권	공론경쟁력	설득력	인권운동 (법제화운동)
시민사회	생성중인 인권	토론형성력	관점교환 촉진력	인권운동 (보편화운동)
개 인	인권 주장	관심형성력	수사학적 호소력	인권을 말함

도표 6: 인권의 형성단계

(2) 시민주도의 협동적 인권실현　인권의 형성을 이렇게 단계적으로 명확하게 해놓고 보면 무엇보다 인권의 개념과 그 실현이 분리될 수 없으며, 아울러 인권의 실현은 시민사회와 국가의 협동적인 상호작용 속에서 이루어지는 것임을 알 수 있다. 그러므로 전통적인 국가중심의 인권실현모델, 즉 국가는 자연권적 인권 개념을 전제로 그 실현의 과제를 짊어지고, 시민은 국가가 제공하는—역사적으로는 지속적으로 자유권으로부터 사회권으로 확대되어 온—인권서비스의 수혜자로 남아있는 모델은 이제 지양되어야 한다. 그럼에도 불구하고 현대사회에서도 근대적 인권 관념을 배후에 두고 국가가 인권실현의 중심적 주체로 활동하는 현상[52]이 여전히 이어지고 있다. 예컨대 생명권의 확대보호를 위한 장기이식법은 장기기증과 장기이식의 전 과정을 국가기구인 국립장기이식관리센터(KONOS)로

52) 특히 민간 영역의 인권운동이 국가권력으로 수렴되는 과정을 밟아가면서 인권운동의 주장이 국가권력으로 흡수되고 국가권력이 개혁이라는 이름으로 인권적 과제들을 해결하는 주체로 등장하는 상황에 대한 지적으로는 인권단체연석회의 엮음, 『2004 인권운동보고서』, 2005, 16쪽 참조.

하여금 독점적으로 관리하게 만들었다. 하지만 그로 인해 장기 이식은 현저히 위축되었다.[53] 장기기증과 이식의 과정이 시민들이 서로의 생명을 아껴주는 윤리적 실천이자 일종의 인권운동이라고 본다면, 뇌사자 장기의 전국적 균등배분을 제도화한 코노스체제의 비효율성은 국가 중심의 인권실현이 현대사회에서는 분명한 한계를 갖고 있음을 보여준다. 이런 한계는 근본적으로는 국가기구가 관료주의의 특성, 특히 넓은 의미에서 '권력의 확대재생산'이라는 절대명령에 알게 모르게 복속하여 행동하는 경향에서 비롯된다. 그런 경향이 존재하는 한, 국가(기구는) 생활세계의 현장에서 소외된 자들이 체험하는 다양한 인권문제[54]들을 다 수용할 수가 없다.

그러므로 현대사회에서 인권실현의 중심적 주체는 시민들이 되어야 한다. 시민들이 삶의 현장에서 인권문제를 표제화하고, 공론영역에서 인권주장의 타당성 경쟁을 펼치는 과정이 곧 인권실현의 중심이 되어야 한다. 세계화된 인권운동도 각국의 시민적 공론을 거쳐 타당성을 확보할 때에만 그 국가 안에서도 보편성을 인정받을 수 있다. 하지만 민주적 법치국가가 공론을 수용하면서[55] 인권을 법제화하는 기능을 부인한 채 시민적 인권운동의 정당성을 맹목적으로 신봉하고 관철하려고 하는 도덕적 엘리트주의[56]도 경계되어야 한다. 예컨대 사회보장

---

53) 이에 대한 분석과 비판으로 이상돈, 『생명공학과 법』, 2003, 250쪽 참조.

54) 이에 관해서는 아래 V(인권의 지역화) 설명을 참조.

55) 이에 관해 자세히는 이상돈, 『헌법재판과 형법정책』, 2005; 『인권법』, 2005, 185~188쪽 참조.

56) 시민단체의 도덕적 엘리트주의에 대한 비판으로 이상돈, 「시민단

적 의료보험체계의 기능을 강화하기 위한 의료보험료의 인상에 저항하는 시민단체들의 도덕적 확신은 환자인권을 신장시키기보다는 오히려 악화시키기 쉽다.[57]

(3) 보편성으로서 합법성 이렇게 보면 인권의 개념과 실현에서 국가와 사회는 더 이상 분리되지 않는다고 할 수 있다. 즉 국가가 '실정화'하는 권리는 시민사회의 비판적 공론의 뒷받침을 받음으로써 비로소 인권으로서 '정당성'을 획득하게 되고, 반대로 시민들이 공론의 장에서 경쟁을 벌여 광범위한 동의를 획득한 인권주장도 국가의 공식적인 입법절차를 통하여 실정법적 권리로 수용되는 경우에만 비로소 인권으로서의 '실효성'(과 실정성)을 획득할 수 있다. 이러한 상호작용 속에서 정당성(Legitimität)과 실증성(Positivität)이 융합된 '합법성'(Legalität)이 생성된다. 민주적 법치국가에서 인권은 자연성이라는 가설적 사회현실이 아니라 바로 이런 의미의 합법성 속에서만 존재하는 것이다.

체와 시민불복종운동」, 인권과 정의 7월호, 2001, 93~111쪽; 「시민불복종운동 -논쟁, 이론, 개념, 법제화」, 한국법철학회 편, 『법치국가와 시민불복종』, 법문사, 2001, 91~146쪽.

57) 이러한 문제에 대한 법사회학적 분석과 비판으로 이상돈, 『의료체계와 법』, 2000 참조.

IV. 인권의 세계화

1. 인권의 세계화와 보편성 상실

오늘날 인권문제는 한 국가의 차원을 넘어 전 세계의 차원에서 해결될 수 있는 경우가 많다. 예컨대 환경권은 지구촌이 하나의 환경권을 이루기 때문에 초국가적인 환경규범에 의해서만 실질적으로 보장될 수 있다. 또한 인권운동도 초국가적으로 전개된다. 예컨대 그린피스를 비롯해, 수많은[58] 비정부기구(NGOs)들이 네트워크 방식의 연대[59]를 맺은 채 공개적으로 초국가적인 인권문제를 제기하고, 아울러 각국의 인권입법과 그 준수를 요구하며, 감시와 비판을 게을리하지 않는다. "제2의 근대에서 생겨나는 세계적인 하부정치(Subpolitik)"[60]나 '세계정치의 민영화'[61]라고 불리기도 하는 이와 같은 현상은 인권의 보

---

58) Global Governance에 대한 UN 보고서(1995)에 따르면 현재 거의 29,000개의 국제적인 NGO가 활동하고 있다고 한다. 국내적으로만 활동하는 NGO들의 숫자는 이보다 훨씬 더 많을 것이다.

59) M. Keck & K. Sikknik, *Transnational Advocacy Networks in International Politics*, 1998.

60) U. Beck, *Politik der Globalisierung*, 1998 참조. R. Falk 역시 이와 유사한 진단을 내린다. R. Falk, "Mediating World Order: The Human Quest for Cultural Identity versus the Discipline of Global Capital," J. Friedman & S. Randeria 편, *Globalisation, Migration, Negotiation of Identities*. 2001 참조.

61) 이에 관해서는 M. Klador, "Zivilisierte Globalisierung? Lektionen aus

편성이 더 이상 한 국가의 주권 실현의 차원, 즉 국가 단위의 민주적 의사형성에 의해 확보되는 '절차적 정당성' 또는 앞서 말한 의미의 합법성으로 환원될 수 없게 한다. 하나의 거대 연방제[62]나 통일적인 세계공동체[63] 또는 보편적인 세계법[64]은 아직은 구상단계에 있을 뿐이며, 그런 체제 안에서 전세계를 완전히 포괄하는 세계공론, 즉 전세계의 모든 사람들이 자유롭고 기회균등하게 인권의 기획과 형성에 참여하는 공론은 요원한 이상일 뿐만 아니라, 각국의 (정치, 사회, 경제)문화적 다양성을 거세할 때만 가능한 위험한 발상이기 때문이다.

실제로 존재하는 초국가적 공론의 많은 경우는 세계열강 중심의 자본화된 전문가공론인 경우가 많다.[65] 예컨대 테러리즘은 이슬람권의 주권이 외면된 국제사회의 서구편향적 공론에 대한 저항의 성격이 있는데, 이 저항을 다시 억압하기 위해 테러방지를 위한 고문은 허용되어야 한다는 공론이 서구사회에서 형성되고 있다. IMF나 세계은행이 주도하는 금융체계의 세계화는—예컨대 정리해고법제의 강화 요구 등을 통해— 비선진국의 경제주권을 훼손하기도 한다. 또한 최근 유럽사회에서 초국가적으로 형성된 공론으로 이슬람여성의 차도르 착용

Seattle," S. Randeria & A. Eckert & C. Jakobeit 편, *Globalisierung: Postkoloniale Perspektiven*, 2002 참조.

62) O. Höffe, *Demokratie im Zeitalter der Globalisierung*, 1999 참조.

63) W. Dodmer, *Das Postulat des Weltsstaats,* 1952 참조.

64) 대표적으로 E. Zitelmann, *Die Möglichkeit eines Weltrechts,* 1988; P. Coulmas, *Weltbürger, Geschichte einer Menschheitssehnsucht,* 1990 참조.

65) 이에 관해 자세히는 이상돈 · Klaus Günther · 변종필, 「세계화에 따른 법문화의 변화와 법정책의 과제」, 법철학연구, 제7권 1호, 2004, 7~38쪽.

금지는 서구학생들의 교육인권을 위해 이슬람여성들의 문화적 인권을 희생시킨다. 이런 현상에서 보듯 인권문제는 세계적 차원에서 전개되지만, 그 인권의 보편성을 마련해줄 절차적 정당성의 기반인 주권은 아직 세계적 차원에서 형성되어 있지 않다.

2. 초국가적 보편성으로서 상호합법성

세계화 시대의 인권의 보편성은 서구문화와 비서구문화를 '이성과 야만'으로, 선진국의 공론과 비선진국의 공론을 '합리와 비합리'로 차별화하는 근본관점과 그런 차별을 덮어두는 '세계주권'이나 '통일적인 세계공론' 또는 인권'법 개념의 통일성'[66]이라는 환상을 버리고, 아울러 '초국가적 규범의 제정자는 선진국이며 비선진국은 단지 그런 규범의 수신자가 되는' 현실을 부정하는 데서 비로소 그 가능성이 열릴 수 있다.

(1) 다원주의적 유니코드　　인류학적 기초 위에 선 법다원주의(legal pluralism)가 가르쳐주는 바와 같이, 세계의 모든 국가와 그에 속한 모든 인간들이 초국가적인 인권규범을 정립하는 절차에 동등하게 참여하는 행위자로 자리매김 되고, 그들이 지닌 다양한 문화와 고유한 체제가 초국가적 인권규범을 형성하는 상호작용과 관점교환의 기초로서 승인되어야 한다. 이런 전제에서 보면 초국가적 인권의 보편성은 한 국가 안의 절차적

66) 이를 지적하는 G. Teubner, "Globale Bukowina Zur Emergenz eines transnationalen Rechtspluralismus," Rechtshistorisches Journal, 1996, 255쪽 이하 참조.

정당성을 넘어서, 상호합법성(Interlegalität)이라는 개념으로 구성될 수 있다.67) 내가 말하는 상호합법성이란 실천적으로는 모든 전압(110v~220v)에 사용이 가능한 전기코드와 같은 유니코드에 비유할 수 있다. 즉 때로는 초국가적 인권을 주장하는 자가 속한 국가의 국내공론과 그에 기초한 합법성에 맞춰질 수도 있고, 그런 인권을 승인하는 국내공론이 없는 다른 사회에서 형성된 합법성에 맞춰질 수도 있다. 하지만 이런 가변적 코드가 자의적인 것은 아니다. 무엇보다 이질적 구성의 세계시민사회68)에 형성되는, 비록 전 세계적이지는 않지만 초국가적으로 전개되는 공론이 대화적 방식으로 그런 코드변환의 방향을 가늠해줄 수 있기 때문이다.

(2) 초국가적 공론 여기서 말하는 초국가적 공론은 강대

67) 이런 착상의 원조는 J. Habermas, *Faktizität und Geltung*, 1992, 151쪽, 159쪽; J. Habermas, "Über den internen Zusammenhang von Rechtsstaat und Demokratie," Ulrich K. Preuß(Hrsg.), *Zum Begriff der Verfassung*, 1994, 83-94쪽; 그것의 법이론적 발전은 Günther, "Rechtspluralismus und universaler Code der Legalität: Globalisierung als rechtstheoretisches Problem," Wingert/Günther, *Die Öffentlichkeit der Vernunft und die Vernunft der Öffentlichkeit*, 2001, 557쪽; 그리고 한국사회에서의 적용은 이상돈, 『인권법』, 2005, 140쪽 아래; 아울러 귄터와의 세계화 프로젝트 결과물인 이상돈 · Klaus Günther · 변종필, 「세계화에 따른 법문화의 변화와 법정책의 과제」, 법철학연구, 제7권 1호, 2004, 7~38쪽 참조.

68) 토이브너(Teubner)도 비슷하게 "이질적 구성의 세계사회"(heterarichische Weltgesellschaft)를 말하는데, 그의 이 같은 구상에 대해서는 이상돈 편역, 『법제화이론』, 한국법제연구원, 2004, 특히 「'다른 이의 말에 귀 기울이라': 담론의 충돌에서의 법(Altera Pars Audiatur: Law in the collision of Discourse)」을 참조.

국과 약소국의 복잡하게 엇갈리는 이해관계를 낳는 다양한 행위자들의—특히 비정부기구의 활동이나 전문가의 분석진단, 그리고 깨어 있는 매스컴의— 보고 등을 기초로 하여, 다양한 국가의 이질적인 집단들이 인권담론에 관한 네트워크를 구축하고, 인권의 수혜자와 의무부담자 사이의 관점과 역할을 교환하고, 이질적이고 다원적인 세력들 사이의 절차적인 의견형성을 투명하게 드러내고, 특히 인권이 침해된 자들의 경험에 대해 반성적인 의견을 교환함으로써 형성되는 공론이라고 할 수 있다. 이런 공론은 국내법처럼 합법과 불법의 '이원적 코드'에 담기는 가치결단이 될 수 없고 '마치 우주공간을 유영하듯 자유롭게 떠다니는 일종의 유니코드, 즉 어떤 구상과 프로그램이 담길지 그리고 어떤 결정규칙이 들어와 자리잡게 될지가 완전히 열려 있는 보편적 코드'의 성격을 띤다. 또한 이런 공론에 뒷받침된 인권은 언제나 '다투어질 수 있는 보편성'(contested universals)을 띨 수 있을 뿐이다.

(3) 상호합법성의 에토스　　하지만 이처럼 '다투어질 수 있는 보편성'을 지닐 뿐인 초국가적 공론은—아래 3에서 설계하는 바와 같이— 정도의 차이는 있지만 각국의 시민적 공론과 상호작용을 펼쳐 그 국가 안에서도 공론경쟁력을 획득하고 동시에 그러는 과정에서 그 자신이 스스로 반성적으로 변화하는 과제를 짊어진다. 여기서 초국가적인 인권주장과 운동이 상호작용과 상호변화 속에서 각국의 시민적 공론으로 변환될 가능성을, 인권을 기획하는 모든 세계인들이 존중해야 할 필요성이 등장한다. 그런 상호존중은 초국가적인 인권규범의 보편성을

마련해주는 에토스, 즉 상호합법성의 에토스가 된다고 할 수 있다.

3. 상호합법성의 구체화 기획

상호합법성의 의미를 좀더 구체적으로 이해하기 위해 세계화된 인권주장과 국내공론 및 주권이 서로 충돌하는 영역을 네 가지 인권영역으로 나누고, 각 영역마다 인권의 초국가적 보편성을 낳는 유니코드적인 상호합법성의 내용을 예시적으로 기획해보기로 한다.

(1) 정치적 인권영역 첫째, 정치적 인권영역에서는 앞서 말한 다투어질 수 있는 보편성으로서 초국가적 공론이 인권의 보편성을 강하게 근거짓는다고 볼 수 있다. 예컨대 집단학살의 금지는 물론이고 정치범수용소의 폐쇄 그리고 고문금지, 사형폐지 등을 들 수 있다. 하지만 국내공론이 인권의 보편성을 구성하는 데 전혀 기여하지 않는 것은 아니다. 급박한 테러위험에 대한 방어수단으로 폭발물 위치를 알고 있다고 추정되는 용의자에 대해 긴급피난적 성격의 팔 꺾기, 가벼운 구타, 종이로 피부베기와 같은 중급의 고문을 이익형량적 고려 속에서 허용하자는 공론이 서구사회에 형성되어가고 있다. 이 공론이 그 사회에서 강한 경쟁력을 갖게 된다면 그러한 국내공론은 고문의 인권침해적 성격을 제거해줄 수 있다.[69]

---

69) 2004.10.에 고려대 기초법연구센터에서 행한 E. Hilgendorf 교수의 강연에 대한 나의 토론문(www.sangdonyi.com) 참조.

(2) 사회경제적 인권영역　둘째, 사회경제적 인권영역에서는 각국의 국내공론이 더 강하게 인권의 초국가적 보편성을 구성한다. 예컨대 각국의 기업문화나 노동윤리의 상태에 따라 국내공론에 뒷받침된 채, 각국이 1997년 이전의 한국처럼 정리해고를 노동인권에 대한 침해로 규정할 수도 있고,[70] 미국처럼 정리해고의 완전한 자유를 보장할 수도 있다. 이와 같이 서로 모순적인 각국의 노동인권수준은 초국가적인 보편성, 바꿔 말해 세계사회 안에서 상호합법성을 띠기도 한다. 다만 이 영역에서도 국내공론은 꾸준히 초국가적 공론(예: ILO의 근로자보호규범)의 이유 있는 논거에 영향을 받아 실질적으로 그 간극이 사라져갈 수 있다.

(3) 사회문화적 인권영역　셋째, 사회문화적 영역에서는 각국의 국내공론이 더욱 중요하다. 예컨대 차도르의 착용 강제가 인권침해인지는 원칙적으로 이슬람 각국의 국내공론에 의해 결정되고, 그 결정된 바에 대해 원칙적으로 초국가적인 보편성을 인정해야 한다. 다만 세계사회는 초국가적 공론이 각국의 그런 국내공론을 변화시키는 영향력을 확대해 나가게 할 책무를 짊어진다. 하지만 프랑스 학교에서 이슬람계 교사가 차도르를 쓰는 것을 금지하면 그 여성의 종교적 문화적 인권이 침해되고, 정반대로 허용하면 프랑스 학생들의 교육인권(종교적 상징 없는 교육을 받을 권리)이 침해된다. 이 때 프랑스의 공교육

---

70) 해고는 노동인격의 변화에 대한 노사의 공동노력이 함께 할 때에만 정당하다는 해고이론으로 이상돈, 『윤리경영과 형법』, 2005, [7]단락(노동형법의 패러다임 변화) 참조.

현장에서는 프랑스인의 자유가 우선하고, 이슬람 국에선 그들의 종교문화적 권리가 우선한다는 식의 해결, 즉 국제법적 원칙인 상호주의는 초국가적 보편성을 제대로 구현하지 못한다. 여기서 종교·문화적 다양성에 대한 관용의 원칙으로써 상호합법성을 구성하는 방안이 강구될 필요가 있다. 프랑스의 이슬람계 여'교사'는 프랑스학생들의 차도르 배척을 관용해야 하고, 프랑스 사람들은 프랑스 교육에 참여하는 이슬람계 여'학생'의 차도르 착용을 관용해야 한다. 이런 차등화는 교사가 1인인 경우 차도르의 허용이 종교적·문화적 다원성을 사라지게 하는 반면, 학생은 수십 명이므로 그 중 일부의 차도르 착용을 금지하는 것이 오히려 종교적·문화적 다원성을 사라지게 한다는 데 근거한다.

(4) 국내주권과 무관한 인권영역 인권의 효력에서 볼 때 애당초 국내공론에 의해 정해질 수 없는 인권도 있다. 국경을 넘나들며 살 수 있는 이민의 자유가 그러하다. 이런 인권은 이론적으로는 초국가적인 시민공론에 의해 그 합법성이 결정될 수밖에 없다. 하지만 이러한 경우에도 현실적으로는 국내공론과 주권에 의해 제약된다. 예컨대 이민의 자유 확대가 한 국가, 특히 단일민족국가 안에서 정치적, 사회경제적 불안을 가져오면 극우세력이 득세하고, 그에 따라 적대적인 외국인정책이 펼쳐지는 등 오히려 인권침해적인 현실이 초래될 수 있기 때문이다. 그러므로 이민권과 같은 인권은 이러한 현실을 고려하여 초국가적 보편성을 주장하는 강도를 역사적으로 조절할 필요가 있다. 다시 말해 이민권은 한편으로는 정치적 인권보다

도 더 초국가적인 보편성의 효력을 갖는 것이지만 다른 한편으론 사회문화적 인권처럼 국내공론의 상황을 매우 민감하게 고려해야 하는 것이다.

이런 의미에서 생래적인 초국가적 인권은 초국가적인 효력을 요구하면서도 국내공론과 주권을 고려하는 반성적인 인권이 되어야 한다. 예를 들어 한 국가의 국민으로 살지 두 국가의 국민으로 살지를 스스로 결정할 자유, 즉 이중국적의 자유는 국내공론만으로 결정될 인권문제가 아니지만 그 국가의 국내공론과 주권을 민감하게 고려하여 그 권리내용을 구성해야 한다. 이를테면 이중국적은 원칙적으로 허용하되 한국민의 의무인 병역의무는 이행하게 하고, 만일 이중국적자가 징병제가 없는 국가나 총을 들지 않는 특별히 문민화된 시민적 삶의 양식에서 성장한 경우에는 양심적 병역거부자와 같이 그 점을 대체복무(예: 영사업무보조나 사회봉사)의 사유로 인정하는 방안을 생각할 수 있다.

V. 인권의 지역화

현대사회의 인권은 절차화, 세계화될 뿐만 아니라 지역화되어 간다. 여기서 지역화란 인권이 생활세계화(1), 과학기술화(2), 소외현상화(3)되어 감을 의미한다.

1. 인권의 생활세계화

현대사회의 인권은 정치체계와의 개념적 매듭을 풀고 다양한 삶의 현장 속으로 들어가고 있다. 예컨대 절대불가침의 생명권은 —장례문화의 변화가 이루어지기 이전인[71]— 1980년대 중반에 신경내과학과 장기이식학의 발전과 함께 심장사에 기초해 있던 뇌사자에게는 이미 더 이상 존재하지 않게 되었다. 또한 전승된 일상문화 속에서 남녀 간의 성놀이에 속하던 (다소 일탈적인) 행위가 1990년대 중반 갑자기 성장한 여성주의의 '합리적 여성상' 아래서는 성희롱[72]으로 개념화되고 그와 함께 성적 인권의 지형도 급격히 바뀌었다. 2003년 교육체계의 합리

71) 그렇기 때문에 이렇게 때이른 장기이식의 급증은 생명문화, 즉 생명의 문화적 지평이 식민지화되는 과정일 수 있다고 진단하는 이상돈, 『생명공학과 법』(생명의 공학화와 생명문화의 절차적 재생산), 2003, 15쪽 아래 특히 18쪽 아래 및 237~240쪽 참조.

72) 합리적 여성상과 성희롱의 범죄화가 갖는 문제점에 대해 이상돈, 『법철학』, 2003, [9]단락(성찰적 법여성주의) 참조.

화를 촉진시켜 줄 것이라는 기대 아래 추진되던 개인교육정보의 종합 전산화(NEIS 교육행정정보시스템)는 불현듯[73] 일부 시민집단(예: 전교조, 진보네트워크)에 의해 정보적 자기결정이라는 인권을 침해하는 것으로 낙인찍히기도 하였다. 이처럼 현대사회의 인권은 자연권적 인권을 제도화한 '기본권에서 체계적으로 파생될 수 있는 권리의 목록'에 담기지 않는다. 생활세계에서 예측 불가능한 방식으로 권리침해가 인지되고, 그것이 인권의 침해로 표제화됨으로써 인권은 생장하고 또한 변화해간다. 이는 인권이 개념적으로 '절차적 지평'을 가질 수밖에 없게 하고,[74] 아울러 인권실현의 중심적인 주체를 국가에서 시민사회로 이동하게 만든다.

2. 인권의 과학기술화

생활세계가 과학기술에 의해 관리되는 현대사회에서 인권이 생활세계로 이주해 왔다는 점은 인권 개념도 과학기술적 차원을 갖게 만든다.

(1) 인권의 약화된 인지적 기반

예컨대 뇌사자의 생명권

73) 여기서 불현듯이라고 말한 것은 적어도 그 시점에서 정보인권을 일반적으로 제도화하는 (특히 민간영역에) 정보보호기본법제[이에 대한 입법제안으로 이상돈 · 최봉철 · 정찬모, 『정보보호를 위한 관계법령 정비』, 정보통신정책연구원(97-08), 1997 참조]가 구비되지 않고, 시민사회의 평균적인 정보보호의식이 아직 NEIS의 인권 침해적 성격을 강조할 만큼 성장하지 않은 상황을 고려한 결과이다.

74) 앞의 인권의 절차화(III.1.) 참조.

은 공리적 유용성의 관점에서 선택되는 뇌사판정의 방법과 해석이론의 향방에 따라 그 보호범위가 정해질 수 있고, 핵폐기물처리시설의 설치라는 행위는 위험관리기술이 어느 정도 발전해 있는지에 따라 환경인권을 심각하게 침해할 수도 있지만[75] 정반대로 에너지인권을 확대 실현할 수도 있다. 추진되었다 반대에 부딪히고, 언제든 다시 추진될 수 있는 상태로 잠수한 전자주민증도 개인식별번호에 어떤 범위까지의 개인정보를 통합시키는지에 따라, 그리고 정보누출을 방지할 수 있는 보안기술이 어디까지 발전하는지에 따라 그것이 정보적 자기결정권을 침해할 위험성은 달라질 수 있다. 여기서 인권의 존재와 그 침해가능성이 과학기술의 발전과 상관관계를 맺고 있음을 알 수 있다.

(2) 인권공론의 위축 또한 더 큰 문제는 인권문제의 이와 같은 과학기술적 차원은 인권을 형성하는 기반인 공론을 일그러뜨린다는 점이다. 과학기술의 인권침해가능성을 예측할 수 있는 경험과학적 방법이 언제나 구조적인 결핍상태에 있고, 사용가능한 경험과학적 지식마저 전문가집단에 의해 선별되어 매스컴에 의해 편파적으로 대중에 전달됨으로써, 공론영역은 정보지배자나 이해집단이 힘의 경쟁을 펼치는 전략적 행동의 장으로 변질되기 쉽기 때문이다. 예컨대 장기이식학은 뇌사의 죽음개념화를 선전하고, 뇌사판정의 절차를 간소화[76]할 것으로

---

75) 2003년에 벌어진 부안군 핵폐기물처리시설의 설치계획을 둘러싼 사회적 갈등과 논란을 생각해볼 필요가 있다.

76) 예를 들면 뇌파검사, 무호흡검사, 스펙검사(뇌혈류단층촬영) 가운데

요구하며, 매스컴은 때때로 장기이식기술의 인권 보호적 측면을 강조하기도 한다. 그런 상황에서 대중은 뇌사자의 생명권이 침해된다는 점을 인식하지도 못하고, 그저 성스러운 장기기증 운동에 휘말려든다. 핵폐기물처리시설 설치의 환경위험성이 경험과학적으로 정확히 계측되지 않은 상태에서 서울대 캠퍼스에 유치하겠다는 교수들의 선언에서 보듯, 전문가와 지식인들의 지식 선별과 독단적 판정 그리고 언론의 홍보활동에 의해, 대중들은 사이비 안전감에 빠지기 쉽다. 그 결과 불과 2년의 차이를 두고 현재는 몇 개의 자치단체가 경쟁적으로 유치신청을 할 정도로 대중들은 핵폐기물처리시설의 설치에 대해 안전감을 갖고 있다.

(3) 인권위원회의 공론촉매기능 바로 그렇기 때문에 현대사회의 인권은 '개념적으로' 이런 공론의 왜곡을 최대한 차단하고 인권에 관한 공론을 활성화시키는 기구의 존재를 요구한다. 인권위원회는 바로 그런 기구의 전형을 이룬다고 할 수 있다. 과학기술이 생산력의 핵심이고, 과학기술의 적용은 시장의 자본재생산과 관료들의 권력재생산에 복속하기 마련임을 고려해보면 인권위원회에 기대되는 공론 활성화의 역할은 하버마스가 말하는 공론의 재봉건화[77]에 맞서는 중요한 기제가 된다.

어느 하나만으로 뇌사가 확인되면 뇌사자로 판정한다.

77) 공론영역의 재봉건화(Refeudalisierung)로 표현하는 Habermas, *Strukturwandel der Öffentlichkeit*, 1990; 이상돈 · 홍성수, 『법사회학』(M. Weber, J. Habermas, N. Luhmann의 사회학이론과 법패러다임), 2000, 163쪽 아래 참조.

이런 역할을 제대로 수행하기 위해 인권위는 ① 국가와 사회, 어느 한 곳에 전속되어서는 안 되고, 그 둘 중간에 위치하여야 한다. ② 그 조직 또한 권력과 자본에 중립적일 수 있도록 구성되어야 한다. 더 나아가 인권위의 행위는 ③ 국가의 공식적인 의사형성과 결정을 대체하거나 시민들의 인권대화를 주도적으로 계획생산해서도 안 되며, 공론의 촉매제로만 작용해야 한다. 즉 인권문제에 관한 정보를 체계적으로 수집·배분하고, 그에 대한 공론경쟁을 촉진시키며, 어떤 주장이 더 많은 설득력을 얻어 가는지를 성찰하며, 경쟁력을 보여준 인권주장을 공론으로 공식화하고, 국가영역에 대해 인권권고를 함으로써 그 공론의 법제화를 촉진시키는 역할만 수행하여야 한다. 아울러 인권위는 국가가 형성한 인권법규범을 시민사회에 정보화하고, 시민들에게 내면화하는 계몽활동을 전개할 수도 있다. 하지만 시민들의 인권표제화와 공론형성을 대체해서는 안 된다. 예컨대 2004년에 벌어진 국가보안법의 개폐논의가—여야 간의 의견이 실질적으로 수렴되었음에도 불구하고 개정이냐 대체입법이냐는 식으로—그 정치적 상징을 둘러싸고 전개되는 상황[78)]

78) 보드리야르(Baudrillard)는 '원본도 사실성도 없는 과잉현실(hyperreal)을 코드와 모델을 통해 만들어내는' 현대사회현상을 시뮬라시옹(simulation)이라는 개념으로 표제화한 바 있다(이에 관해 Baudrillard, 『시뮬라시옹: 포스트모던 사회문화론(Simulacre et simulation)』(하태환 역), 민음사, 2005, 65-72쪽 참조). 예컨대 핵무기를 증강함으로써 핵전쟁을 억제하고 평화를 유지할 수 있다는 '핵억제 논리'는 기호와 이미지의 힘에 의한 것인데, 그 때 시뮬라시옹을 통한 가상적 교전은 과잉현실을 구성함으로써 스스로를 정당화한다. 이는 특수한 이데올로기적 효과를 발생시키기 위한 정치적 상징으로 기능한다. 이 때 법 역시, 하나의 이미지 내지 기호로서 기능하는 측면이 크다.

에서 국가인권위가 정치적 상징에 대한 폐지의견을 명시적으로 드러내놓는 행위는 인권담론과 공론형성의 촉매제 역할을 벗어난 것이라 할 수 있다.

3. 인권의 소외현상화

현대사회에서 인권(침해)의 일반적인 인지가능성 약화와 인권에 관한 공론의 위축은 인권문제를 의식하지 못하게 할 뿐, 인권문제를 소멸시키지는 않는다.

(1) 소외현상으로서 인권침해　외부적 인지와 논의 가능성의 약화는 인권문제를 당사자의 내면의식 속으로 밀어 넣는다. 즉 당사자의 내면의식은 인권침해를 보여주는 거울의 기능을 한다. 만일 그 거울 속에 '소외' 현상이 비춰져 있다면 인권침해를 말하기 시작할 수 있고, 그로부터 인권에 관한 공론이 싹틀 수 있다. 여기서 말하는 소외는 사회적 차별이나 억압만이 아니라 '자기 자신으로부터 소외'[79] 체험까지 포함한다. 이처럼

국가보안법을 폐지하면 '길거리에서 김정일 만세를 외치며 전단을 뿌리고 인공기를 게양하거나 조선노동당 남조선 지부를 만드는' 현상이 벌어질 거라는 일부 극우단체들이 주장이나, 이미 독소조항들이 상당 부분 사문화되어 버린 현 상황에서 극단적인 '인권탄압'을 주장하는 목소리나, 국가보안법을 하나의 정치적 상징으로 보고 있다는 점에서는 동일하다.

79) 이러한 자기소외를 프롬(E. Fromm)은 '인간이 대상과의 관계에서는 물론 자기 자신과의 관계에서까지 그 본질을 상실하고 분리되어 가는' 현상으로 본다. 이 때 자기 자신으로부터 소외된 인간은 여러 도피적 메커니즘에 기대게 되는데, 강력한 권위의 소유자에게 자신

소외현상으로서 인권침해는 유산자와 무산자의 이원적 대립구조를 넘어, 역할교환의 다원적 구조를 취한다. 이를테면 의사는 병원에서는 강자이지만 자동차구매자로서는 약자인 소비자가 되듯이, 모든 개인은 어떤 사회적 역할에선 강자이며, 동시에 다른 역할에선 약자가 된다. 예컨대 실직한 남편이 지속적으로 이혼을 요구하는 부인을 설득하다 실패한 끝에 단 한 번의 강제추행을 하였던 것이 TV 다큐프로에서 부부강간으로 쟁점화 됨으로써 이혼이 급물살을 타고, 결국 불리한 재산분할과 함께 이혼을 당하였으며, 그 후에 다시 형사 처벌된 사건에서 소외이론적인 인권문제를 생각할 수 있다. 남편은 신체적 힘에서, 폭력행사의 측면에서 강자이지만 이혼의 사회적 의사소통과정에서는 약자로 자리잡는다. 즉 '남편과 부인 사이에 결혼관계에 대한 내레이션의 화해 불가능한 차이'가 역사적으로 축적된 과정이 외면되고, 이는 남편의 내면의식에서 소외체험으로 반영된다.[80] 남편의 내레이션은 법정심리에서도 부인의 말을 믿거나 남편의 말을 믿을 수밖에 없는 식의 양자택일적인 열악한 증거상황 속에서 여전히 외면된다.

을 예속시킴으로써 스스로 자유로부터 도피하는 것이 한 예이다. 위험사회의 불안감을 더욱더 강한 규제와 형벌투여를 통해 해결하길 요청하는 대중심리 역시, 이러한 소외의 체험에서 기인한 측면이 크다고 할 만하다. 이에 대해 자세히는 E. Fromm, 이상두 역, 『자유에서의 도피(Escape from Freedom)』, 1993 참조; 또한 소외의 개념에 대한 개괄적인 설명은 정문길, 『소외론연구』, 1978 참조.

80) 이에 대해 자세히는 이상돈, 「부부강제추행과 법정책 —소유적 성형법에서 대화적 성형법으로의 변화 필요성」, 시민과 변호사, 2004년 10월호, 23~27쪽.

(2) 소외된 자의 목소리 복원으로서 인권운동　이처럼 인권 침해가 소외된 자들의 경험에서 드러난다면[81] 인권운동은 그렇게 소외된 자들의 목소리에 귀를 기울임으로써 그의 목소리를 복원시키는 과정으로 이해될 수 있다. 예컨대 2004년 발효된 성매매 알선 등 행위의 처벌에 관한 특별법이 전제한 도덕적이며 합리적 여성상은 성매매여성의—호네트(Honneth)가 말하는[82]— '도덕적 판단능력에 대한 인지적 존중'을 하지 않는다. 그런 억압의 소외작용이 성매매여성의 생존을 위협할 지경에 이르자, 그들은 자신들의 입으로 '외면당했던 그들의 목소리'를 —성매매는 자신들의 정당한 노동이라는 내면의식을 진솔하게 드러내는 방식으로— 강력하게 높이기 시작했다. 그런 측면에서 성매매특별법은 인권 침해적이라고 말할 수 있다.

여기서 소외이론으로서 인권이론은 숨겨진 소외현상을 드러내고, 소외된 자들의 목소리를 섬세하게 복원시키는 방법을 필요로 하게 된다. 그런 방법은 무엇보다도 인문학과 법학의 학제 간 연구에 의해 개발될 수 있을 것이다. 법문학은 그런 개발의 전형적인 예가 된다.[83] 문학은 법학보다, 그리고 사회과학보다 더 기민하고 예민하게 인간의 내면의식에 반영된 소외현상까지 담아내곤 하기 때문이다.

---

81) K. Günther, "Was kann Üniversalität der Menschenrechte heute noch bedeuten?" E. Schulz & W. Sonne 편, *Kontinuität und Wandel. Geschichtsbilder in verschiedenen Fächern und Kulturen*. 173~174쪽 참조.

82) A. Honneth, 문성훈·이현재 역, 『인정투쟁—사회적 갈등의 도덕적 형식론(*Kampf um Anerkennung*)』, 1996, 226쪽.

83) 법문학의 방법론과 실천적 기능에 대해서는 내가 제자와 함께 펴낸 이상돈·이소영, 『법문학』, 2005 참조.

3 시민불복종운동

사회가 다원화될수록 민주적 법치국가는 다수결원리에 의해 질서를 형성할 수밖에 없고, 소수자들은 공식적인 입법기제가 아무리 민주화되더라도 자신들의 의견을 공식적인 법규범으로 전환시킬 가능성이 없는 전망에 빠지기 쉽다. 한국사회에서도 다양한 소수자들이 그와 같은 비관적 전망 속에서 의회에서 제정한 실정법에 불복종하는 행동을 전개하곤 한다. 그런 운동은 때때로 이기적인 집단행동에 머무르기도 하지만, 어떤 경우에는 다수의견을 성찰하는 계기를 마련해 주기도 한다. 또한 처벌을 무릅쓴 불복종행동은 공식적인 입법기제가 펼쳐놓지 못한 공론의 장을 형성하고, 활성화시킴으로써 민주적 법치국가를 한 단계 더 민주적인 국가로 만들 가능성을 갖기도 한다. 이 장에서는 어떤 조건에서 불복종행위들이 그와 같은 민주주의를 실현하는 시민운동으로 자리잡을 수 있는지를 살펴본다.

I. 시민불복종운동의 현상과 성찰의 과제

1. 성찰의 빈곤

최근 들어 여러 사회단체들로부터 실정법에 대한 '(시민)불복종'이 공식적으로 선언되거나 불복종이 예고되고 있다. 서구사회에서 시민불복종의 역사는—특히 지금과 같은 이론적 논의[1]의 수준에서 전개된 역사는—1960년대 전후로까지 올라간다. 우리나라의 경우 시민불복종운동으로 파악할 수 있는 사건은 아마도 1986년 KBS의 시청료거부운동에서 찾을 수 있을 것이다.[2] 그러나 실정법의 불복종운동이 시민불복종으로 표제화된 것은 아마도 최근에 전개된 일련의 사건들에서라고 보아야 할 것이다. 즉, 1999년 말에 분당시민들의 집단적인 (판교~서울구간의) 고속도로 통행료 거부행위를 거쳐, 2000년 초 시민단체들(이른바 총선연대)의 낙천낙선운동에 이르러서는 '법이론적 성찰'[3]이 추진되지 않을 수 없을 만큼 불복종운동은 서구사회의

1) 이 논의는 특히 미국에서 본격적으로 전개되었다. 이에 관한 비교적 상세한 소개와 분석의 글로는 윤명선, 시민불복종의 법리(I), 경희법학, 제22권 제1호, 1987, 161쪽 아래 참조.

2) 이런 진단을 하는 견해로 박은정, 법치국가와 시민불복종, 현대의 사회문제와 법철학, 1995, 8~10쪽 참조.

3) 대표적으로는 한국법철학회가 2000.6.17. 춘계 학술대회를 「시민과 정치적 권리」라는 주제로 개최하였고, 시민단체도 주최하였으며, 그

그것과 비슷한 수준의 모습으로 전개되고 있다. 그러나 한국사회에서 시민불복종운동에 대한 법이론적 성찰이 법제화의 방향을 채 기획하기도 전에—의료체계의 개혁을 둘러싼 의사단체의 개정약사법에 대한 불복종운동과 약사단체의 불복종운동에 대한 위협적 예고 등에서 볼 수 있듯이—앞으로 각종 사회단체나 사적 집단들의 실정법에 대한 불복종운동이 봇물처럼 터지기 시작하고 있는 듯하다. 앞으로 전개될 논의에서 소재로 삼게 될 시민불복종운동의 대표적인 사건들을 간단하게 정리하면 아래와 같다.

□ KBS시청료거부운동　1986년 농촌의 실상에 대한 KBS의 왜곡보도에 분노한 전라도 완주군의 한 농민으로부터 시작되어 약 4년여에 걸쳐 국민의 절반 이상이 시청료납부를 거부하는 운동을 전개함.

□ 분당시민의 통행료거부운동　1999.9.1. 분당신도시 아파트입주자대표회의가 건설교통부장관을 상대로 낸 (판교~서울간)고속도로통행료부과 무효소송의 재판이 끝날 때까지 통행료납부거부를 결의하고, 이 운동에 참여하는 분당시민들과 한국도로공사직원들 사이에 몸싸움이 전개되어 대표회의회장 Y 등은 업무방해죄 혐의로 검찰에 고발됨. 이후 전국 각지에서 단거리 구간의 고속도로통행료징수(유료도로법4))에 대한 거부운동이 전개됨. 이 운동을 계기로 같은 해

리고 2000.10.28.에 열리는 한국법률가대회에서도 넉 섹션의 주제로 「시민불복종과 NGO」가 다루어지는 등의 사실을 들 수 있다.

4) 분당시민의 통행료거부운동에 대해서 ① 통행료징수가 당시 유료도로법 제3조, 제6조 제1항, 제10조 및 동법시행령 제4조의 해석상 무효이므로 그것에 대한 거부행위를 합법적인 행위로 이해해야 한다는 견해와 ② 동법 제3조 제1항 제1호 및 제2호, 제8조 제1항 및 시행령 제6조 제4호의 해석상 거부행위를 위법한 행위로 이해해야

11.5. 국회의원 107명에 의해 15km이내 구간의 고속도로에 대해 출근길무료통행제도의 개정안이 마련되기도 하였으나 무산되었고, 현재는 출근시간대에 통행료를 할인하는 정책만 실시되고 있음.

□ 총선연대의 낙천낙선운동 2000.1. 경실련과 총선시민연대는 선거운동기간이 시작되기도 전에 공천반대명단을 공표하고 동시에 그럼에도 불구하고 공천된 후보자에 대해 낙선운동을 전개하였음. 이 운동은 당시 공직선거 및 선거부정방지법[5]에 정면으로 반하는 것[6]이었음. 이 운동은 정치권으로 하여금 이 운동을 위법화하는 규정들의 일부를 개정[7]하게 만들었음.

□ 의사들의 약사법거부운동 의협과 의쟁투를 중심으로 대다수의 의사들은 2000.7.1.부터 시행된 개정 약사법의 의약분업제도[8]에 대해 1999년 후반기부터 항의집회와 집단폐업(또는 파업)을 감행하였고,

---

한다는 견해가 대립되었다. 여기서 이 운동을 시민불복종운동으로 볼 것인지에 관한 논의는 그 운동을 '유료도로법'에 반하는 것, 그리고 그 법에 근거를 둔 건설교통부장관의 (물론 당시는 한국도로공사에 의해 대리되고 있는) 통행료'정책'을 거부하는 행위로 바라보는 것을 전제로 한다.

5) 특히 선거기간 중 노동조합을 제외한 단체의 선거운동을 금지한 제87조와 낙선운동을 금지한 제58조, 사전선거운동을 금지한 제59조가 불복종의 대상이 되었다.

6) 이 위법행위는 동법 제254조에 의해 범죄화되고 있기도 했다.

7) 낙천낙선운동과 관련한 개정내용의 중요한 사항은 ① 정당의 후보자 추천에 관한 단순한 지지·반대의 의견개진은 이를 선거운동으로 보지 아니하도록 하고(제58조), ② 후보자를 초청하여 대담·토론회를 개최할 수 있는 단체의 선거운동을 허용하는 것(제87조)이다.

8) 의사들이 거부하는 핵심조항은 임의조제의 기반이 되고 있는 제39조(혼합판매조항), 약사의 대체조제를 허용한 제40조라 할 수 있다. 물론 의사들의 투쟁은 이러한 의약분업의 구조적 결함을 넘어서서 의료체계 전반에 걸쳐 있다. 이에 대한 상세한 법이론적 분석으로 이상돈, 『의료체계와 법』, 고대출판부, 2000, 제3장 참조.

개정 약사법이 발효된 이후에도 같은 투쟁을 계속하고 있음. 약사법에 집단적으로 불복종하는 투쟁은 약사법의 부분적 개정[9]을 가져오기도 하였으나 이후에도 의사들은 약사법을 거부하는 투쟁을 같은 방식으로 전개하고 있음.

이런 현상은 우리 사회의 국가와 법 및 정치체제의 정당성에 대해 근본적인 물음을 던져주고 있다. 내가 보기에 이러한 물음에 대한 이제까지의 논의는 크게 세 가지 측면에 매우 협착된 모습으로 진행되고 있는 것 같다.

첫째, '현상인식'의 빈곤이다. KBS 시청료납부운동과 낙천낙선운동에서 보듯이 실정법거부의 흐름을 '시민불복종운동'으로 표제화하는 주체[10]가 시민단체라는 점이다. 그러나 실정법에 대한 불복종을 시민불복종운동으로 표제화하는 것은 궁극적으로는 시민사회와 정치체계에서 펼쳐지는 의사소통적 흐름에 근거해야 한다. 예를 들어 시민단체가 개정약사법에 대한 의사단체의 불복종행위(집단폐업)를 일종의 '집단적 범죄'로 규정짓는 행위를 보면 시민단체가 어떤 실정법의 위반행위를 '시민불복종운동'으로 표제화할 권한을 (사실상) 독점하는 것이 얼

9) 이 개정의 핵심내용은 예를 들어 임의조제를 가능케 하는 혼합판매를 금지하고(제39조 단서 제2호), 대체조제도 상용처방의약품(600품목)에 한해 금지한 것(제23조의2 제1항 신설)이라 할 수 있다.

10) KBS 시청료거부운동에 대해서도 시민단체에 의해 시민불복종운동이란 말이 사용되었고(KBS-TV 시청료폐지운동 여성단체연합 1986.8.25.홍보지; KBS-TV 시청료거부범국민운동본부, 시청료거부운동, 제7호, 1988.10.25, 4쪽), 총선연대의 낙천낙선운동도 총선연대 스스로에 의해 시민불복종운동으로 자칭되었다. 또한 개정약사법에 대한 의사단체의 저항 이후 정부의 의료보험수가인상안이 나오자 시민단체들은 의료보험법(국민건강보험법)에 대한 불복종을 선언하기도 하였다.

마나 위험한 일인지를 엿볼 수 있게 한다. 여기서 도대체 누가 어떤 개인이나 집단의 실정법불복종행위를 시민불복종운동으로 표제화할 권한을 누려야 하는지에 관한 깊은 이론적 성찰의 필요성이 등장한다. 이러한 성찰이 진행될수록 앞에서 언급한 네 가지 불복종행위들 가운데 예를 들어 시민단체가 주도한 실정법불복종행위(예: KBS 시청료거부와 낙천낙선운동)만이 시민불복종운동의 범주에 들어오고 그 밖의 불복종행위는 아예 처음부터 논의에서 제외되는 식의 인식은 시민사회 내에서 시민단체를 권력화하는 것, 즉 반시민사회적인 것임이 드러나게 될 것이다. 다시 말해 이제까지 개정약사법 거부행위가 시민불복종운동의 울타리 근처에도 자리잡을 수 없었던[11] 논의의 현실은 바로 이와 같은 현상인식의 빈곤함 때문이라고 할 수 있다.

둘째는 이론적인 빈곤이다. 우리 사회에서 펼쳐지고 있는 불복종행위들을 분석하는 태도에서는 두 가지 편협한 반응양식이 있다. 즉, 한편으로 특정한 실정법불복종행위에 세심한 분석 없이 단숨에 '정당성'을 부여하는 반면 그 실정법은 악법으로 낙인찍는 태도와, 다른 한편으로는 불복종행위를 국가와 법 또는 사회의 '기강'을 흔들어 놓는 불법행위로 단죄하는 국가권력의 경직된 태도가 있다. 사법의 실무에서는 뒤의 태도가 지배적이고, 학계의 논의상황에서는 앞의 태도가 지배적이다. 그러나 앞의 태도가 자연법적 사고와 투쟁적인 정치철학의 연

11) 최근 최봉철 교수는 내가 보기에는 이 논문과 함께 처음으로 의사들의 약사법거부운동을 시민불복종의 범주에서 바라보고 있다[최봉철, 시민불복종의 요건과 처벌의 문제, 저스티스, 2000/9 (통권 제57호), 142쪽 참조].

정이 가져온 성찰의 빈곤이라면 뒤의 태도는 관료적 권위주의와 법실증주의적 사고의 연정이 가져온 성찰의 빈곤이라 할 수 있다. 이 이론적 성찰의 빈곤은 궁극적으로는 자연법적 사고와 실증주의적 사고의 안티노미를 변증시키지 못한 데에서 비롯된 것이 아닌가 한다.

셋째, 실천적 빈곤이다. 시민불복종운동에 대한 최근의 성찰은 서구사회의 대표적인 철학자들(Habermas, Rawls,[12] Dworkin[13])이나 법학자들(Dreier, Frankenberg, Hassemer 등)을 중심으로 이루어진다. 이들을 중심으로 한 성찰은 물론 시민불복종운동의 이론화에 많은 기여를 할 수 있다. 그러나 이들의 이론을 한국사회의 역사적 지평 속에서 반추해 보고, 한국사회에서도 적용 가능한 형태로 수정하지 않는다면, 실정법에 대한 불복종운동이 한국사회의 민주적 법치국가체제에서 어떤 실천적 의미를 지니는 것인지를 적절하게 이해할 수 없게 될 뿐만 아니라, 시민불복종운동을 통하여 민주적 법치국가의 체제를 성장시키는 실천적 과제도 효과적으로 이행할 수가 없을 것이다.

2. 성찰의 기획

이 글은 이러한 세 가지 성찰의 빈곤을 메우고자 한다. 첫째, 시민단체가 독점적으로 시민불복종운동을 규정짓는 현상,

12) 롤즈, 시민불복종의 정당화, 공정으로서의 정의, 1988, 201~220쪽; 이에 관한 평석으로 황경식, 준법의 근거와 시민불복종, J. Rawls의 "공정한 경기의 의무"를 중심으로, 철학논구, 제15집, 1987, 61~78쪽.

13) 드워킨, 법과 시민불복종, 사회윤리의 제문제, 1986, 243~260쪽 참조.

즉 시민단체의 권력화를 방지하고자 한다. 이를 위해서는 실정법불복종운동이 특정한 목표를 달성하기 위한 '전략적 행위'가 아니라 민주적 법치국가의 체제가 자기반성을 수행하는 의사소통적 흐름이 되어야 한다. 즉, 시민사회와 정치체계 그리고 정치체계와 법체계 사이에 펼쳐지는 광범위한 대화적 의사소통의 '흐름'은 이 제도화된 절차에 갇혀서는 안 된다. 둘째, 이러한 현상인식의 전환은 실정법에 대한 불복종행위를 자연법적 정당화와 실증주의적 불법화의 안티노미로부터 구출할 수 있는 이론적 성찰로 이어질 수 있어야 한다. 이 글은 그러한 성찰의 이론으로서 민주적 법치국가에 대한 대화이론적 이해를 제시하고자 한다. 셋째, 또한 이 글은 그와 같은 대화이론적 이해를 시간과 공간을 초월한 공간 속에서 진행하지 않고, 그러한 이해가 한국사회라는 특정한 사회의 역사적 맥락 속에 적합한 형태로 들어가 자리잡을 수 있도록 하는 기획을 추구할 것이다.

II. 자연법적 이해와 법실증주의적 이해

우리나라에서 지금까지 시민불복종운동을 이해하는 주된 흐름은 크게 두 갈래로 나누어 볼 수 있다. 정통적인 법(철)학자들[14)]은 대체로 시민불복종운동을 자연법적 개념인 '저항권'[15)]의 연장선에서 바라본다.[16)] 즉, 시민불복종운동은 자연법(正法)에 근거를 두고서 실질적으로 불법인 실정법에 대해 (법치국가)체제 '내'적으로 저항하는 행위라고 하는 것이다. 또한 정치학자들은, 한편으로는 자연법의 죽음을 이미 오래 전의 기정사실로 받아들이고,[17)] 다른 한편으로는 시민불복종운동을 민주주의의

---

14) 심재우, 시민과 정치적 권리, 한국법철학회 2000년도 춘계학술대회 발표자료집, 1~5쪽; 조천수, 시민의 정치적 권리와 국가형벌권, 같은 발표자료집, 9~16쪽.

15) 이에 관한 체계적이고 종합적인 연구로 심재우, 저항권, 고려대 출판부, 인문사회과학총서 제38권, 2000 참조.

16) 다소 입장이 불분명하지만 박은정 교수(법치국가와 시민불복종, 현대의 사회문제와 법철학, 1995, 4쪽)도 '정치적 저항은 정당성의 이름으로 합법성에 도전하는 행위'라고 하고 있다. 이를 법철학의 전통용어로 표현한다면, '자연법의 이름으로 실정법에 도전하는 행위'라고 할 수 있고, 그런 점에서 박 교수도 궁극적으로는 자연법론자의 진영에 속하는 것이 아닌가 추측된다.

17) 이 점은 서규환 교수가 2000.6.17. 한국법철학회에서 「현단계 한국 시민사회 운동의 과제와 전망」을 발표하고 토론하는 자리에서 자연법론을 운운하는 법철학자들의 존재를 보고 놀라움을 금치 못한다고 말하고, 정치학계에서는 자연법론자는 거의 찾아볼 수 없다고 말한 점에 근거한다.

새로운 패러다임, 예컨대 시민민주주의(civil democracy)라는 그릇에 담기도 하지만,[18] 그 논리전개과정을 면밀하게 분석해보면 그들의 사고에도 때때로 자연법적 사고의 잔재가 매우 짙게 남아 있음을 어렵지 않게 확인할 수 있다. 이에 반해 정치인들이나 국가기구를 구성하는 관료들의 진영에서는 이와는 정반대의 관점, 즉 '실정법은 의회의 입법절차를 통해 성립된 것이라는 사실로부터 이미 정당한 것이며, 그런 실정법의 준수는 시민의 의무(복종의무)이다'라는 식의 법실증주의적 관점이 지배적인 듯하다.[19]

1. 시민불복종운동의 법실증주의적 이해

내가 보기에 이러한 이해방식의 공통된 문제점은 두 흐름 모두가 시민불복종운동을 교조적인 확신에—이를테면 시민불복종의 정당성(확신)에 또는 시민불복종의 법위반성(위법성)에—편향시켜서 그 의미를 새김으로써, 시민사회와 정치체계 그리고 법체계 사이의 상호작용적 구조(동조와 저항의 관계)를 깨뜨리고 있다는 점이다.

---

18) 홍윤기, 민주주의의 시민적 개혁—민주주의적 법치주의 원칙과 역사에서 본 총선시민연대 낙천낙선운동의 정당성과 합법성, 총선시민연대 정책자문교수단 발간 낙천낙선운동 기초자료집(1), 2000, 24~40쪽 참조.

19) 물론 일부 정치사회학자들도 이런 관점을 보여주기도 한다. 예를 들면 송복, 시론: 불복종도 법테두리 안에서, 조선일보, 2000.1.21.자, 7쪽 오피니언란 참조.

(1) 권위와 절차 속에 갇힌 정당성 먼저 의회에서 제도화된 입법절차에 따라 유효하게 성립한 법규범은 반드시 지켜야 한다는 법실증주의적 관점은 시민에게 무조건적인 법준수의무를 부과한다. 이러한 법준수의무는 '절차를 통한 정당화'[20]를 외치는 루만(Luhmann)의 법사회학이론에 의해 다시금 깔끔하게 현대화된 이론의 옷을 입을 수도 있다. 그러나 법실증주의적 사고가 루만의 이론틀 속에서 현대화되건, 전통적인 모습으로 남아 있건 간에, 그것은 법규범의 정당성기초를 오직 그 법규범이 형성된 바로 '그' 시점에 펼쳐졌던 논의(법적 대화)의 결론에서만 찾는다는 근본적인 한계를 갖고 있다. 즉, 예를 들면 법규범이 성립한 후에 그 법규범의 타당성에 대해 합리적 논거로 근거지어진 비판이 시민사회에서 진지하고 지속적으로 제기되고, 이를 계기로 공론이 새롭게 형성될 수 있는 것이다. 그러나, 만약 법의 정당성기초가 오로지 입법자의 법제정 '권력'(Macht)에 예속되거나 입법자가 법제정을 위해 진행시킨 '절차'(Verfahren) 속에 갇히고 만다면, 그런 공론의 변화를 바탕으로 정치체계에서 일어나는 변화에 —심지어는 다수(자)와 소수(자)의 역전과 같은 변화에— 대해서까지도 법체계는 맹목적일 수밖에 없게 된다.

(2) 정당성의 위기 이런 맹목성을 두고 정치적으로는 '권위주의' 또는 국가지상주의(statism)[21]이며, 인식론적으로는 —

20) Luhmann, *Legitimation durch Verfahren*, Frankfurt/M : Suhrkamp, 1988.
21) 홍윤기, 민주주의의 시민적 개혁 —민주주의적 법치주의 원칙과 역사에서 본 총선시민연대 낙천낙선운동의 정당성과 합법성, 「총선시

정의에 대한 사회적 의사소통을 마치 '불연속적으로 발생하는 자연현상'처럼 간주하는 것이라는 점에서— 사이비 '과학주의'이며, 법이론적으로는 —정당성을 합법성으로 환원시킨다는 점에서— '합법주의'라고 비판하는 것은[22] 타당한 비판이기는 하나 충분한 비판은 되기 어려울 것이다. 비판의 중점은 그와 같은 권위주의, 과학주의, 합법주의의 모습을 띠고 있는 법체계는 필경 정당성의 위기에 매우 쉽게 빠지게 된다는 점에 놓여야 할 것 같다. 그런 법체계는 시민사회는 물론 정치체계에 대해서도 문을 닫고 오직 의회의 실증적인 입법절차라는 좁다랗기 그지없는 통로를 통해서만 사회의 정의관념을 수용하기 때문이다. 즉, 그런 법체계에서는 의회의 입법절차가 수행하는 민주적 의사형성의 기능에 일정한 결함이나 장애가 발생하게 되면, 그것이 곧바로 법규범의 정당성기초를 박약하게 만든다. 이것이 또한 한국사회의 현실이기도 할 것이다. 여기서는 한국사회에서 의회의 입법절차가 수행할 수 있는 민주적 의사형성의 기능에 발생하고 있는 결함과 장애에 대한 정치학적 논의에 깊게 들어갈 여유는 없다. 또 그럴 필요성도 없을 것 같다. 왜냐하면 그런 현실은 이미 한국사회의 정치사가 웅변적으로 말해주고 있기 때문이다. 이에 덧붙여 서구사회처럼 한국사회에서도 '탈중심화'되고, 가치차원이 '중층화'되고, 생활세계의 규

민연대 정책자문교수단 발간 낙천낙선운동 기초자료집(1)」, 2000, 32쪽.

22) 하버마스는 그런 사고를 '권위적 합법주의'(autoritärer Legalismus)라고 비판한다(Habermas, *Ziviler Ungehorsam —ein Testfall für den demokratischen Rechtsstaat Ziviler Ungehorsam im Rechtsstaat*, Peter Glotz 편, 1983, 43쪽 참조).

범이 규율할 수 없는 '복잡성'의 현실[23](현대사회)이 전개되고 있고, 그로 인해 의회가 정의의 이념을 법에 실현시킬 수 있는 역량이 현저하게 떨어지고 있다는 점(대의민주주의의 한계)은 지적해둘 필요가 있겠다.

2. 시민불복종운동의 자연법적 구성

그러나 시민불복종운동을 자연법의 관점에서 이해하는 견해도 법체계와 시민사회 및 정치체계 사이의 상호작용적 구조(동조와 저항의 관계)를 깨뜨리기는 마찬가지이다. 다만 법실증주의와는 정반대로 법체계를 시민사회와 정치체계의 정의실현 역량에 예속시킨다는 점에서 차이가 날 뿐이다.

(1) 자연법적 확실성의 믿음에 의해 해체된 합법성

시민불복종운동을 자연법적으로 구성하는 흐름은 넓게 잡아보면 크게 세 가지 흐름으로 분류될 수 있다.

- 실정법의 자연법적 단죄와 불복종행위의 자연법적 정당화
- 실정법의 자연법적 단죄와 불복종운동의 정치적 정당화
- 실정법의 정치적 평가와 불복종운동의 자연법적 정당화

A. 실정법과 불복종운동의 자연법적 이해

조천수 교수는 시민불복종행위와 그것에 의해 불복종되는 법규범을 <자연법

23) 이와 같은 현대사회에서 법소재의 특성을 파악하고, 법인식을 사회적 의사소통에 개방시키는 법이론적 작업으로는 Yi, *Wortlautgrenze, Intersubjektivität und Kontexteinbettung*, *Ffm.*, 1992 참조.

과 실정법>, <법과 (부분적) 불법>으로 각각 대비시킨다. 즉, 시민불복종행위는 비합법적이지만 정당한 행위라는 것이다. 조 교수에 의하면 법치국가 내에서는 반대권이, 불법국가에 대해서는 저항권이 인정되고, 법치국가와 불법국가의 중간영역에서는 시민불복종(권)이 위치하는데 이 세 권리는 모두 '자연법적 동질성'을 갖는다고 한다.[24] 조 교수의 이런 논증은 불복종되는 실정법규범에 대한 평가(불법성판단)와 불복종행위에 대한 평가(정당성판단)에서 모두 자연법적 사고를 따르는 것이라고 볼 수 있다. 왜냐하면 불복종하려는 실정법의 (부분적) '불법성'과 불복종하는 행위의 '정당성'은 모두 '자연법적 확실성'(naturrechtliche Gewißheit)을 전제로 하지 않고는 그렇게 간단히 말할 수 없는 것이기 때문이다.

B. 실정법의 자연법적 단죄와 불복종운동의 정치적 정당화

조 교수와는 다소 달리 단지 편면적으로만, 그러니까 불복종되는 실정법규범에 대한 평가에서만 또는 불복종행위에 대한 평가에서만 각각 자연법적 사고로써 시민불복종행위를 해명하는 논증의 흐름도 있다. 첫 번째 논증은 대체로 시민단체의 운동에 힘을 실어주려고 하는 정치학자들에게서 발견된다. 예컨대 낙천낙선운동이 거부하는 선거법 제58조, 제59조 및 제87조를 따르는 것은 오히려 '불법'[25]이 되는 것임을―따라서

24) 조천수, 시민의 정치적 권리와 국가형벌권, 한국법철학회 2000.6.17. 춘계학술대회 발표문, 15~16쪽.

25) 하버마스는 물론 자연법적 논증이나 실증주의적 논증을 하지 않지만 예컨대 "법치국가는 합법적 형식으로 등장하는 불법(Unrecht)에

그 법을 준수하는 자는 심지어 불법자(criminal), 법률적 용어로는 범죄자가 되는 것임을— 역설하는 반면, 불복종행위에 대해서는 시민민주주의를 실현한다는 (한국사회의) '정치역사적 맥락에서'—그러므로 합헌적인지, 합법적인지, 단지 합원칙적인지 여부는 중요한 관심사항에서 제외된 채— 정당성을 부여하는 홍윤기 교수나 '국민의 직접적이고 합의된 정치행위'라는 점에서 정당성을 부여하는 오현철 연구위원의 견해를 들 수 있다. 다시 말해 불복종되는 실정법은 불법, 즉 자연법적 원리의 위반으로 규정짓지만, 불복종행위의 정당성은 오로지 정치적 차원에서 정당화하는 셈이라 할 수 있다.[26] 정치학자들의 이와 같은 논증은 아마도—본인들은 의식하지 못하고 있겠지만—

대한 불신이 제도적으로 보장된 형식을 성취할 수 없을지라도 그 불신을 보호해야 한다"(Habermas, *Ziviler Ungehorsam—ein Testfall für den demokratischen Rechtsstaat Ziviler Ungehorsam im Rechtsstaat*, Peter Glotz 편, 1983, 38~39쪽)고 한다. 여기서 실정법의 불법, 즉 자연법위반성이 단정되어 있다. 하버마스의 논리에 맞게 표현한다면 불법이 아니라 최소한 '불법일 가능성'이라고, 그리고 더 적합하게는 '합의가능한 도덕원칙에 반할 가능성'이라고 표현했어야 할 것이다. 그런데 홍윤기 교수 등도 '불법자'를 운운할 때 단지 하버마스와 같은 논증의 단지 부분적인 오류를 범하는 것인지 아니면 실정법을 자연법(정법)의 관점에서 재단하는 것인지는 사실 나에게는 완전하게 명확하지는 않다.

26) 물론 이와 같은 나의 분석은 자연법론을 서구사회가 근대사회로 이행하는 역사적인 한 단락에서 지배했던 정치사상쯤으로 이해하는 정치학자들에게는 자신들을 시대착오적인 지성인으로 바라보는 견해로 치부되기 쉬울 것이다. 그러나 정치사상으로서 자연법론은 특정한 역사적 현상이지만 자연법적 사고는 인간의식의 보편적인 현상이며, 그런 현상이 시민불복종운동을 해석하는 정치학자들에게서도 발견된다는 것이 나의 생각이다.

시민단체를 정치적으로 지원해 주려는 앙가쥬망이, 그 단체들의 활동을 가로막는 실정법의 불법성을 너무 쉽게 단정짓게 만든 데서 비롯된 것이 아닌가 하는 추측을 해볼 수 있다.

C. 실정법의 정치적 평가와 불복종운동의 자연법적 정당화

두 번째 논증은 자연법론자의 대표이신 심재우 교수의 해석에서 찾아볼 수 있다. 심 교수는 조 교수나 정치학자들과는 달리 시민불복종행위에 의해 불복종되는 법규범을 놀랍게도 '불법'으로 단정짓는 오류(자연법적 확실성)에 빠지지 않는다. 그래서 심 교수는 불법이라는 표현 대신 '부당'(부당한 정책결정이나 부당한 입법)이라는 표현을 사용한다.[27] 다시 말해 불복종되는 실정법을 자연법(원리)에 반하는 것으로 보지 않고 단지 '법과 정의가 파괴될 위험이 수반되는 법', 그러니까 아직은 '정치적 실패'로만 규정지을 수 있는 법일 뿐이라고 보는 것이다. 그러나 그런 실패를 미리 교정하지 않으면 실정법은 불법이 되고 법치국가는 불법국가로 전락할 위험이 있으며, 바로 그 위험성이 ―그것만으로 아직 불법으로 단정지을 수는 없는― 실정법에 대한 '일상적인 작은 저항',[28] 즉 "법치국가 내에서 일상적으로, 부분적으로 있을 수 있는 부당한 정책결정이나 부당한 입법에 저항하는 … 시민불복종"[29]을 정당화한다는 것이

27) 심재우, 시민과 정치적 권리, 한국법철학회 2000년도 춘계학술대회 발표문, 2000.6.17, 4~5쪽.

28) 이러한 심 교수의 사상은 카우프만(Kaufmann)의 이론(Kaufmann, Vom Ungehorsam gegen die Obrigkeit, 1991)과 매우 유사한 것이라고 할 수 있을 것이다.

29) 심재우, 앞의 논문, 5쪽.

다. 심 교수에 의하면 이 정당화는 헌법상의 정치적 자유권에 의해 가능하며, 따라서 불복종행위는 완전히 '합법적인 행위'가 된다. 따라서 실정법의 불법성을 자연법적으로 단정짓지 않는 심 교수로서는 시민불복종행위를—흔히 不正 대 正으로 도식화되는— 정당방위의 도그마틱이 아니라—正 대 正으로 도식화되는— 긴급피난(형법 제21조 제1항)의 도그마틱으로 합법화하지 않을 수 없게 된다.

(2) 합법성의 위기 이상에서 살펴본 세 가지 유형의 논증들은 어떤 논증이건 간에 전면적이냐 부분적이냐 하는 차이는 있지만 자연법적 확실성으로 무장되지 않고는 불가능한 것이라 할 수 있다. 그러나 나의 생각으로는 자연법적 확실성에 대한 믿음은 합법성을 해체시키는 시대착오적인 사고이다. 이 점을 살펴보기로 한다.

A. 합법성의 재해석 먼저 의회의 입법절차를 거쳐 '합법적으로' 만들어진 법(실정법)은 단지 '권위적 명령'이나 '정치적 힘(의 크기)'만을 구현하고 있는 것은 아니다. 입법절차가 민주화될수록, 그러니까 정의에 관한 시민사회의 의사소통적 흐름이나 정치체계에서 조직화된 다양한 공론들을 법형성과정에 폭넓게 수용할수록 그 절차에 의해 만들어진 법은 그만큼 정당성기반을 갖게 된다고 할 수 있다. 왜냐하면 입법절차가 그렇게 짜여질수록 법규범의 정당성에 관한 다양한 정치적·도덕적 관점들이 법규범으로 전환되기 위한 '경쟁'을 펼칠 수 있고, 그런 경쟁 속에서 다른 관점을 수용하고 자신의 관점을 수

정하는 '상호이해'가 진행될 수 있으며, 그런 상호이해는 이상적으로는 합의가능한, 현실적으로는 타협가능한 도덕원칙에 의해 실정법을 만들 수 있게 하는 가능성을 열어 놓기 때문이다. 물론 이와 같이 제도적인 절차를 통한 정당화는 다양한 관점들 사이의 승패가 종국에는 '설득력'의 크기가 아니라 '정치적 힘'의 크기와 그 힘을 떠받들고 있는 '자본'의 크기에 의해 좌우된다는 한계를 안고 있다. 이와 같이 현실적으로는 권력과 자본에 복속되는 한계 속에서도 도덕적 관점들의 경쟁적 전개를 통해 합의가능한 규범의 형성에 지향되어 있는 제도적인 입법절차의 정당화역량을 고려한다면, 그런 절차 속에서 형성된 실정법은 '정당성'(Legitimität)을 단숨에 소유하지도 않지만 그렇다고 단지 실증성(Positivität)의 옷만을 입게 되는 것도 아니라 할 수 있다. 다시 말해 실정법은 한편으로는 '제도적으로 한계지어진 정당성'을 가지면서 다른 한편으로는 '도덕적으로 한계지어진 실증성'을 갖는다. 이를 두고 (실정법의) '합법성'(Legalität)이라고 부를 수 있을 것이다.[30] 말하자면 합법성은 정당성과 실증성, 그 사이에 위치하는 셈이다.

B. 합법성의 자연법적 해체 앞에서 논의한 세 가지 유형의 자연법적인 구성에 공통되어 있는 근본적인 문제점은 법실증주의적 이해방식의 오류, 즉 '도덕적으로 한계지어진 실증성'의 틀에 가두는 오류와는 정반대의 오류를 범한다는 점이다.

---

30) 이에 관한 하버마스의 논의는 Habermas, *Wie ist Legitimität durch Legalität möglich?* KJ, 1986, 1~16쪽 참조: 다만 하버마스는 합법성을 때로는 다소 실증성의 개념으로 사용하는 듯한 인상도 있다.

즉, 자연법적인 이론구성은 정의에 관한 주관적 (개인적 또는 집단적) 확신(자연법적 확신)을 토대로 정당성을 '제도적 틀', 그러니까 '실증성의 틀'로부터 완전히 해방시킨다. 그러나 이처럼 자연법에 대한 확신을 기초로 합법성을 해체해도 좋은 것일까?

(가) **주관적 확신에 의한 합법성 해체** 물론 합법성을 해체하는 자연법적 확신은 개인의 확신일 때도 있지만 대부분은 상당히 넓은 범위의 집단적인 확신일 수도 있다. 그러나 그 경우에도 자연법적 확신은 여전히 주관적인 확신이라고 할 수 있다. 왜냐하면 제도화된 의견형성과정에서 이미 다른 정의관념을 따르는 사람들의 집단이 존재한다는 점이 명백하게 입증되어 있기 때문이다. 또한 이 점은 어떤 집단의 자연법적 확신이 상당한 범위의 시민들로부터 공감대를 형성하여 이른바 '여론'의 옷을 입게 되는 경우에도 변함이 없다. 왜냐하면 여론이란 아무리 과학화된 사회조사방법에 의하더라도 여전히 '주관적으로' 조작가능하고, 해석의 여지가 매우 넓은 극히 모호한 개념[31]이기 때문이다. 그러므로 여론의 옷을 입든 안 입든 간에 불복종행위자들은 정의에 관한 주관적 확신에 빠지는 것이라 할 수 있다. 자연법적 사고에서 그와 같은 주관적 확신이 확고하면 할수록, 그 확신에 의해 부정되는 실정법의 정당성은 더욱더 약화될 수밖에 없다. 더욱이 그런 확신이 대화지향적

31) 예를 들어 약사법을 거부하는 의사폐업행위를 놓고, 시민단체들은 여론의 심판을 무기로 삼아 의사집단을 비판하지만 의사단체들은 약사법이 기획하는 (약사중심적) 의약분업에 대해 다수의 국민들이 반대한다는 여론을 내세우기도 한다.

태도가 아니라 투쟁적 성격을 띨 정도로 '완고'해지게 되면, 민주적 의사형성방식을 상당한 정도로 구현하고 있는 어떤 입법절차라도 그 절차 속에서 형성되는 실정법을 정당화하는 역량을 송두리째 빼앗겨버리게 된다.

(나) 자연법의 확실성 상실 그러나 그와 같은 주관적인 정의관념이 의회에서 다수결의 방식으로 결정되는 법규범보다 더 정의로운 것이라는 보장이 어떻게 가능할 것인가? 실정법에 불복종하는 사람들이 정당성의 수호자라고 어떻게 단정지을 수 있을 것인가? 이에 대한 나의 대답은 매우 회의적이다. 그것은 무엇보다도 현대사회의 특성에서 비롯된다. 즉, 생활형식이 전체사회적 통일성을 상실하고, 가치판단이 중층적인 구조를 띠며, 사회현실이 일상지식의 규율지평을 넘어선 복잡성을 보이는 사회에서는 자연법은 그 구체적 모습을 적어도 개인적으로는 확인할 수가 없다는 점이다.[32]

불복종운동으로 공론화하는 자신들의 관점과 다른 관점의 대립, 예컨대 ① 분당시민 통행료거부운동에서는 주행거리에 따른 통행료의 부담이라는 '형평성의 관점'과 고속도로를 단거리 출퇴근용이 아니라 산업도로 또는 장거리운행용으로 활용해야 한다는 '기능적 합리성의 관점', ② 총선연대의 낙천낙선운동에서는 '정파적 선거운동이 아닌 국가시민적 참정권의 행사를 위해 필요하다'는 관점[33]과 '부정·타락선거의 위험이 높은 한국사회의 정치문화적 발전수준을 고

---

32) 법인식에서 자연법적 확실성의 상실에 관하여 Haverkate, *Gewißheitsverluste im juristischen Denken*, 1977 참조.

33) 홍윤기, 민주주의의 시민적 개혁, 총선시민연대 정책자문교수단 발간 낙천낙선운동 기초자료집(1), 2000, 27~28쪽 참조.

> 려할 때 정당의 요건을 갖추지 않은 채 정당에 준하는 각종 정치활동을 하는 단체의 난립을 막을 필요성이 있다'는 관점,[34] ③ 약사법 불복종운동에서는 (2000.7.1. 시행된) 의약분업이 의사의 진료권을 박탈하고 약사의 의약품 오남용을 오히려 부추긴다는 관점과 미흡하나마 현행 의약분업은 국민의 건강증진에 이바지할 것이라는 관점 가운데, 어떤 관점이 정의로운 것인지는 개인이나 집단의 실천이성에 의해 판단될 수 없다. 그런 판단은 해당 문제에 대한 과학적 분석과 이론적 관점의 차이에 따라 다르게 대답될 수 있을 뿐이다.

다시 말해 개인의 실천적 이성능력만으로도 구체적인 내용의 자연법(정법)을 인식할 수 있다는 믿음은 지극히 시대착오적이라는 것이다.[35] 합법성의 해체는 그와 같은 시대착오적인 믿음이 없이는 더 이상 가능하지가 않다.

---

34) 헌재결 1995.5.25, 95헌마105(전원재판부)의 다수의견 참조.

35) 여기서 자연법의 인식론적 불확실성이 자연법의 존재론적 불확실성까지 전제하는 것인지를 자세히 논의할 수는 없다. 또한 그것은 나의 인식관심에서 벗어나 있기도 하다.

III. 민주적 법치국가와 시민불복종운동

그러면 정당성을 입법절차에 가두어 버리는 법실증주의적 사고의 오류나 주관적 확신으로 합법성을 해체해버리는 자연법적 사고의 오류에 빠지지 않고 시민불복종운동을 설명할 수는 없는 것일까? 나는 이에 대한 대안으로, 내가 하버마스의 의사소통행위이론을 한국사회와 한국의 법문화라는 사회역사적 콘텍스트에 집어넣어 여러 법영역에서 발전시켜 온 대화이론적 법이해를 제시하고자 한다.

1. 법인식패러다임의 변환

시민불복종운동을 이해하는 두 가지 방식, 법실증주의적 사고와 자연법적 사고는 실천적으로는 매우 상반된 결론에 이르러 있지만, 이론적으로는, 특히 인식론적으로는 매우 친화적인 구조를 갖고 있다.

(1) '주체-객체'-모델 즉, 두 사고 모두 '주체-객체'-모델(Subjekt-Objekt-Modell)의 구조를 취한다. 법실증주의적 사고에서는 입법자(주체)가 실정법텍스트(객체)에 입력한 실천적 명령이 완전무결한 법규범이 되는 반면, 자연법적 사고에서는 개인(주체)이 홀로 인식한(할 수 있는) 올바른 규준(객체)이 배타적인 법규

범이 된다. 다시 말해 법실증주의적 사고에서는 명령으로 표현되는 '주체의 인식'(활동과 그 권위)이 전제되어 있고, 자연법적 사고에서는 올바른 규준으로 수렴되는 '주체의 인식'(능력과 그 이성)이 법생산의 구성적인 요소가 된다. 시민불복종운동의 현상에서 보면 어느 사고이든 한 개인이나 집단, 그러니까 입법자(의원집단)나 불복종집단이 각각 '배타적인' 법인식의 권한을 누리는 셈이 된다. 이를 법인식의 '엘리트주의'라고 부를 수 있을 것이다.[36] 그러나 이러한 엘리트주의는 정당성을 합법성으로 환원시키게 되거나 합법성을 정당성의 이름으로 해체시키게 되는 양자택일적인 오류에 이르게 된다.

(2) 상호주관적 인식모델과 대화원칙 이 오류는 '주체-객체'-인식모델, 즉 과학주의적 법인식패러다임에 머물러 있는 한 제거될 수 없는 이율배반적인 딜레마라고 할 수 있다. 그렇기 때문에 새로운 법인식의 패러다임이 모색되어야 한다. 새로운 법인식의 패러다임은 상호주관적이다. 즉, 정의를 정하는 이성도, 권력을 낳는 절차(입법절차)도, 궁극적으로는 모든 사람들 사이의 대화적 의사소통에 의해 '상호이해'가 가능한 규범만이 법규범으로 수용되어야 한다는 것이다. 이를 하버마스의 표현을 빌리면 '대화원칙'(Diskursprinzip)이라고 부를 수 있다. 대화원

36) 하쎄머는 "엘리트적 자연법론"(elitäre Naturrechtsdoktrin)으로 표현하는데(Hassemer, *Ziviler Ungehorsam - ein Rechtfertigungsgrund?*, Festschrift für Wassermann, 1985, 343쪽), 이 지적(같은 지적으로 변종필, 시민불복종과 국회의원 후보 낙천·낙선운동의 정당화문제, 2000.2.19. 형법정책연구회 발표문, 14쪽 참조)은 법실증주의에도 타당할 수 있을 것이다.

칙 아래에서 보면 법의 인식은 주체가 객체를 인식하는 모습이 아니라 한 주체가 다른 주체와 함께 어떤 규범의 타당성에 대한 이해를 서로 도모하고, 그 상호이해의 의미세계 속에서 하나의 질서로 통합된 삶을 살아가게 되는 모습을 띤다. 그러니까 법인식의 주체는 한 개인이 아니라 상호이해를 도모하는 모든 사람들이며, 이를 '상호주관성'(Intersubjektivität)이라고 표현할 수 있다. 이러한 상호주체성은 법을 제정하고 집행하는 모든 국가기구들에게도 요구된다. 입법자든, 행정관료든 또는 법관이든, 홀로 법을 인식하는 태도로부터 벗어나 규범의 타당성에 대해 다른 사람들과 함께 끊임없이 대화하고, 상호이해가 가능한 규범만을 법규범으로 인정하는 태도로 전환하라는 '패러다임변환의 요구'로부터 결코 예외일 수 없다.

2. 민주적 법치국가의 구성요소

(1) 민주적 의사형성의 끊임없는 동적 과정 이러한 상호주관적 인식패러다임에서 보면 '제도화'된 입법절차를 지키려는 국가기구는 물론이고, 자연법의 이름으로 실정법에 불복종하는 시민(집단)도 홀로 법적 정당성의 수호자가 될 수 없다. 첫째, 실정화된 입법절차(대의민주주의)나 다수결원칙, 그리고 이 원칙들과 상호작용관계에 있는 법치국가원칙들은 대화원칙을 '제도화'하는 방편일 뿐이다. 즉, 그것들은 올바른 규범을 형성하기 위한 대화적 의사소통을 현실적 한계, 즉 인적 · 물적 자원의 한계와 시간적 · 공간적인 ― 정보화사회에서는 정보적인 ― 제약 아래에서 가능한 최대로 실현하는 방편으로서 자리매

김될 뿐이다. 이처럼 입법절차나 다수결원칙이 대화를 통한 합의를 '제한적이나마' 현실 속에 구현하는 기능을 '민주적 의사형성'이라고 부를 수 있다. 민주적 법치국가는 바로 그러한 민주적 의사형성을 최대화하는 데 가장 적합한 법공동체의 조직원리라고 할 수 있다.[37] 그러나 둘째, 이런 '제도화'는 오히려 대화적 의사형성을 왜곡시키기도 한다. 왜냐하면 제도화란 권력과 금전의 논리에 따라 대화적 의사형성을 위해 입법절차나 다수결원칙이 수용해야 하는 의사소통적 흐름을 어느 정도는 불가피하게 협착화시킬 수밖에 없기 때문이다. 이것이 바로 제도화의 패러독스이다. 이러한 패러독스를 최소화하기 위해 민주적 의사형성은 '일회적인 사건'이 아니라 '끊임없이' 진행되어야 한다는 요청이 등장한다. 다시 말해 제도화된 법규범의 형성은 그 법규범의 정당성이 검증되는 시작일 뿐, 결코 끝이 아닌 것이다. 그러므로 법을 제정·집행하는 국가기구는 법이 제정되거나 집행되기 시작한 이후에 그 법에 대해 (특히 시민사회에서) 펼쳐지는 비판과 성찰의 의사소통적 흐름에 대해 문을 열고, 그 흐름을 제도적인 법형성과정에 다시 수용하는 개방적인 태도를 취해야 한다. 그런 의사소통적 흐름에 폐쇄적일수록 실정법은 그만큼 더 정당성의 위기에 빠져든다. 다시 말해 법규범이나 정책적 결정의 정당성은 단지 다수결원칙에 의해 의회를 통과하였다는 사실(절차적 합법성)로부터 나오는 것이 아니라, 그와 같은 실정법상의 결정절차가 시민들 사이의 의사소통적 교류에 끊임없이 문을 열어놓고, 그 교류

37) 이상돈, 『법학입문』, 1998, [1]단락 참조.

속에서 형성되는 광범위한 합의를 지속적으로 반영하였다는 점으로부터 나오는 것이다. 그러므로 정당성의 수호자는 국가기구나 불복종운동을 하는 시민단체라는 어떤 구체적인 주체가 아니라 '민주적 의사형성의 끊임없는 동적 과정' 그 자체라고 할 수 있다.

(2) 의사소통적 행위로서 시민불복종운동 시민불복종운동은 바로 그런 동적 과정을 구성하는 한 요소로 자리매김될 수 있다. 즉 시민불복종운동은 그 운동이 표방하는 정의내용이 민주적 의사형성의 제도화된 통로를 통해 법규범으로 유입되지 못한 상황 속에서 권력적으로 형성된 법규범의 정당성을 의문시하고, 그 대안을 모색하는 공론의 장을 열어 놓으려는 의사소통적 행위이다.

A. 법체계에 내재해 있는 의사소통적 장애 이 의사소통적 행위는 법규범을 교정하는 실정법체계 내의 수단들이 펼쳐줄 수 있는 의사소통의 장만으로는 법규범의 정당성을 보증하는 민주적 의사형성이 충분할 수 없다는 점을 전제로 한다. 다시 말해 시민불복종운동은 제도화된 민주적 의사형성의 네트워크에 모종의 의사소통적 기능장애가 있음을 전제로 한다. 사실 정도의 차이는 있으나 그런 기능장애는, 정치역사적 현실과 민주주의체계의 발전수준과 관계없이, 모든 법체계에 '내재'해 있게 마련이다. 왜냐하면 앞에서 논의한 바와 같이 이상적인 대화적 의사소통은 어떤 정도로든 협착되지 않고는 제도화된 네트워크를 통하여 법규범의 형성기반으로 기능할 수 없기 때

문이다.

B. 정상적 현상 그렇다면 법체계가 아무리 기존의 실정법을 교정하는 가능성을 자신의 내부에 제도화하고 있다고 할지라도, 그 교정제도의 기능적 한계가 시작되는 곳에서 실정법을 비판하는 의사소통적 행위가 펼쳐지는 것은 예정된 일이며 또한 지극히 '정상적인 현상'(normales Phänomenon)에 속하게 된다. 따라서 자연법적 사고와 같이 시민불복종운동을 민주적 법치국가의 '법체계'에서 마치 아말감과 같은 이물질처럼 통합되지 못하는, 그러나 정당성은 단정지을 수 있는 그런 '예외적 현상'으로 바라보거나, 법실증주의적 사고와 같이 민주적 법치국가의 '정치체계'를 위태롭게 하는 '반체제적인 현상'[38]으로 바라보는 것은 더 이상 타당할 수 없다.

물론 이처럼 시민불복종운동을 민주적 법치국가의 정상적인 현상으로 바라보는 견해는 시민불복종운동을 자연법적으로 근거지우는 진영에서도 가능할 수 있다. 예컨대 카우프만(Kaufmann)의 표현에 따르면 '작은 저항'(Widerstand der kleinen Münze)[39] 즉, 시민불복종을 법 자체의 본질적인 역동적 요소, 그러니까 법의 이념(자연법)과 현실(실정법) 사이의 간극을 지양

---

38) 이는 하버마스의 표현을 빌린다면 "외부와 내부의 적들에 향해져 있는 실증주의적 안보사상"(Habermas, *Ziviler Ungehorsam —ein Testfall für den demokratischen Rechtsstaat Ziviler Ungehorsam im Rechtsstaat*, Peter Glotz 편, 1983, 51쪽 참조)라고 할 수 있겠다.

39) A. Kaufmann, Das Widerstandsrecht der kleinen Münze, Objektivierung des Rechtsdenkens, Gedächtnisschrift für Ilmar Tammelo, 1984, 85쪽 아래 참조.

시키는 요소로 바라보는 것이다. 그러나 이런 사고에 의하면 시민불복종운동은 법체계의 내부에서 일어나는 현상이 아니라 법체계라는 '사회적 하부체계'의 외부에서 일어나는 현상이라는 점이 시야에서 사라지게 된다. 왜냐하면 법(체계) 내부에 자연법과 실정법이 위치하고 그 간극을 지양시키는 시민불복종운동이 자리하게 되기 때문이다.

(3) 정치체계와 법체계의 통합 그러나 시민불복종운동을 민주적 법치국가의 정상적인 현상이라고 말할 때, 민주적 법치국가란 사회적 하부체계로서 법체계와 정치체계의 통합이 전제된 개념이며, 시민불복종운동은 민주적 법치국가의 안에, 그러나 법체계와 정치체계 사이에 위치한다고 보아야 한다. 적어도 시민불복종운동이 법체계 내부에 제도화되어 있는 모든 실정법 교정가능성이 다 소진된 이후에라야 비로소 '합법성'의 틀에 가둬두어서는 안 되는 (의사소통적) 행위로 평가될 수 있는 한 그러하다.

그러므로 하버마스가 시민불복종을 "정당성과 합법성 사이에 자리잡아야 한다"라고 표현한 것은 비록 틀린 것은 아닐지라도 충분한 것은 분명 아니다. 왜냐하면 자연법론자들에게는—하버마스의 의도는 아닐지라도— 그가 말한 '정당성'이 '자연법'으로 그리고 '합법성'이 '실정법'으로 읽혀질 수 있고, 그렇게 되면 시민불복종은 카우프만의 견해처럼 자연법과 실정법 사이에 위치하면서, 그 간극을 지양하는 법 자체의 본질적인 역동적 요소로 해석될 여지가 생기기 때문이다. 이런 잘못된 해석은 물론 하버마스가 시민불복종을 "성숙한 정치문화의 포기할 수 없는 구성부분"(unverzichtbarer Bestand einer reifen politischen Kultur)[40]이라고 표현함으로써 예방될 수는 있을 것이다. 그러나 그러한 표현 또한 비록 틀린 말은 아닐지라도 완전한 말은 되지 못한다. 왜냐하면 시민불복종운동은 법체계를 완전히 떠나 정치체계의 내부영역으로 들어와 자리잡는 것이 아니기 때문이다. 그렇게 되려면 법체계는 적어도 정당성의 측면에서는 정치체계에 예속되어야 한다. 바로 이 점이 아마도 시민불복종운동을 해석하는 정치학자나 철학자들이 범하기 쉬운 오류일 것이다. 법률가들에게는 그토록 준별되는 법과 정치가 정치학자나 철학자들에게는 마치 동의어처럼 '같은 의미론' 위에서 구별되지 않은 채 사용되는 것이다. 그러나 법체계와 정치체계는 '긴장과 동조'의 상호작용적 관계를 이룬다고 보아야 한다. 즉, 정치체계가 시민불복종운동을 배후로 하여 법체계에 대해 변화의 영향력을 행사하는 일방적 관계가 아니라, 법체계도 시민불복종운동에 대한 (개방적인 또는 폐쇄적인) 반응을 통하여 정치체계에 대해 역시 어떤 방향으로든 변화의 영향력을 행사한다는 것이다. 여기서 시민불복종운동은 이와 같이 상호작용적 관계 속에 있는 법체계와 정치체계 사이의 통합(체계통합)을 수행하는 구성요소로서 자리매김될 수 있다. 물론 내가 말하는 '정치체계'란 개념은 정치권이나 행정체계와 같은 좁은 뜻이 아니라 그것을 포함하여 시민사회와 공론영역의 의사소통적 흐름을 조직화하는 사회체계로서 이해하는 것임에 다시 한 번 주의할 필요가 있다.

---

40) Habermas, *Ziviler Ungehorsam—ein Testfall für den demokratischen Rechtsstaat Ziviler Ungehorsam im Rechtsstaat*, Peter Glotz 편, 1983, 43쪽.

IV. 시민불복종운동의 개념화

다음으로 이렇게 대화이론적으로 재구성된 시민불복종운동의 구조적 표지를 개념화하는 작업이 필요하다. 이 작업은 시민불복종운동에 대한 철학적 성찰을 법제화로 연결짓는 학제적 연구[41]의 위치를 점하게 된다. 나는 아래에서 시민불복종운동의 구성적 요소를 다음 다섯 가지 표지로 구조화하고자 한다: 시민성(아래 1), 비폭력성(아래 2), 공공성(아래 3), 비례성(아래 4), 정당화가능성(아래 5).

1. 주체의 적격성으로서 시민성

실정법에 대한 불복종운동을 전개하는 주체는 그들의 불복종행위가 '시민성'을 승인받을 수 있는 적격성을 보유해야 한다.

(1) 시민성의 의미　　여기서 '시민성'이란 불복종운동의 주체가 단지 신분적으로 관료나 직업정치인이어서는 안 되고, 사

41) 시민불복종운동의 문제를 다룰 때에 철학과 사회과학들 간의 학제적 연구가 필요함을 인식하는 황경식, 준법의 근거와 시민불복종, J. Rawls의 "공정한 경기의 의무"를 중심으로, 철학논구, 제15집, 1987, 75쪽 참조.

적 개인이나 사적 단체이어야 한다는 요청에서 그치지 않는다. 그것을 넘어서서 다수의 시민들이 펼치는 실정법에 대한 불복종운동이 시민사회에서 형성되고, 그 운동의 합리적 논거들이 공론의 장으로 넘어 들어올 수 있을 정도로 민주적 의사형성의 의사소통적 흐름으로 자리매김될 수 있기에 적합한 운동주체들의 특성을 말한다. 다시 말해 '시민불복종운동'에서 '시민'이란 단지 '사적' 개인이 아니라 제도화된 입법절차가 수행할 수 있는 민주적 의사형성의 결함을 인식하고 그것을 공론의 장을 통한 대화적 의사형성으로 메우려는 국가시민적 의식을 지닌 개인 또는 단체를 가리킨다. 바꿔 말해 시민불복종운동은 국가권력(과 법)의 횡포에 대해 자신들의 자연법적 인권을 단지 수호하는 '방어적 태도'의 시민상이 아니라 국가권력(과 법)의 민주적 형성에 적극적으로 '참여'하는 시민상을 전제로 하는 것이다.

(2) 조직성 · 자발성 · 이질적 구성 이런 의사소통적 요청은 다음 세 가지 요청들을 불복종운동의 시민성이 인정되기 위한 전제조건으로 삼게 한다. 첫째, 먼저 불복종행위는 한 개인의 행위가 아니라 다수의 개인들이 공통된 확신에 기초하여 '조직적으로' 전개하는 행위이어야 한다(조직성). 그러므로 단지 한 개인 또는 다수의 개인일지라도 공동의 확신을 형성할 만큼 조직화되지 않은 채, 산발적으로 이루어지는 불복종행위는 '시민불복종운동'에 해당할 수 없다. 바꿔 말해 민주적 법치국가의 구성적 요소로서 시민불복종이란 언제나 '운동'의 형태로만 의미를 지닐 수 있다. 둘째, 이처럼 조직화된 불복종행위는 더

나아가 자발적인 의사에 의해 전개되는 것이어야 한다. 이를테면 관료나 산업세력에 의해 권력적으로 또는 금전적으로 행위가 조종되는 사람들은(예: 관변단체, 산업주변단체[42]) 불복종운동의 주체로서의 적격성을 처음부터 가질 수 없다(자발성요청). 셋째, 조직성과 자발성을 갖춘 불복종행위일지라도 단지 '동질적인' 사회집단에 의한 경우에는 시민성이 인정될 수 없다. 즉, 불복종행위는 '이질적'인 사회집단에 의한 것이어야 한다. 그러니까 신분적으로(직업적으로) 폐쇄되지 않고, 지역적으로 편중되지 않으며, 아울러 계층적으로도 분파되지 않은 주체들의 집합이어야 한다(이질적 구성[43]).

> 이 시민성의 요청에서 보면 분당시민의 통행료거부운동은 지역적 동질성이, 의사들의 약사법거부운동에서는 직업적(신분적) 동질성이, 그리고 총선연대의 낙천낙선운동에서는 ―물론 앞의 두 경우보다는 그 정도가 미약하다고 평가되어야 하겠지만― 운동주체의 권력지향성[44]이 각각의 불복종운동을 시민불복종운동으로 승인하는 데 장애

---

42) 예를 들면 전경련, 경총, 중소기업연합회 등과 같은 단체를 생각할 수 있다.

43) 비슷하게 하버마스는 "이질적으로 구성되고, 넓게 분산되어 있으며 탈중심화된 채 움직이는 시민운동"일 것을 주장한다(Habermas, *Ziviler Ungehorsam ―ein Testfall für den demokratischen Rechtsstaat Ziviler Ungehorsam im Rechtsstaat*, Peter Glotz 편, 1983, 31쪽).

44) 여기서는 예컨대 시민단체의 낙선운동이 소기의 목적을 달성하게 되면 시민단체는 어느 특정정치세력이나 집단의 후원자로 인식되는 소극적인 지위를 넘어 특정 정치세력의 조종자로 변모할 수도 있다는 지적(김대중, 조선일보, 2000.1.15.자)이나 시민단체의 정치세력화 가능성과 정치권에 의해 매수될 가능성에 대한 지적(변종필, 시민불복종과 국회의원 후보 낙천·낙선운동의 정당화문제, 2000.2.19. 형법정책연구회 발표문, 4쪽)을 고려할 만하다.

로 작용할 것이다.

2. 비폭력성

다음으로 시민불복종운동으로 파악될 수 있으려면 그 운동은 비폭력적이어야 한다. 그런데 폭력성의 개념을 어떻게 잡느냐에 따라 시민불복종운동의 범주에 들어오게 되는 집단적인 사회적 행동의 범위가 달라지게 된다.

(1) 형법적 폭력개념의 배제 여기서 시민불복종운동이 민주적 법치국가의 정상적인 작동성에 대해 이의를 제기하고 법체계의 정당성을 다시 시험하게 만드는 현상임을 고려한다면, 적어도 형법적 폭력개념과 같이 기존의 법체계를 구성하는 '이론적(엄밀하게는 법도그마틱상의) 개념'(rechtsdogmatische Begriff)에 의해 —그것도 외연이 매우 넓고 내포(의미)도 매우 불명확한 폭력개념에 의해[45]— 시민불복종운동의 폭력성 여부를 판단해서는 안 된다고 보아야 한다.[46] 왜냐하면 시민불복종운동이 전개되는 상황은, 전체 법체계 자체가 바로 그 체계를 기능적으

45) Hassemer, *Ziviler Ungehorsam - ein Rechtfertigungsgrund?*, Festschrift für Wassermann, 1985, 327쪽.

46) 같은 생각으로 Schüler-Springorum, *Strafrechtliche Aspekte zivilen Ungehorsams*, Ziviler Ungehorsam im Rechtsstaat, Peter Glotz 편, 1983, 83쪽; Dreier, *Widerstandsrecht und ziviler Ungehorsam im Rechtsstaat*, Ziviler Ungehorsam im Rechtsstaat, Peter Glotz 편, 1983, 65쪽 참조; 다만 드라이어는 시민불복종운동을 헌법적으로 정당화하는 자연법적 사고를 좇고 있다는 점에서 나와 기본적인 이론틀이 다르며, 또한 이 점에 각별한 주의를 요한다.

로 구성하는 법도그마틱상의 개념들에 의해 현실을 법적으로 규율(통제)할 수 있는 정당성이 의심받고 있는 상황, 다시 말해 법체계가 민주적 의사형성을 통하여 법규범의 정당성을 창출하는 기능에 부분적인 장애가 발생하고 있는 상황이기 때문이다.

특히 형법도그마틱상의 폭력개념을 시민불복종운동에 적용하는 것은 시민불복종운동의 반성적 기능, 즉 현실 법체계의 성찰적 변화를 촉구하고 유도하는 기능을 무시하는 수준을 넘어서서, 시민사회가 법규범에 정당성을 부여하는 권능을 권력적으로 완전히 박탈해 버리는 권위주의적 국가상으로—박은정 교수의 표현을 빌리면 "맹목적인 국가형이상학, 질서숭배사고"[47]으로— 나아가는 것이라 할 수 있다.

> 예컨대 낙선운동에서 보듯이 선거법에 위반되기는 하였으나 평화적으로 도로를 점거하고 홍보를 하는 행위라든지, 분당사태에서 보듯이 통행료납부를 거부하고 평화롭게 자동차 운행을 계속하는 행위를 공무를 방해하는 폭력행위로 파악하고, 그에 따라 그와 같은 행위들을 시민불복종운동의 범주에서 제외시켜 버리는 것은 타당하지 않다.[48]

---

47) 박은정, 법치국가와 시민불복종, 현대의 사회문제와 법철학, 교육과학사, 1995, 8쪽.

48) 이것은 또한 시민불복종운동이 형법도그마틱의 전통에서 어떤 특정한 범죄구성요건에 해당함이 분명한 경우에도 검찰은 사건을 인지하지 않아야 하고(민주적인 정치적 의사형성의 존중), 사건을 인지한 경우에도 공소제기해서는 안 되며, 현행법상으로는 기소유예처분으로 나아가야 한다. 물론 검찰에게 이러한 행위준칙을 지킬 것을 시민불복종운동의 법이론이 요구한다고 해서 그것이 곧 시민불복종운동의 범죄구성요건 해당행위를 확정적으로 '합법화'하는 것은 아

아마도 국가가 법체계의 반성적 변화와 관계없이도 할 수 있거나 그런 변화를 도모하면서도 여전히 할 수 있는 제재(통제)의 최대한은 적어도 폭력성을 법적 요건으로 삼지 않는 법적 효과의 부과일 것이다. 이를테면 통행료납부거부운동에 대해서는 과태료나 기타 유사한 행정처분을 부과할 수 있을 뿐이지, 운행을 실력으로 정지시킨다든지, 더 나아가 그에 저항하는 행위를 공무집행방해죄 등의 범죄행위로 구성해서는 안 된다.

(2) 개방적 법체계의 폭력개념 　　그러나 다른 한편 어떤 형태의 폭력도 시민불복종운동이라는 이름으로 정당화되거나 형법적 폭력개념의 의미론에서 열외시킬 수 있는 것은 아니다. 특히 '목적이 수단을 정당화한다'는 공식으로 응축될 수 있는 자연법적 사고[49]가 개입하는 것을 경계할 필요가 있다. 그렇다고 이런 경계가 시민불복종운동의 이름 아래 폭력현상이 무제한적으로 정당화될 수는 없다는 입장을 앞의 공식과는 정반대의 공식, 즉 '수단이 목적을 정당화한다'는 공식이나 대립적인 공식, 즉 '목적이 모든 수단을 정당화하지는 않는다'는 공식에 의해 근거지을 수는 없다. 그런 공식들 간의 우열관계는 영원히 정해질 수 없기 때문이다. 이 점은 두 공식이 생활세계에서 벌쳐지는 일상적인 도덕적 대화 속에서 일반인들에 의해 끊임

님에 주의할 필요가 있다.

49) 심재우 교수는 폭력적 저항도 시민불복종행위로서 정당화될 수 있으면 시민불복종행위에 속할 수 있다고 본다(심재우, 앞의 논문, 3~4쪽 참조).

없이 활용되는 생명력을 갖고 있다는 점에서 추측할 수 있다.

A. 폭력개념과 법체계의 부정합성 이러한 사정은 결국 형법적 폭력개념에 해당하는 행위 가운데 일부는 시민불복종운동의 구성요소로 통합시킬 수 있지만, 다른 일부는 그럴 수 없다는 방향으로 결론짓게 하며, 그런 선별의 기준을 어떻게 정할 것인가 하는 문제를 남겨 놓는다. 그러니까 형법의 눈에 폭력행위에 해당하는 수단으로 전개되는 시민불복종운동에 대해 형법적 구성요건의 적용여부를 검토하면서도 형법적 폭력개념에 의존하지 않아야 한다는 요청이 등장하는 것이다. 그러나 이런 요청이 드라이어의 견해[50]처럼 단지 시민불복종운동을 해석하는 폭력개념이 형법체계와의 정합성을 이룰 수 없을 뿐, 헌법체계와는 정합성을 이룰 수 있다고 보는 것은 타당하지 않다. 그것은 시민불복종행위를 합법성과 정당성의 사이로부터 빼내어 정당성의 한가운데 위치시키고, 그런 정당성으로써 다시 합법성을 해체시키는 결과를 가져오기 때문이다.

시민불복종행위는 앞에서 이론화한 것처럼 합법성과 정당성의 사이에, 바꿔 말해 법체계와 정치체계의 사이에 위치해야 한다. 바로 그런 전에서 시민불복종행위에 적용되는 폭력개념이 전체 법체계와 부정합적이게 되는 것을 어쩔 수 없는 일이라고 방치하는 것은 정치학자나 철학자에게는 허용되는 체념일지 모르나 법학자에게는 용납될 수 없는 법인식의 중대한 결함이라 할 수 있다. 왜냐하면 법학자는 형법적 개념으로 폭

50) Dreier, *Widerstand und ziviler Ungehorsam*, Ziviler Ungehorsam im Rechtsstaat, Peter Glotz 편, 1983, 63쪽.

력적인 시민불복종행위를 불법화하거나 아니면 정당화 또는 합법화하지는 않는다 하더라도, 법률가들이 그런 행위를 어떻게 다루어야 하는가에 관한 일반적인 규율을 정립하려는 인식관심을 포기할 수 없기 때문이다. 여기서 법체계와 부정합적인 개념이긴 하나 시민불복종운동에 적용될 폭력의 개념을 법적 개념으로 파악할 수 있을 것인지가 과제로 등장한다.

B. 개방적 법체계　이 과제는 시민사회와 정치체계의 의사소통적 흐름에 끊임없이 문을 열어 놓는 법체계를 설계함으로써 해결할 수 있을 것이다. 즉, 법체계가 ―시민불복종운동의 영역, 그러니까 법체계와 정치체계의 사이에서― 자신을 구성하는 원칙이나 규범과 부정합적인 개념이 작동하는 것에 대해 관용을 갖고, 그런 개념의 작동을 배경으로 펼쳐지는 공론의 장에서 형성될 수 있는 새로운 법규범을 수용하는 열린 자세를 갖는 것이다. 그런 법체계를 '개방적 법체계'(offenes Rechtssystem)라고 부를 수 있을 것이다. 여기서 다시 한 번 주의해야 할 점은 시민불복종운동은 새로운 합의를 창출하는 데 성공할 수도 있지만, 실패할 수도 있다는 점이다. 바로 그렇기 때문에 법체계가 '부정합적인' 폭력 개념을 수용한다는 것이 곧 법체계가 그런 개념과 부정합적인 법체계의 구성요소들을 변화시킨다는 것을 뜻하지는 않는다. 따라서 ―그처럼 언제나 법체계의 변화가 성취되는 것이 아닌 한― 시민불복종운동에 적용되었던 폭력개념은 단지 '잠정적으로만'(prima facie)[51] 법체계와 부

51) 드라이어가 말하는 바처럼 "단지 잠정적인 불복종(bloßer prima facie-Ungehorsam)"(Dreier, *Widerstand und ziviler Ungehorsam*, Ziviler Ungehor-

정합적인 것이 아니라 '지속적으로 부정합적'인 것이라고 할 수 있다.

(3) 생활세계적 폭력개념 그러면 이처럼 개방적인 법체계는 체계부정합적인 폭력개념을 어떻게 구성할 것인지가 문제로 남는다.

A. 형법체계에 부정합적인 법적 개념의 예 여기서 먼저 헌법이 형법체계와 부정합적인 범죄개념을 인정하는 예를 설명할 필요가 있겠다. 현행 헌법 제13조 제1항의 "(동일한) 범죄" 개념은 형사소송법상 일사부재리의 효력이 미치는 범위의 기초가 되며, 이는 실체형법상의 범죄개념(죄수론)과는 부정합적이다. 이 부정합성을 형사소송법학자들은 흔히 '소송상 사건개념'의 도그마틱에 의해 근거짓고 있으나, 그 구체적인 적용기준은 형법체계와의 정합성을 가져올 만큼 구체화되고 체계화되지 못한 상황에 있다. 그 이유를 나는 헌법 제13조 제1항의 프로그램에서 찾은 바 있다. 즉, 제13조 제1항은 '생활세계'에서 하나의 범죄로 인지되는 사건에 대해 형법학, 특히 범죄론(도그마틱)의 분석에 의해 여러 범죄가 성립하는 경우일지라도, 그 사건의 행위주체로 하여금 오직 한 번만 국가가 진행하는 형사절차에 휘말려들어갈 부담만 짊어지도록 하는 기획을 좇는다는 것이다. 그래서 나는 헌법 제13조 제1항의 범죄 개념은 '생활세계적 사건개념'으로 해석해야 한다는 주장을 한 바 있

---

sam im Rechtsstaat, Peter Glotz 편, 1983, 61쪽)이란 논증은 바로 이런 논증구조를 보여준다고 할 수 있다.

다.[52] 그런데 생활세계에서 어떤 사건이 하나의 범죄로 인지될 것인지 아니면 여러 개의 범죄로 인지될 것인지는 매우 불확실하며, 이 불확실성은 '소송상 사건개념'의 도그마틱에 의해서도 어느 정도 제거될 수는 있으나 형법적 범죄개념이 가질 수 있는 불확실성의 정도로까지 해소될 수가 없다. 다시 말해 생활세계적 사건개념 또는 범죄개념을 헌법의 체계에 수용하는 것은 형법체계와의 부정합성을 어느 정도 감수하는 것을 의미한다.

B. 법체계에 부정합적인 폭력개념 물론 이러한 예는 형법체계와 부정합적인 범죄개념이 헌법체계 내에 설정된 것이라는 점에서 '법체계'와 부정합적인 법적 개념을 법체계가 수용한 경우라고는 볼 수 없다. 그러나 이 예는 적어도 법체계와 부정합적인 법적 개념이 터잡을 수 있는 기반은 생활세계라는 점을 말해준다. 시민불복종운동에 적용될 폭력개념도 바로 그런 기반 위에 설계하여야 한다. 즉, 시민불복종운동은 '비폭력적으로' 진행되어야 한다고 할 때, 그 폭력성은 불복종행위가 생활세계에서—일상지식과 일상언어 그리고 일상경험을 바탕으로—폭력으로 인지되는지에 따라 결정되어야 하는 것이다. 이를 생활세계적 폭력개념이라 부를 수 있겠다. 이런 폭력개념은 예를 들면 한국사회처럼 작은 폭력이 일상화된 사회일수록 그 외연이 넓고, 그에 따라 불복종행위의 폭력성 인정도 그 만큼 더 제한적이 될 것이다. 물론 이러한 폭력개념이 법관이 통

52) 생활세계적 사건개념에 관해서는 이상돈, 형사소송원론, 1998, [7]단락 참조.

일성 있게 적용할 수 있는 개념, 즉 '법적용이 가능한 개념'(anwendungsfähiger Begriff)이 될 수 있을 것인지는 의문이다. 그러나 시민불복종운동에 대한 법적 제재를 검토할 때 중요한 것은, 그와 같은 의문이 아니라, 의회의 입법절차에 제도화된 민주적 의사형성의 절차가 수행할 수 있는 대화적 의사형성의 기능에 대한 의문인 것이다. 시민불복종운동을 민주적 법치국가의 구성요소로 이해한다는 것은 바로 그런 의문을 공론화하는 열린 태도를 요구하는 것이며, 그런 태도를 법적용자들이 견지할 때, 생활세계적 폭력개념의 불확실성은 그 중요성을 잃어버리게 될 것이다.

3. 공공성

시민불복종운동은 제도화된 민주적 의사형성의 기능적 한계를 문제화하고 운동이 표방하는 정의내용에 대한 합의형성을 모색하기 위한 의사소통적 행위이다. 시민불복종운동이 이와 같은 의미의 의사소통적 행위가 되기 위해서는 '공공성'을 갖추어야 한다. 공공성의 개념은 한편으로는 공개성과 아울러 처벌감수자세로 이해될 수 있고, 다른 한편으로는 공익성으로 이해될 수 있기도 하다.[53]

---

53) 이덕구 교수는 불복종행위에 대해 공개성과 공공성이라는 개념을 사용한다(이덕구, 민주주의와 시민불복종, 인천대학교 논문집, 제19호, 1994, 99쪽 참조). 그러나 이 교수가 사용하는 두 개념의 의미는 분명하지 않다. 예컨대 이 교수는 한편으로는 두 개념을 동일한 의미의 개념으로 삼아 동어반복적으로 사용하는 것 같기도 하고 다른 한편으로는 공공성을 사익성, 공개성을 비밀성과 대비되는 개념으로

(1) 공개성　먼저 앞의 의미는 철학자들에 의해 흔히 '공적'(öffentlich, public) 성격이라는 개념에 의해 파악되어 온 바다. 이것은 공개성이란 법적 개념으로 좀더 분명하게 할 수 있다. 여기서 공개성이란 불복종행위가 단지 은밀하게 사적 영역에서 펼쳐져서는 안 되며, 불복종행위자들은 그들의 주장내용과 그 근거 그리고 그 주장을 관철하기 위해 실정법위반을 무릅쓴 (집단)행동의 방식 등을 '일반시민에 대해서뿐만 아니라 정치권에게도'[54] '공식적으로 천명'[55]하여야 하고, 또한 그렇게 함으로써 불복종운동의 시위가 어떻게 진행될 것인지를 경찰이 예측할 수 있도록 해야 함을 의미한다. 이와 같은 공개성에 의해 시민불복종행위는 대화적 의사형성의 한 구성요소로서 자리잡을 수 있다. 형법학에서 논의되어 온 양심범의 법률불복종은, 비록 동일한 주관적인 양심을 지닌 집단(예: 여호와의 증인) 내에서는 그 양심을 더욱 강화하는 의사소통적 행위로 자리잡을 수 있지만 시민불복종운동으로 평가될 수 없는 것은, 바로 이와 같은 의미의 공개성이 없기 때문이다.

(2) 대화적 처벌감수자세　그런데 불복종운동자에게 요구되는 공개성의 요청, 특히 실정법규범의 형성에서 다수를 형성

사용하는 것 같기도 하다. 후자의 사용법이 나의 개념과 같다. 다만 나는 공익성을 개념적으로 구별하지만 시민불복종운동의 구성요소로 보지 않고 있음에 주의할 필요가 있다.

54) Dreier, *Widerstand und ziviler Ungehorsam*, Ziviler Ungehorsam im Rechtsstaat, Peter Glotz 편, 1983, 62쪽.

55) Horst Schüler-Springorum, *Strafrechtliche Aspekte zivilen Ungehorsams*, Ziviler Ungehorsam im Rechtsstaat, Peter Glotz 편, 1983, 79쪽 아래 참조.

했던 사람들에게 —시민, 국회의원, 법조기구에게— 자신의 주관적 확신에 공감할 것을 기대하면서 그들의 이성적 통찰능력과 정의감에 호소하는 의지에, 그 실정법위반으로 인한 제재(처벌)를 받게 되더라도 감수하겠다는 자세까지 포함되어 있어야 하는 것인지에 관해서는 논란이 팽팽하게 벌어지고 있다. 시민불복종운동을 합법화하지 않고, 정당성과 합법성 사이에 위치시키는 입장에서는, 하버마스가 피력하듯이,[56] '처벌까지도 감수하는 진지한 자세를 통하여 기존 법규범(법정책)을 교정・변화시키겠다'는 자세가 시민불복종운동을 펼치는 사람에게 요구된다. 이에 반해 시민불복종운동을 '합법화'하는 입장에서 보면 법적인 제재까지 감수하겠다는 자세는 시민불복종운동의 요건이 되지 못한다. 왜냐하면 불복종행위는 기존의 전체 법체계에 합치하는 행위이며 —법적으로 그 정당화의 논증을 어떻게 구성하든 간에— 따라서 법적 제재가 가해질 수 있는 법적 요건을 충족할 수 없기 때문이다. 이런 입장에서는, 불복종행위자의 호소의지는 기껏해야 드라이어가 말하듯 "재판절차에 빠져들게 되고, 그와 관련한 소송의 위험을 짊어지겠다는 자세"[57]에까지만 도달할 수 있을 뿐이다.

A. 역사적 맥락성　이 두 가지 견해는 역사초월적인 타당성을 갖지는 않는다. 즉, 불복종운동이 펼쳐진 사회가 민주

---

56) Habermas, *Ziviler Ungehorsam —ein Testfall für den demokratischen Rechtsstaat Ziviler Ungehorsam im Rechtsstaat*, Peter Glotz 편, 1983, 34~35쪽.

57) Dreier, *Widerstandsrecht und ziviler Ungehorsam*, Ziviler Ungehorsam im Rechtsstaat, Peter Glotz 편, 1983, 61~62쪽.

적 법치국가라는 체제를 통해 대화원칙을 실현하는 정도가 클수록 처벌감수자세가 요구되고, 반대로 그런 정도가 낮을수록 처벌감수자세는 요구되지 않는다고 볼 수 있다.

예컨대 1980년대 한국사회에서 펼쳐진 KBS시청료 납부거부운동의 경우에는 처벌감수자세가 없다고 할지라도 그런 운동을—적어도 저항권으로 표제화할 수 없는 한— 시민불복종운동으로 볼 수 있었다면, 21세기를 1, 2년 앞둔 시점에서 펼쳐진 분당시민의 고속도로통행료 납부거부운동이나 총선연대의 낙천·낙선운동 그리고 의료계의 약사법반대운동(폐업)은 운동참여자에게 처벌감수자세가 있을 때에만 시민불복종운동으로 승인될 수 있다.

B. 대화적 처벌감수자세　　둘째, 민주적 법치국가의 체제가 성장함에 따라 시민불복종운동으로 승인받기 위해 요구되는 처벌감수자세의 개념도 다시금 자연법적 사고로 빨려들어가지 않도록 하기 위해 다소 수정될 필요가 있다.

(가) 처벌감수자세　　먼저 불복종행위가 나중에 정치적·도덕적으로 정당한 것으로 판명되는 경우에도, 단지 '상징'을 위해—다시 말해 개인의 불이익을 감수하면서도 정의를 세우겠다는 신념의 표현을 강화시키기 위해— 불복종행위자에게 처벌감수의사가 있어야 한다는 식의 논리는, 정의를 실현하는 데 다른 개인들보다 상대적으로 더 많은 책임과 부담을 불복종행위를 하는 개인에게 편중·부과하는 셈이 된다. 그러나 정의의 실현은 우리 모두의 과제이어야 한다. 따라서 이념적으로만 보면 처벌감수자세의 요구는, 민주적 법치국가의 동적이며 지속

적인 확대실현이라는 과제에서 일종의 '엘리트주의'에 빠지고 만다. 반면에 만약 불복종행위가 나중에 정치적·도덕적으로 정당하지 않은 것으로 판명되는 경우라면, 이런 엘리트주의에 의하더라도 처벌감수자세의 요구는 불필요하다. 왜냐하면 실정법에 위반하고 도덕적으로도 정당하지 않은 불복종행위의 경우에는 행위자에게 처벌감수자세가 있었건 없었건 간에 행위자를 처벌하여야 하고 또 그렇게 할 수밖에 없는 이유가 되기 때문이다. 그런 경우 행위자의 처벌감수와 관련된 내면의식상태를 불복종행위자에 대한 법적 제재의 여부나 강도를 결정하는 의미 있는 요소로 고려하고자 한다면, 그것은—불복종행위의 상황이나 행위의 동기 또는 목표 등과 같이 행위의 사회적 의미를 구성하는 요소들의 고려와는 달리— 결국 '심정주의'에 빠지고 만다. 즉, 도덕의 내면성과 법의 외부성이라는 차별성을 마모하고 만다. 그러나 이와 같은 두 가지 경우를 구별한 논증은 어떤 경우이든 간에, 다시 말해 엘리트주의이든 심정주의든, 정치적·도덕적 정당성에 대한 '실체적 판단', 즉 불복종행위가 지향하는 정의내용의 '자연법적 확실성'(naturrechtliche Gewißheit)을 전제로 한다. 그러나 그런 판단은 오히려 불복종운동을 통하여 전개되는 법규범의 타당성에 대한 대화적 의사소통의 결과라고 보아야 한다. 그러므로 불복종행위자는 비래의 어느 시점, 어떤 사회적 상황 속에서 불복종행위의 정당성에 대한 대화적 의사소통의 결과를, 행위 당시에 이미 그것도 비대화적인 방식으로, 즉 홀로 또는 운동참여인들과 함께 집단적으로 인식할 수 있다고 가정하지 않는다면, 불복종행위자는 자신이 처벌받게 될지 여부를 알 수 없고, 그에 따라 처벌을 감수하는 자세도 확실하게 가질 수가 없게 된다. 그런 가정은 오직 '자연법적 사고'와 '엘리트주의'가 결합할 때에만 가능할 수 있을 뿐이다.

(나) 근거지음의 실패 그러나 불복종운동을 전개하는 사람은 그 운동이 실정법(법정책)에 대한 대화적 의사소통을 촉구하는 민주적 자세, 바꿔 말해 대화적 자세를 가져야 한다. 그러므로 불복종운동을 합법성과 정당성의 사이에 위치시키려 한다면 처벌감수자세의 요구는 예정된 처벌의 '무조건적인' 수용이나 단지 (합법임을 선언하는) 재판의 부담을 받아들이는 자세로 이해되어서는 안 된다. 그 대신 불복종행위자에게는, 그 운동에 의해 펼쳐지는 대화적 의사소통적 교류과정에서 그 운동이 지양하고자 한 실정법(법정책)의 타당성이 다시금 근거지어질 수 있는 경우에만 (불복종행위가 충족한 범죄구성요건에 의한) 처벌을 수용하겠다는 자세가 요구될 뿐이다. 다시 말해 불복종행위자들은 자신의 주장이 사회적 의사소통의 과정 속에서 광범위한 합의를 창출할 수 있을 정도로 근거지어지지 못할 경우에 처벌을 달게 받겠다는 자세가 있어야 한다. 이처럼 근거지음의 실패를 조건으로 한 처벌감수자세의 요구를 줄여서 '대화적 처벌감수자세'의 요구라고 부를 수 있을 것이다.

(3) 공익성과 사익성 다른 한편으로 공공성의 의미는 '공익성'의 개념과 혼동되기도 한다.[58] 그러나 첫째, 불복종행위가

58) 물론 공익성의 개념을 '공적' 개념에 담지 않고 시민불복종행위의 '정치적' 성격을 구성하는 요소로 보기도 한다. 예를 들면 윤명선,

관철하려고 하는 이익이 공익이냐, 사익이냐 하는 점은 그 불복종행위를 시민불복종운동으로 볼 것인가 하는 문제와는 직접적으로 관련이 없다. 왜냐하면 시민불복종운동은 공익이든 사익이든 간에, 어떤 이익을 제도화된 입법절차가 민주적 방식으로 수용하는 기능의 결함에 대한 항의일 뿐이기 때문이다. 물론 그런 항의는 민주적 법치국가의 체제를 더욱 완전하게 만든다는 점에서는 공익적이라고 말할 수 있을지도 모른다. 그러나 그 항의에 의해 제도화된 입법절차가 수용할 것을 기대하는 이익은 반드시 공익이어야 하는 것은 아니다. 다시 말해 시민불복종운동의 공공성을 배제하는 것은 그 운동에 의해 실현되는 이익의 사익적 성격이 아니라 사익을 추구하는 당파적인 방법일 뿐이다. 공익이든 사익이든 대화적 의사형성의 통로를 통하여 법규범으로 유입되어야 한다는 입장을 견지하는 한 불복종행위는 시민불복종운동으로 평가될 수 있다.

둘째, 설령 시민불복종행위는 오로지 공익의 실현을 위한 것이야 한다는 잘못된 전제에 선다고 해도, 시민불복종행위를 공익성에 국한시키는 일은 실천적으로 점점 더 불가능해져만 가고 있다. 이것은 다원화되고, 탈중심화되고, 복잡화된 현대사회에서는 특히 그러하다. 그런 현대사회에서 공법과 사법의 구별이 모호해진 것처럼 공익과 사익이라는 개념은 어떤 이익이 '모든 사람을 똑같이 이롭게 하는 이익'(공익)인지를 지시해줄 수 있는 의미론을 잃어버리고 있다. 기껏해야 집단적 이익들을

시민적 불복종의 법리(I), 경희법학, 제22권 제1호, 1987, 166쪽 참조.

서로 교환하는 거래의 의미로 공익의 개념이 채워져 가고 있다.

예를 들어 ① 총선연대의 낙천낙선운동도 시민의 알권리를 실현한다는 점에서는 공익을 실현하는 것일지 모르나 당시 한나라당이 제기했던 것처럼 그 운동으로 인해—특히 낙천낙선후보자 선정기준의 불명확성·불공정성으로 인해—여당이 유리하고, 야당이 불리해질 수 있다(물론 그 반대도 가능할 수 있다)는 점에서는 사익을 실현하는 것일 수도 있다. ② 반면에 분당시민의 통행료납부거부행위처럼, 일단 집단적인 사익을 관철하기 위한 것으로 보였지만 다른 지역주민이 뒤따라 통행료납부거부행위를 펼치게 되고, 그를 통하여 통행료징수체계의 개선이라는 공익을 실현하는 효과가 발생할 수도 있다. ③ 의사들의 약사법거부운동도 마찬가지이다. 시민단체와 언론이 몰아붙였듯이 그런 운동은 집단의 이익을 도모하는 것이기는 하지만, 다른 한편 의사들의 정당한 진료권 확보가 장기적으로는 의료행위의 정상화를 가져오고 전체 국민의 건강증진에 기여하게 되는 공익실현의 효과를 가져올 수도 있다. 이런 사정을 살펴보면 어떤 운동을 일방적으로 공익추구형이나 사익추구형으로 판정하는 것은 적어도 시민불복종운동의 다른 요건들이 상당부분 충족되는 사안에서는 거의 불가능한 것임을 알 수 있다.

4. 비례성

시민불복종운동은 자기 스스로 설정한 목적과 선택한 수단이—자연법적 사고처럼 목적이 수단을 일방적으로 정당화시키는 관계이거나, 법실증주의적 사고처럼 불법적인 수단은 어떠한 목적도 정당화시키지 못하는 관계가 아니라—서로에 대해 균형적 관계에 놓이도록 해야 한다. 이는 비례성원칙이라고 부를 수 있다.

(1) 보충성　　첫째, 시민불복종운동은 제도화된 민주적 의사형성이 실정법의 정당성을 보장하는 힘이 끝나는 곳에서 비로소 시작될 수 있을 뿐이다. 그렇지 않다면 대화원칙을 제도화하는 법체계는 정치체계의 역동적인 의사소통적 흐름에 자신의 처분을 무력하게 내맡겨버릴 위험에 빠지게 된다. 바꿔 말하면 앞에서[59] 이론화한 것처럼 합법성은 정당성의 옷을 입은 '주관적 확신'(자연법적 확신)에 의해 손쉽게 해체될 것이다. 이러한 위험성의 차단은 시민불복종운동이 민주적 법치국가의 체제에서 제도화된 민주적 의사형성의 기능을 찬탈하는 것이 아니라, 그런 기능과 함께 민주적 의사형성을 촉진하는 구성적 요소로 자리매김되어야 한다는 요청으로부터 비롯된다. 이 요청을 정반대의 지점에서 이해해 보면, 실정법의 불복종행위라는 수단(의 선택)이 이와 같은 시민불복종운동의 목적(이성)과 합리적 관련을 맺지 않는다면, 불복종행위는—적어도 자연법적 확신에 서지 않는 한—불법행위로 전락될 수밖에 없게 된다. 그러므로 실정법의 불복종운동은 그 실정법을 제도화된 기존 법적 수단에 의해 변화시킬 수 있는 모든 가능성이 소진된 경우에만 전개되어야 한다는 점이다. 예를 들어 그 실정법을 무효화시킬 수 있는 소송이나 헌법재판의 가능성이 남아 있는 상태에서는, 그 실정법에 대한 불복종행위는 시민불복종운동으로 평가될 수 없다. 이와 같은 명제를 시민불복종운동의 '보충성'(Subsidiarität)이라고 할 수 있다.

59) II.2.(2).B.참조.

(2) 균형성 둘째는 불복종되는 법규범이 침해하는 이익과 그 불복종행위가 침해하는 이익이 심각한 불균형 관계에 놓여서는 안 된다는 요청이다.

A. 실정법의 침해이익과 불복종행위의 침해이익 간의 균형성

불복종되는 실정법에 의해 어떤 이익이 침해 또는 외면되는 것이 부정의한 것임을 주장하면서 그 불복종행위에 의해 제3자의 이익이, 그것도 '더 중대한' 이익이 침해된다면, 그 불복종행위는 그 행위에 의해 표방된 정의내용이나 행위규범의 정당성을 근거짓는 일 이외에 '또 다른', 그리고 '더 중대한' 도덕적 근거지음의 과제를 해결해야만 한다. 그럴 경우에 불복종행위자들은, 공론영역에서 근거지음의 경쟁을 펼쳐야 하는 본래의 문제영역에 채 들어가기도 전에, 그 공론영역에 진입하기 위한 자신들의 행위수단이 정당한 것임을 근거지어야 하는, 그러나 근거지을 수 없는 선결문제의 늪에 빠지게 된다. 그러므로 불복종행위가 침해하는 이익이 불복종되는 법규범이 침해 또는 외면하는 이익보다 더 중대한 것이어서는 안 된다. 이를 시민불복종운동의 균형성이라고 부를 수 있다.

예를 들어 분당시민들의 통행료납부거부행위로 인해 교통체증이 발생하고 그로부터 통상적인 시간대로 판교-서울간 고속도로를 주행하지 못하게 된 점이 유료통행료법과 그에 기초한 불합리한 통행료정책에 의해 침해된 분당시민들의 집단적 이익(형평성을 상실한 고속도로 통행료의 부담)보다 중대한 이익이라고 볼 수는 없다. 이에 반해 의사들의 약사법거부운동에서는 그 행위가 추구하는 이익(의사들의 경제적 이익)과 그 행위로 인해 침해되는 이익, 즉 지금 현실적

으로 발생하고 있는 환자들의 생명 · 신체라는 이익 사이에는 심한 불균형이 존재한다. 물론 약사법거부운동이 추구하는 이익을 집단이익만이 아니라 장기적인 관점에서 국민의 건강권확보라는 이익으로 해석하게 되면 이 불균형은 그 정도가 약화될 수 있다. 왜냐하면 장기적인 이익인가 단기적인 이익인가, 잠재적인 이익인가 현실적인 이익인가라는 차이는 있으나 두 이익 모두 국민의 건강권에 관계되기 때문이다.

B. 자연법적 사고와 이익형량의 오류 여기서 이처럼 이익형량의 대상이 되는 이익의 선택에서 자연법적 사고가 빠지기 쉬운 오류를 경계할 필요가 있다. 예를 들어 드라이어처럼 불복종행위를 합헌화하는 입장에 서게 되면, 불복종행위가 침해하는 이익과 비교형량 되는 이익은 불복종되는 '법규범이 침해하는 이익'이 아니라 '불복종행위를 할 수 있는 기본권'(예: 언론, 출판, 집회, 결사의 자유)이 선택될 가능성이 있다.[60][61] 그러나

60) Dreier, *Widerstand und ziviler Ungehorsam*, Ziviler Ungehorsam im Rechtsstaat, Peter Glotz 편, 1983, 65~66쪽.

61) 심재우 교수도 시민불복종행위가 헌법상의 정치적 기본권의 행사이므로 실정법에 저촉되더라도 위법성이 조각된다고 주장한다(심재우, 시민과 정치적 권리, 한국법철학회 2000년도 춘계학술대회 발표자료집, 5쪽). 이러한 심 교수의 이론은 드라이어의 이론보다 한편에서는 덜 자연법적이지만, 다른 한편에서는 더 자연법적이라고 할 수 있다. 즉, 심 교수는 구성요건해당성을 조각하는 것이 아니라 단지 위법성을 조각한다는 '합법화'-논증을 전개하는데, 이는 시민불복종행위에 대해 사실상 구성요건해당성까지 부정하는 결론에 이르게 되는 드라이어의 합법화논증보다 덜 자연법적이다. 그러나 드라이어가 이익형량적 사고를 통해 합법화하는 시민불복종행위의 수위를 조절하는 반면, 심재우 교수는 예컨대 폭력적 저항도 불법국가를 예방하기 위한 정치적 기본권의 행사인 한 합법화할 뿐 이익형량적 조절을 꾀하지 않는다. 이 점은 심재우 교수의 이론이 드라이어의

정치적 자유권과 같은 기본권과 불복종행위가 침해하는 구체적 이익은 권리의 추상성(구체성)에서 각기 다른 차원에 있기 때문에 비교형량 될 수가 없다. 이보다 더 중요한 문제는 불복종행위와 비교형량 되는 정치적 자유권이라는 기본권의 규범영역(Normbereich)은 바로 '불복종되는 실정법이 침해하는 이익'과 '불복종행위로 침해되는 제3자의 이익' 사이의 이익형량에 의해 비로소 구체화된다는 점이다. 여기서 드라이어가 말하는 이익형량의 논증은 이른바 '선결문제요구의 오류'(petitio principi)에 빠진다는 점을 알 수 있다. 왜냐하면 제3자의 이익과 비교형량 되어야 할 정치적 자유권이 바로 그 제3자의 이익(과 다른 이익과의 비교형량)에 의해 다시 구체화되어야 하기 때문이다. 이와 같은 선결문제요구의 오류는 바로 자연법적 논증이 빠지기 쉬운 오류의 전형적인 예라고 할 수 있다.

5. 정당화가능성

시민불복종운동의 요건으로서 흔히 불복종이 정치적, 도덕적으로 정당성이 있을 것이 요구된다. 시민불복종운동의 대화이론적 이해를 일관되게 관철해 보면 이 요건은 (자연법적 전통에서 표현한다면) '정당화가능성' 또는 (새로운 나의 개념으로는) '공론경쟁력'으로 수정되어야 한다고 본다.

(1) 정치적·도덕적 확신 자연법적 사고에 의존하지 않는

이론보다 더 자연법적인 사고의 연장선에 있음을 말해 준다.

한, 불복종운동이 표방하는 정의내용이 정당한 것인지는 운동의 주체나 그 운동을 바라보는 특정한 관찰자가 개인주의적으로 확정할 수 있는 것이 아니기 때문이다. 불복종운동이 표방하는 정의내용은 확정적인 것이 아니라, 그 운동을 계기로 전개되는 대화적 의사소통의 과정에서 이미 법규범에 수용된 정의관점과 '함께' 더 광범위한 동의를 얻어 나아가는 경쟁의 자격을 누릴 수 있을 뿐이다. 다시 말해 시민불복종운동은—앞에서 언급한 네 가지 요건(① 시민성, ② 공공성(대화적 처벌감수자세), ③ 비폭력성, ④ 비례성)을 충족한 가운데—정치적, 도덕적 정당성에 대한 '주관적 확신'을 실정법을 의도적으로(in der Absicht) 위반하는 방법에 의해 공론의 장에 내밀 수 있는 자격을 누릴 수 있을 뿐이다. 양심범은 바로 이와 같은 자격을 누리지 못하는 윤리적·주관적 확신의 표현이라는 점에서 시민불복종운동과 차별화된다. 그러나 이와 같은 시민불복종운동에 의해 펼쳐지게 된 의사소통적 교류과정 속에서 불복종행위자들의 주장이 광범위한 동의를 얻었는지 여부를 법조기구가 '개인적으로' 판단하는 것은 매우 어렵다. 이 점은, 이론적으로 대화적 과정에서는 법관도 검사도 다른 시민들과 동등한 단지 한 주체에 불과할 뿐 대화의 결론을 마감하고 그 내용을 확정하는 어떠한 우월적 권위도 누릴 수 없다는 점으로부터 나온다.

(2) 관용의 충분조건으로서 공론경쟁력 여기서 실정법의 적용여부를 고민하는 검사나 법관에게는 한편으로는 사회적 의사소통의 흐름에 대한 매우 높은 '감수성'(Sensibilität)이 요구된

다. 또 다른 한편으로 그들에게는 실정법의 완고함을 지양하고 정치적 의사소통의 불확실성에 대해 관용하는 개방성도 요구된다. 왜냐하면 그런 개방성 없이는, 시민불복종운동이 대화적 의사형성을 촉매하는 기능이 정당성을 합법성으로 환원시켜버릴 정도로 매우 위축될 위험성이 높기 때문이다.

A. in dubio pro libertate-원칙 또한 그런 개방성은 이미 법원칙으로 정형화되어 있기도 하다. '의심스러울 때에는 시민의 자유 이익으로'(in dubio pro libertate)-원칙이 바로 그것이다. 그러니까 이 법원칙은 법체계가 정치적 의사소통에 세심하게 귀를 기울이고 그 의사소통적 흐름에 문을 열어 놓고, 그 흐름에서 형성되는 합의의 내용들을 끊임없이 유입시키도록 하는 기능을 수행한다. 즉, 법체계와 정치체계의 상호작용을 활성화하여 두 체계 간의 통합을 수행하는 원칙인 셈이다. 그러므로 엄밀히 말하면 이 원칙은 법체계 내부의 구성원칙이 아니라 체계 간의 구성원칙이라고 할 수 있다.

B. 합의형성의 불확실성 앞에서 살펴본 바와 같이 도덕적 확신이 주관적이냐 객관적이냐를 기준으로 양심범과 불복종운동자를 구별할 수는 없다. 실정법규범으로 전환되지 않은 정치적·도덕적 확신은 특히 탈중심화되고, 다원화된 사회, 가치평가의 관점이 다층적인 현대사회에서는 이론적으로는 모두 주관적인 것일 수밖에 없기 때문이다. 바꿔 말하면 불복종운동이 지향하는 도덕규범은 '자연법'(정법)이고, 양심범이 지향하는 도덕규범은 단지 '사적 규범'에 불과하다는 차별적 사고 역시

도덕적 확신의 전체사회적 통일성이 상당한 정도로 확보될 수 있었던 사회(예: 서구의 근대사회)에서나 가능한 사고이다.

C. **공론경쟁력** 그러므로 —A, B를 종합해 볼 때— 실천적으로 검사와 법관은 시민불복종운동이 표방하는 정의내용이나 새로운 행위규범들의 타당성이 절대다수나 다수의 동의를 이끌어냈을 경우에만 실정법의 불복종행위에 대해 관용을 보여서는 안 된다. 시민불복종운동이 표방하는 정의내용이나 새로운 행위규범들이 공론영역에서 기존의 법규범과 함께 정당성을 향한 경쟁을 상당한 정도로 견디어 내는 단계에 이르면, 설령 기존의 법규범에 대한 지지가 여전히 더 많은 것으로 결말이 나는 경우라 할지라도, 그 운동은 그런 공론의 경쟁 이후에도 '여전히' 정당성과 합법성 사이에 위치하는 것으로 자리매김 되어야 한다. 그런 단계에까지 올라온 불복종운동의 정당화역량을 '공론경쟁력'이라고 부를 수 있겠다. 공론영역에서 다시 법규범으로 전환될 만큼 설득력을 발휘하지 못한 시민불복종운동이라도 이와 같은 의미의 '공론경쟁력'을 확보할 수 있었던 경우에 그 시민불복종운동은 법체계와 정치체계의 사이에 위치하며, 법체계 내의 제재수단들은 그 운동에 대해 자제되어야 한다는 것이다. 그러므로 "작은 저항은 … 모든 사람의 또는 다수의 사람에게 보다 좋은 법을 통찰할 수 있게 할 때에만 정당화될 수 있다는 희망을 가질 수 있다. 만약 그것이 성공하지 못한다면, 작은 저항은 정당한 법의 협상에서 효력이 있는 절차규칙들을 거부하거나(즉, 큰 저항으로 나아가거나) 불복종행위의 위법성을 받아들이는 선택만을 할 수 있게

될 뿐"[62]이라는 하쎄머(Hassemer)의 생각은 오직 공론경쟁력마저 갖지 못한 불복종행위에 대해서만 제한적으로 타당할 수 있게 될 것이다.

62) Hassemer, *Ziviler Ungehorsam —ein Rechtfertigungsgrund?*, Festschrift für Wassermann, 1985, 95쪽.

V. 시민불복종운동의 법제화 방향

법(철)학자의 마지막 인식관심은 이상과 같이 대화이론적 관점에서 문제화, 논쟁화, 이론화, 개념화된 시민불복종운동을 어떤 방향으로 '법제화'할 것인가 하는 점에 쏠린다. 여기서 먼저 법제화란 '합법화'나 '불법화'와 같은 개념이 아니라 한국사회에서 법체계가 시민불복종운동과 맺는 관계의 방향설정을 말하는 것임에 주의할 필요가 있겠다.

1. 사회역사적 맥락

이제까지의 논의에서 시민불복종운동이 합법성과 정당성 사이에, 법체계와 정치체계 사이에 위치한다는 것은 특정 사회의 역사적 상황을 전제로 하지 않는 관계설정일 뿐이다. 그러나 정치체계가 시민들 사이의 의사형성을 민주적으로 조직화하고, 그것을 정치적 힘으로 변환시키는 역량(이하: 정치체계의 민주적 역량)이나 법체계가 대화적 의사형성을 제도적으로 구현하는 역량(이하: 법체계의 민주적 역량)은 시대와 사회마다 차이가 있다.[63] 그런 차이를 고려에 넣지 않는다면 시민불복종운동

63) 예를 들면 독일과 같은 선진민주국가의 경우도 시민불복종운동은 미국에서의 경우와 다른 의미현실을 가질 수 있다. 이것은 단지 정치역사적 현실의 특수성에서만 비롯되는 것은 아니다. 이를테면 정치사상적 특수성도 시민불복종운동에 대한 논의의 사회역사적 맥락

을 구체적으로 어떻게 법제화할 것인가 하는 문제를 적절하게 해결할 수가 없다.[64]

(1) 사회역사적 맥락의 유형화 즉, 시민불복종운동의 구체적인 법제화 기획은 초역사적인 이론의 틀 속에서가 아니라 특정한 시대와 특정한 사회라는 구체적인 사회역사적 맥락 속에 집어넣어 설계되어야 한다. 그렇게 할 경우 시민불복종운동이 민주적 법치국가라는 기본체제 안에서 위치하는 자리가 사회마다 다를 수 있게 될 것이다. 여기서 나는 한국사회에서 시민불복종운동이 전개되는 사회역사적 맥락의 특수성을 적절하게 파악하기 위해서 그런 맥락을 유형화하는 가설을 제안하고자 한다. 도표 7은 그런 가설을 도식화하여 보여준다.

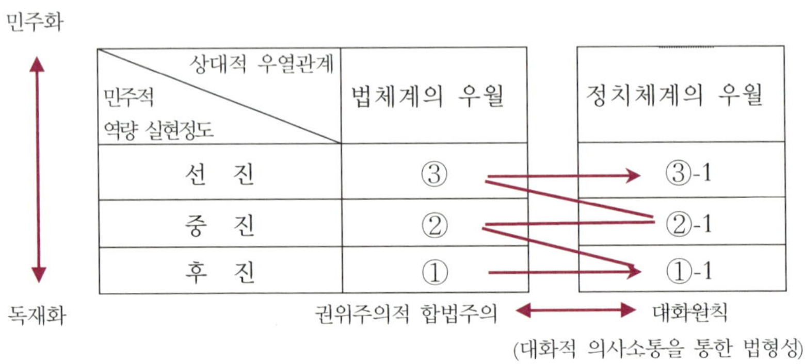

도표 7: 시민불복종의 법적 규율의 역사적 변화

을 형성할 수 있다. 이러한 점을 독일의 경우 칼 슈미트가 대표하는 홉스주의의 전통을 예로 하여 설명하는 Habermas, *Die neue Unübersichtlichkeit*, 1985, 107쪽 아래 참조.

64) 이러한 점에 대한 비슷한 문제의식을 보여주는 양건, 시민불복종의 논리, 철학과 현실, 1990, 가을호, 62~75쪽, 특히 74쪽 참조.

이 표가 나타내는 모든 사회는 다 같이 민주적 법치국가의 기본틀은 갖추고 있다. 하지만, 좌변에서는 법체계와 정치체계의 민주적 역량이 실현된 정도를 크게 상·중·하의 단계로 나누고, 우변에서는 각 단계에서 법체계의 민주적 역량이 정치체계의 민주적 역량보다 상대적으로 우월한 경우와 그 반대의 경우로 나누어 조합되어 있다. 물론 이론적으로만 보면 이러한 조합보다도 더 많은 조합이 가능할 수 있다. 그러나 실천적으로는 더 많은 조합은 아마도 과잉일 듯하다. 어떤 사회를 이 표 위의 어느 곳에 위치시킬 것인가는 간단히 대답될 수 없는 문제이다. 그러나 내가 이 표로써 의도하는 것은 세 가지 점이다.

(2) 시민불복종의 유동적인 자리매김 첫째, 서구 민주국가의 경우는 ③ 또는 ③-1에 위치하고, KBS시청료 납부거부운동이 펼쳐졌던 1980년대 중후반의 한국사회는 아마도 ① 또는 ①-1에 위치하며, 또한 분당시민의 통행료납부거부운동이나 시민단체의 낙천낙선운동 그리고 의사단체의 약사법거부운동이 펼쳐지고 있는 2000년 전후의 한국사회는 아마도 ② 또는 ②-1에 위치한다고 볼 수 있듯이, 시민불복종운동이 펼쳐지는 사회역사적 맥락에 차이가 있다는 점이다. 그리고 그러한 맥락은 또한 (위의 표에서 민주화와 독재화의 역사적 변화를 나타내는 선이 표현하듯이) 역사적으로 끊임없이 변화한다는 점이다. 즉, 현실의 민주적 법치국가체제가 더욱 민주화될 수도 있고, 반대로 더욱 독재체제나 전체주의적 체제로 다가갈 수도 있다는 점이다.

둘째, 이런 차이는 시민불복종운동이 민주적 법치국가의 체제에서 자리하는 위치를 다르게 만들 것이라는 점이다. 예컨대 ①-1에 자리하는 사회에서는 시민불복종운동이 '저항권의 행사'에 매우 근접하게 다가가고, 자연법적 사고는 현실적으로 더욱더 힘을 발휘하기 쉽게 될 것인 반면, ③에 자리하는 사회에서는 시민불복종운동은 단순한 '범법행위'에 근접하게 되고, 법실증주의적 사고가 현실적으로 더욱더 힘을 발휘하기 쉽게 될 것이다. 이에 반해 ②이나 ②-1에 위치하는 사회에서 시민불복종운동은 저항권의 행사와는 물론이고 범법행위와도 거리가 멀 것이며, 자연법적 사고와 법실증주의적 사고 가운데 어느 것도 우월한 힘을 발휘하지 못할 것이다. 예컨대 현재의 한국사회에서도 1990년대 중반에 5·18특별법과 같은 소급입법의 정당성에 관한 논의에서 부흥기를 맞이했던 것만 같았던[65] 자연법적 사고가 2000년 전후의 시민불복종운동의 정당성에 관한 논의에서는 아직도 주류를 형성하기는 하나 압도하지 못하게 되었다는[66] 변화를 간과할 수 없다.

---

65) 예를 들면 라드부르흐의 공식(이에 관한 독일의 최근 논의에 대해서는 Saliger, *Radbruchsche Formel und Rechtsstaat*, 1995 <윤재왕 역, 라드브루흐의 공식과 법치국가, 2000> 참조)이 이 특별법의 정당성을 근거짓는 가장 중요한 논거로 작용한 점(대표적으로는 김선택, 과거청산과 법치국가, 법학논집, 제31집, 고려대 법학연구소, 1995)을 들 수 있다.

66) 예컨대 변종필 교수는 비록 법실증주의적 사고를 따르는 것은 아니지만 낙천낙선운동의 정당성을 자연법적 사고로 단정지을 수 없음을 매우 설득력 있게 논증하기도 한다(변종필, 시민불복종과 국회의원 후보 낙천·낙선운동의 정당화문제, 2000.2.19. 형법정책연구회 발표문, 19쪽 아래).

(3) 시민불복종운동을 통한 민주적 법치국가의 발전　셋째, 시민불복종운동의 자리매김은 민주화역량의 어떤 수준에서건 간에 '권위주의적 합법주의'로 경도되느냐 아니면 '대화원칙'으로 경도되느냐에 따라서도 달라진다는 점이다. 이 변화가능성은 위 표에서 수평적으로뿐만 아니라 수직적으로도 전개된다. 먼저 수평적인 차원을 보면, 세 단계 발전수준의 어떤 단계에 위치하는 민주적 법치국가체제에서도 —그러니까 서구의 선진민주국가의 경우에도— 시민불복종을 바라보는 관점이 실증주의적 사고를 바탕으로 '권위주의적 합법주의'에 쏠릴수록(①②③) 불복종행위는 불법행위로 평가되기 쉽고, 반대로 그 관점이 대화원칙에 쏠릴수록(①-1,②-1,③-1) 정치체계의 민주적 역량을 바탕으로 삼아 법체계의 자기반성에 대한 요구가 활성화되고, 아울러 불복종행위도 통상적인 법적 제재가 수정(또는 관용)되어야 할 행위로 평가되기 쉽다. 이러한 변화가능성은 수직적으로도 전개될 수 있다. 즉, 예를 들면 후진의 민주적 법치국가 체제에서 시민불복종운동이 전개되고, 대화원칙의 관점에 따라 그것을 계기로 실정법체계가 자기반성적 변화를 도모하게 되면, 그 법체계의 민주적 역량은 더 높은 단계로(①에서 ②로) 상승할 수 있다. 그리고 그렇게 상승된 실정법체계에서도 다시금 시민불복종이 펼쳐지게 되고, 또 다시 대화원칙의 관점에 따라 실정법체계가 자기반성을 도모하게 되면, 그 법체계의 민주적 역량은 다시 한 번 더 높은 단계로(②에서 ③으로) 상승할 수 있다. 이러한 민주적 법치국가의 수직적 변화는 기본틀에서는 민주적 법치국가라 할지라도 독재적 요소가 많이 잔재해 있는 체제가 점점 더 민주화되는 것

을 의미한다.[67]

2. 법적 규율의 방향

그러면 마지막으로 한국사회의 역사적 맥락 속에서 시민불복종운동은 구체적으로 어떤 법적 규율을 받아야 하는 것일까?

(1) 법적 통제의 동적 상호작용체계

A. 시민불복종운동에 대한 법적 통제의 강도 유형　　먼저 시민불복종운동에 대한 법적 통제의 강도는 다음과 같은 표가 유형화하는 견해들로 나뉠 수 있다.

법 제 화	
⑦	통상적인 실형의 선고
⑥	실형 선고하되 양형요소로 참작
⑤	형벌의 유예(선고-/집행유예)
④	기소유예처분
③	면책사유로 고려
②	위법성조각사유로 고려
①	구성요건해당성 부인(조각)

도표 8: 시민불복종행위의 다양한 처벌수위

67) 이런 수직적 변화는 위의 표에서는 단지 후진→중진→선진의 3단계로 분류되어 마치 ③-1에서 끝나는 것으로 오해되어서는 안 된다. 민주화의 변화는 역사적으로는 영원한 과제이며, 위 그림은 단지 시민불복종운동에 대한 이해방식이 민주적 법치국가 체제의 발전을 도모하는 구성적 요소임을 분석적, 구조적으로 보여주기 위한 방편에 불과하다는 점에 주의를 해야 한다.

이 표에서 ①②③의 견해는 시민불복종운동을 자연법적 사고를 바탕으로 정당화하고 동시에 '합법화'(Legalisierung)하는 이론에 속하는 반면, ⑦의 견해는 법실증주의적 사고를 바탕으로 시민불복종운동을 불법화하는 이론에 속한다. 그 사이의 ④⑤⑥은 '불법화'하지도 않지만 동시에 (정당화할 것인지에 대해서는 의견의 갈림이 있지만) '합법화'하지는 않는 이론이라고 할 수 있다. 물론 이러한 유형화와 다른 유형화도 가능할 수 있을 것이다. 예컨대 영미법계에서는 독일과 한국법의 경우와 달리 ②의 견해와 ③의 견해가 구별되지 않으므로[68] 이 유형화는 좀더 단순해질 수 있을 것이다. 또한 ④의 견해를 기소유예처분과 협의의 불기소처분 또는 기소중지처분을 구별하여 단계화한다면 여기의 유형화보다 좀더 세분화될 수도 있다. 따라서 여기서 제시한 유형화는 하나의 설명모델임에 주의할 필요가 있다.

B. 역사적 지평에서 법적 통제유형의 동적 관련성 나는 여기서 이 일곱 가지의 견해 가운데 어느 하나를 확정적으로 선택한 다음, 그것을 시민불복종운동에 대해 민주적 법치국가가

---

68) 따라서 Rawls가 시민불복종운동은 정당화된다고 말할 때 그 정당화의 의미는 미국법체계에서 보면 한국법체계에서 말하는 위법성조각(Rechtfertigung)과 면책(Entschuldigung)을 모두 포함하는 것일 수 있다(이 점에 대한 지적으로 Hassemer, *Ziviler Ungehorsam —ein Rechtfertigungsgrund?*, Festschrift für Wassermann, 1985, 328쪽); 또한 이와 같이 위법성조각과 면책의 개념을 비교법문화적으로 분석한 글로 Hassemer, *Rechtfertigung und Entschuldigung im Strafrecht*, Eser/Fletcher(편), Rechtfertigung und Entschuldigung, 1987, 177~227쪽 참조.

취해야 할 법적 통제의 '유일하게 올바른' 방안이라고 보는 이론적 완고함을 경계하고자 한다. 그런 완고함은 민주적 법치국가의 구체적인 발전수준이라는 역사적 지평을 외면할 때에만 비로소 가능한 것이다. 즉, 사회역사적 맥락의 역사적 변화라는 변수를 집어넣으면, 위의 일곱 가지 견해들은 하나의 동적인 상호관련체계 속으로 통합될 수 있다는 것이 나의 생각이다.

(개) 법적 통제방안들 간의 역사적인 상호관련체계 좀더 구체적으로 말하면, 먼저 민주적 법치국가의 체제가 성숙하면 할수록 시민불복종에 대한 법적 통제는 ①의 견해에서 ⑥의 견해로 이행할 수 있고, 또 그래야만 한다. 왜냐하면 민주적 법치국가의 성장에 따라 법체계가 발휘하는 대화적 의사형성의 역량이 커져가며, 따라서 그에 반비례하여 시민불복종운동과 같은 제도화되지 않은 대화적 의사형성의 필요성은 그만큼 줄어가기 때문이다. 바꿔 말하면 '대의제체제의 보충에 있어 시민들의 증대된 참여욕구를 법적인 궤도로 유도하'[69]거나 '관련 당사자들이 결정프로그램에 함께 참여하게'[70] 만드는 제도적 장치가 마련될수록 "법체계는 법정책적으로나 사회정책적으로 법의 유연화에 대한 압력을 이겨낼 수 있게 될 것이다."[71] 이

---

69) Wassermann, *Zur Rechtsordnung des politischen Kampfes in der verfassungsstaatlichen Demokratie*, JZ, 1984, 266쪽.

70) Hassemer, *Ziviler Ungehorsam —ein Rechtfertigungsgrund?*, Festschrift für Wassermann, 1985, 346쪽.

71) Hassemer, 앞의 논문: 여기서 법의 유연화란 나의 설명구조에서 보면 ①의 견해에서 ⑥의 견해로 옮아가는 현상을 가리킨다고 볼 수 있다.

와는 정반대로 민주적 법치국가의 체제가 발육부진에 빠지면 빠질수록 시민불복종운동에 대한 법적 통제는 ⑥의 견해에서 ①의 견해로 이행할 수 있고, 또 그래야만 한다. 왜냐하면 민주적 법치국가의 성장이 미진할수록, 법체계가 발휘하는 대화적 의사형성의 역량은 미미한 것이 되며, 따라서 그 미진한 정도에 반비례하여 시민불복종운동과 같은 제도화되지 않은 대화적 의사형성의 필요성은 그만큼 커지게 되기 때문이다.

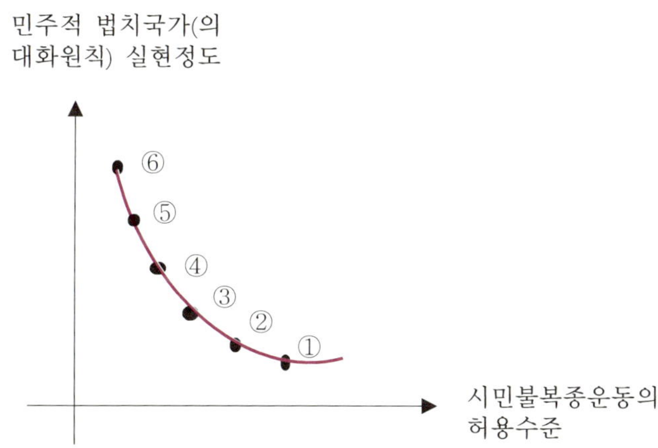

도표 9: 민주적 법치국가의 실현과 시민불복종 허용수준의 상관관계

(나) **시민불복종운동의 불완전성에 대한 고려** 여기서 한 가지 더 언급해야 할 점은 이와 같은 상호관련체계는 어떤 특정 사회현실과 특정 규율방안을 1 대 1로 대응시킬 수 있는 그런 정밀성을 지닌 체계가 아니라는 점이다. 이런 대강의 관련성은 바로 시민불복종운동의 이론적 개념화가 제기한 요건들(시민성, 비폭력성, 공공성, 비례성, 정당화가능성)의 차등적인 충족

상태에 대한 고려를 이 상호관련체계에 연결지을 가능성을 열어준다. 다시 말해 시민불복종운동의 이론적, 개념적 요건들 가운데 어느 일부요건을 부분적으로 충족하지 못했거나 충족에 대한 의문이 남아 있는 경우에 그러한 점을—만일 다 충족했더라면 그 불복종행위가 펼쳐진 사회역사적 맥락에서 그 불복종행위에 가해질 법적 제재의 수준보다 그 수준을 다소 높이는 방향으로— 고려에 넣는 것이다. 이렇게 함으로써 법이론의 완고함에 의해 시민불복종운동의 범주에서 제외되고, 그에 따라 다시 권위주의적 합법주의의 에토스가 득세하게 되는 것을 미리 예방할 수도 있을 것이다.

예를 들어 의사단체의 약사법불복종운동은 같은 해에 펼쳐졌던 시민단체의 낙천낙선운동에 대한 적절한 제재의 수위(예컨대 기소유예나 면책)보다 한 단계 높은 제재(집행유예부 유죄판결이나 기소유예)를 받는 것이 적절하게 된다.

㈐ **민주적 법치국가의 완성환상에 대한 경계** 또한 위의 동적인 상호관련체계에 ⑦의 견해가 빠져 있다는 점에 주의할 필요가 있다. ⑦의 견해는 민주적 법치국가의 체계가 이상적인 모습으로 완성된 국가현실에서는 결코 '권위주의적 합법주의'에 바탕을 두지 않은 견해일 수도 있다. 그러나 그런 국가현실은 실천적으로 불가능한 것일 뿐만 아니라, 애당초 이론적으로 불가능하다. 다시 말해 민주적 법치국가의 성장은 아무리 진행되어도 시민불복종운동의 존재의의를 모두 사라지게 할 만큼, 그러니까 시민불복종행위를 통상적인 범죄와 같게 취급해도 좋을 만큼 이루어질 수는 없다는 것이다. 왜냐하면 민주적 법

치국가의 성장은 대화적 의사형성을 제도화함으로써 발생하는 '패러독스'를 극복해야만 하는 일종의 '영원한' 기획이기 때문이다. 따라서 ⑦의 견해는 이론적으로나 실천적으로나 ①~⑥견해들과 동적 연속선상에 놓일 수 없다.

(2) 합법화하는 (법)이론과 불법화하는 (법)현실의 변증

A. 이론과 정반대의 현실 이제까지 내가 설계한 동적 상호관련체계는 이론과 현실의 변증적 상호작용 속에서 이해되어야 한다. 먼저 위의 동적 상호관련체계는 이론이지 현실이 아니다. 왜냐하면 실제로는 국가'현실'이 ①에서 ⑥으로 갈수록 국가'권력'은 시민불복종행위를 합법적인 행위로 간주하는 행동을 하기 쉽고, 정반대로 국가현실이 ⑥에서 ①로 갈수록 국가'권력'은 시민불복종행위를 범죄행위로 간주하는 행동을 하기 쉬울 것이기 때문이다. 바로 이와 같은 이론과 현실의 차이 위에서 시민불복종운동의 이론은 바로 그와 같은 국가권력의 현실적인 행동방식에 대해 민주적 법치국가의 이념적 성찰을 요구하는 사회적 실천으로서 자리매김될 수 있을 것이다.

B. 정상화효과의 오류 이와 같이 이론이 실천으로 작동하는 사회적 공간을 고려해 보면 시민불복종운동을 합법화하는 견해가 시민불복종운동을 합법성과 정당성 사이에 위치시키는 이론과 양립할 수 없는 것으로 보지 않을 수 있다. 예를 들어 시민불복종운동을 합법성과 정당성 사이에 위치시키는 하버마스는 시민불복종운동을 합법화하면 정상화효과(Normalisierungs-effekt)가 발생한다는 점을 지적한다. 즉 "만약 개인적인 위험이

모두 사라지게 된다면, 규칙을 위반하는 항의의 도덕적 기초가 의문시될 것이다. 또한 그 항의의 호소력도 떨어질 것이다. 시민불복종은 정당성과 합법성 사이에 떠다녀야 한다."[72] 그러나 이러한 견해는 모든 수준의 민주적 법치국가가 아니라 바로 하버마스가 살고 있는 독일과 같은 국가현실을 전제로만 의미 있다. 하버마스 자신도 그래서 시민불복종운동이 성숙한 정치문화를 지닌 국가에서 가능한 현상임을 인식한다. 그러나 나의 이론처럼 시민불복종운동이 전개되는 사회역사적 지평의 폭을 넓게 잡고, 또 민주적 법치국가의 체제를 성장시키는 역사적 실천을 앙가쥬망으로 삼게 된다면, 시민불복종운동을 합법화하는 것이 민주적 법치국가의 기본틀을 지닌 국가에게는 언제나 허용될 수 없는 것만은 아니다.

C. 변증적 사고 이런 나의 주장은 변증적 사고를 끌어들이면 더욱 잘 설명될 수 있게 된다. 즉, 이론은 현실의 역동적 변화로부터 떨어져 나와 현실을 인식하고, 또 그 인식을 바탕으로 이론이 설계한 규범적 기획대로 현실이 변화되는 식의 '일차선형적인 관계'에 놓이지 않는다. 이론의 규범적 설계는 그 이론의 설계자가 예상하지 못한 사회적 작용을 현실세계 속에 발생시키기도 하고, 또 그렇게 발생한 현실은 이론의 기획을 변화시키기도 한다. 이런 관계를 '변증적인 상호작용'의 관계라고 할 수 있다. 이와 같은 이론과 실제(실천)의 변증이 시민불복종운동에 대해서도 타당할 수 있다. 즉, 법이론이 시

72) Habermas, *Ziviler Ungehorsam —ein Testfall für den demolratischrn Rechtsstaat, Ziviler Ungehorsam im Rechtsstaat*, Peter Glotz 편, 1983, 43쪽.

민불복종운동을 '합법화'한다고 해서 국가현실이 그 규범적 기획에 따라가 주는 것이 아니며, 오히려 시민불복종운동을 불법화하는 국가현실이 합법화하는 법이론을 변화시켜, 마침내는 시민불복종운동을 합법화하지는 않지만 그렇다고 불법화하지도 않는 법이론으로 수렴되게 만드는 영향력을 행사할 수도 있다. 다시 말해 시민불복종운동을 '합법화하는 (법)이론'과 '불법화하는 (법)현실' 사이에도 변증적 상호작용이 펼쳐진다는 것이다. 이는 합법화하는 법이론은 불법화하는 법현실을 변화시키면서 자신도 합법화하지도 불법화하지도 않는 법이론으로 통합되어갈 수 있음을 의미한다. 따라서 하버마스가 말하는 합법화(이론)의 '정상화효과'는 법현실과의 변증적 관련 속에 집어넣어 이해되어야만 한다.

(3) 한국사회에서 시민불복종운동의 법적 통제 마지막으로 한국사회에서 펼쳐지고 있는 시민불복종운동에 대한 법적 통제의 방안은, 이와 같이 역사적인 지평에서 펼쳐지는 변증적인 상호작용관계 속에서 구체적으로 어떤 방향으로 강구되는 것이 적절한지에 대해 간단히 살펴보기로 한다. 이미 앞에서 진단한 바와 같이 KBS시청료 납부거부운동은 그 운동이 펼쳐졌던 1980년대 중후반의 한국사회가 도달한 민주적 법치국가의 성장수준에 비추어 볼 때 합법화하는 것(위 표의 ①②③ 가운데 어느 하나)이 적절할 것이다. 이에 반해 분당시민의 통행료납부거부운동이나 시민단체의 낙천낙선운동 그리고 의사단체의 약사법거부운동은, 이를 합법화시킬 수는 없다고 본다. 왜냐하면 앞에서 한 진단처럼 1999년이나 2000년의 한국사회는 적어도

1980년대 중후반의 한국사회보다는 훨씬 더 민주적 법치국가의 이념을 제도화하고 있기 때문이다. 그러나 다른 한편 이들 세 운동을 불법화(위 표의 ⑦견해)하거나 양형참작(⑥견해) 또는 집행유예(⑤견해)하는 정도로 엄격히 통제하는 것도 타당하지 않다고 본다. 왜냐하면 지금의 한국사회는 아직도 서구사회의 민주화 수준에는 상당히 못 미치는 상태에 있다고 보아야 하기 때문이다. 이렇게 사회역사적 맥락 속에서 바라본다면 이들 세 시민불복종운동은 기소유예와 같은 형사소추의 수정방식으로 대처하는 것이 가장 적절하다.

4 공익소송운동

민주적 법치국가의 민주적 법형성 기능의 한계를 보완해주는 제3의 시민운동으로 공익소송운동을 들 수 있다. 공익소송은 인권운동이나 시민불복종운동보다 그 이론적 이해가 매우 박약하다. 그 결과 우리사회에서 공익소송은 이론적으로는 집단소송의 또 다른 이름으로 이해되거나, 실천적으로는 사익의 관철을 뒷받침하는 수사학적 개념으로 사용되곤 한다. 이 장은 그런 공익소송운동의 개념적 구조를 분석해내고, 소송을 통한 권리구제가 공익성을 띨 수 있기 위한 전제조건들을 탐색하며, 미래에 공익소송모델을 어떻게 법제화해야 할 것인지에 대한 기획을 세운다.

I. 공익소송운동의 현황

1. 운동주체 현황

'법을 동원한' 형태의 시민운동이 우리 사회의 시민단체들에 있어 효과적인 운동방식으로 각인된 건 1990년대 중반 이후부터였다.[1] 그것은 이른바 '공익'을 실현하기 위한 법안제정의 노력뿐 아니라, 법해석과 법적용의 방향성에 대해 사회적 압력을 행사하는 활동패턴으로까지 확장되었다. 사회적 관심을 환기시키고 공론을 형성하면서 새로운 판례를 만들어낼 수 있는 '소송'이라는 방식을 이용한 이러한 운동은, '공익소송'이라는 개념으로 통칭된다. 최근 이는 공익소송의 '제도적' 도입을 추진하는 움직임으로까지 이어지고 있다. 민주사회를 위한 변호사 모임(민변)은 1999년부터 공익소송위원회[2]를, 그리고 참여연대는 2000년부터 공익법센터[3]를 운영하고, 또한 환경운동연합은 공익환경법률센터[4]를 운영하고 있다. 이에 더해 2003년에는

---

1) 김진 · 이상희, 「공익소송의 이론적 · 역사적 배경」, 『공익소송위원회 활동보고서 1999.8-2002.1.』, 민주사회를 위한 변호사모임 공익소송위원회, 2002, 1쪽.

2) http://minbyunjinbo.net/minbyun/index.htm 참조.

3) http://www.probono.or.kr 참조.

4) http://cice.kfem.or.kr/cgi/last.cgi?table=elaw&class=all&id=693&cnt= 321&page=5&user=guest 참조.

국가기구인 공정거래위원회도 소비자권익보호를 위해 공익소송의 도입을 논의 중이다.[5] 이처럼 공익소송은 그리 오래지 않은 기간 안에 이미 사회영역(시민단체)에서부터 사회와 국가의 중간영역(민변)을 거쳐 국가영역(공정위)에 이르기까지 꽤 넓은 공감대를 형성해가는 듯하다.

2. 공익소송 현황

공익소송이 하나의 독자적 소송형태로서 제도화되지는 않았지만, 1980년대 중반 공익소송의 전형(prototype)을 갖춘 공익소송의 효시, 망원동 수재사건소송(1984~1990)에서부터 소송의 방식을 이용한 공익적 시민운동이 전개되기 시작하였다. 1990년대 들어 유행처럼 확산된 이른바 '공익소송'은, 1992년 백화점 사기세일에 관한 손해배상소송,[6] 1998년 지하철 연착에 대한 손해배상청구소송,[7] 2000년대 들어 양심적 병역거부의 위헌소송,[8] 김포공항 소음피해소송,[9] 미래세대를 원고로 삼은 새만금 간척사업 소송,[10] 담배소송[11] 등 더욱 다양한 영역에서 활

---

5) 공정거래위원회 주요업무보고 2003.2.20. 참조.

6) 이에 관해 자세히는 황승흠, 「우리나라 공익소송의 현황과 과제」, 민주사회를 위한 변론 제26호, 1999, 13쪽 참조.

7) 이상훈, 「지하철지연사고 손해배상청구소송」, 참여연대 공익법센터 집단소송자료집, 2003, 22~30쪽.

8) 「병역법 제88조 제1항 제1호 위헌제청(2002헌가1)에 관한 헌법재판소 결정 전문」(전쟁없는세상 www.withoutwar.org, 2004.8.26.).

9) 최영동, 「김포공항 소음피해 집단적 손해배상소송」, 참여연대 공익법센터 집단소송자료집, 2003, 13~21쪽.

10) 「새만금사건(대법원 2006두330 정부조치계획취소 등 사건)에 대한

성화되어가는 추세를 보인다. 또한 공익소송은 대체로 소송에 관련하여 전문지식을 제공하는 전문가와 법률가 그리고 사회운동을 전개하는 단체가 연합하여 공익소송의 테마를 기획 내지 결정하고, 집회 및 시위를 열며, 입법작업과 입법운동 및 입법로비까지 포괄하는 자기완결적 사업의 수행과 같은 모습으로 전개된다.[12]

3. 공익소송의 정의

하지만 공익소송의 의미, 특히 공익(public interest)의 의미는 매우 불명확하다. 공익 또는 공공선 관념에 대한 평가는 정치이데올로기적 입장에 따라 다르며, 그 구체적인 내용과 범위 또한 상이하게 이해된다. 그렇기에 공익 개념은 특정 이데올로기적 방향성과 결부시켜 검토할 수밖에 없는 측면이 있다.[13] 또한 공익관념은 시대와 상황에 따라 가변적이기 때문에 어느 정도의 불명료성을 지니는 게 불가피하고, 항상 해석상의 차이를 초래한다. 정치적 차원에서도, '명백한 공익'을 보장하는 영

대법원 판결 관련 보도자료」(대법원 사이트 www.scourt.go.kr 새만금 사건 보도자료).

11) 이에 대해 자세히는 http://www.tobaccolawsuit.co.kr 참조; 담배소송을 공익소송으로 보는 데 비판적인 입장으로는 김인회, 「담배소송이 민변의 공익소송인가」, 공익소송위원회 활동보고서, 민주사회를 위한 변호사 모임, 2002, 25~26쪽.

12) 이찬진, 「시민운동과 공익법운동」, 참여연대 창립 5주년 기념 심포지움 자료집, 44쪽.

13) 김비환, 「영미 자유주의사상에서의 공익 개념과 한국에서의 함의」, 철학과현실 제50권, 2001, 37쪽.

역의 주변부에 광범위한 회색지대가 존재하고, 그 때 언제나 국가개입의 수준과 정당성에의 논란이 제기될 수밖에 없으며 이는 판결의 공익적 성격에 대해서도 마찬가지이다.[14] 그러나 적어도 공익'소송'의 문제에 있어서는 의미의 명확함이 일정정도 담보되지 않는 이상, 그러한 소송의 실체가 존재하는지가 의문시되고, 정치적 투쟁의 혐의를 벗기 어렵다.

현재까지 나온 대표적인 공익소송의 정의로는 다음을 들 수 있다.

> — 공익소송이라 함은 다중의 확산이익이 있는 소송으로서 소송을 통해서 약자 및 소수자의 권익보호, 시민권의 신장, 국가권력으로부터 침해된 시민의 권리구제 등을 통해 불합리한 사회제도를 개선하고 잘못된 법을 개정하며, 국가권력의 남용을 방지하여, 민주사회 발전과 정의로운 사회를 만드는 데 도움이 되는 사건으로, 위원회가 소송을 수행하기로 결정한 사건의 소송을 말한다.[15]
> — 목적의식을 가진 공익법운동단체 또는 공익변호사가 이제까지 적절한 법적 구제를 받지 못했던 확산이익에 대하여 새로운 법원의 판례를 이끌어내기 위하여 법원에 소를 제기하는 것이 공익소송이다.[16]

이 정의에서 공통된 공익소송의 개념을 구성하는 요소는 ① 주체(공익법운동단체, 공익변호사), ② 확산이익, ③ 제도의 개선이나 법의 개정 및 판례의 변화 등으로 요약할 수 있다. 그

---

14) 김창엽, 「'공공'의 당혹스러움: 국가와 개인, 공익과 사익 사이에서」, 당대비평 제21호, 2003, 227쪽.

15) 민변 공익소송위원회 운영규칙 제2조.

16) 황승흠, 「공익소송의 어제와 오늘」, 조영래 변호사 8주기 추모 심포지엄 <공익소송의 어제와 오늘> 자료집, 1998.12.12., 2쪽.

런데 이 중에서 공익소송 개념은 공익소송을 기획 추진하는 조직에 의해 공익성이 판정되는 신분(또는 주체)편향적 구조를 갖고 있음이 눈에 띈다. 이 편향이 커질수록 공익소송은 사법을 정치화할 위험도 수반한다. 다시 말해 시민성을 가장한 '공동선(common good)'의 상징을 정치(낙천낙선운동)의 영역에서 사법(공익소송)의 영역에까지 확장시킴으로써, 시민단체의 정치적 세력화를 도모한다는 의혹이 제기될 수 있는 것이다.

II. 공익소송과 민주적 법치국가

아직 그 구체적인 모습이 그려지지 못하고 있는 공익소송에 대한 분석과 비판은 도대체 공익소송이란 무엇인가 하는 물음을 제기할 것을 요구한다. 우리 사회에서 공익소송에 관한 기존의 논의들은 대개 미국의 공익법운동을 소개하는 데 그쳤던 경우가 많다. 공익소송이라는 개념 자체가 'poverty law'라 통칭되는 미국의 법률구조프로그램과 같은, 법률가의 구조활동에서 시작되어 발전해온 것은 물론 사실이다. 그러나 공익개념이 국가와 개인의 적합한 관계에 대한 그 사회의 공론변화와 밀접하게 관련지어져 있다는 측면을 감안할 때, 우리 사회에서 형성중인 개념, 논의 중인 제도로서 공익소송의 정체성을 다룰 필요성이 등장한다. '공익'이 자유주의적 가치와 공동체주의적 가치, 더 나아가 자유주의적 법모델과 사회국가적 법모델 사이의 긴장 속에 위치한다고 할 때,[17] 어느 선상까지 그것이 '법적이고 규제적인 시스템 안에서 소외된 가치들을 드러내주는' 새로운 민주적 기제일 수 있겠는가? 바꿔 말해 공익소송이 기존의 법체계에 가져다주는 새로움(novum)이 도대체 무엇인지, 규명할 필요가 있다.

---

17) Le Grande, J., "Quasi Markets and Social Policy," Economic Journal 제101권, 1991, 1256쪽.

1. 공익소송의 정치적 전제조건

(1) 민주적 법치국가 　　공익소송은 기존의 사법체계에 제도화되어 있는 소송과는 분명 다른 차원을 갖고 있는 듯하다. 그 차원은 제도개혁에 대한 강한 지향성과 사회운동적 성격[18]에 놓여 있다. 이 성격이 갖는 의미는 민주적 법치국가의 성장에 대한 공익소송의 특별한 기여가능성과 관련을 맺는다. 우리의 헌정질서가 표방하는 민주적 법치국가가 만일 '이상적으로' 구현된다면 보호되어야 할 모든 권익이 모든 사람들이 동의할 수 있는 수준과 방식으로 실정법의 권리체계에 정합적인 질서의 모양을 한 채 빈틈 없이 그리고 가지런히 자리잡을 것이다. 그런 이상은 '공식적인 입법기제'(의회, 행정입법, 법원의 구체적 법규범형성)가 모든 사람의 관점을 형평 있게 그리고 최대한 교환시켜 진정한 의미의 합의(상호이해)에 도달케 하는 "이상적인 대화상황"(ideale Sprechsituation)[19]에 완전하게 수렴될 수 있을 때에나 실현될 것이다. 하지만 현실의 입법기제가 갖는 대화적 의사형성(대화적 법규범의 형성)의 역량은 대화의 시·공간 제약과 대화자들의 당파성이나 전략적 행동경향으로 인해 언제나 제한된 범위에 머무른다.

---

18) 공익소송의 사회운동적 성격을 강조하는 김인회, 「담배소송이 민변의 공익소송인가」, 공익소송위원회 활동보고서, 민변, 2002.3., 25쪽 참조.

19) 이 개념은 J. Habermas, "Wahrheitstheorien," *Vorstudien und Ergänzung zur Theorie der kommunikativen Handels*, Frankfurt/M, 1984 참조.

⑵ 합법성과 공익소송 그러므로 공식적인 입법기제로 제도화된 실정법체계는 한편으로는 그것이 갖고 있는 민주적 의사형성의 역량만큼 비례하여 정당성을 지니게 되겠지만, 다른 한편으로는 그런 역량의 한계만큼 비례하여 정당성의 결핍에 시달릴 수밖에 없다. 합법성(Legalität)은 그처럼 정당성(Legitimität)과 실정성(Positivität) 사이에 존재하고, 이런 합법성은 법 제정권력자의 권위로 환원될 수도 없지만, 자연법적 인권에 대한 주관적 확신으로 대체되어서도 안 된다. 공익소송의 기획자들이 자신의 인권사상을 절대화하고 현행 법질서의 합리성을 간단하게 외면해 버린다면, 도리어 도덕적 엘리트주의에 빠지는 것에 다름 아니다. 합법성에서 완전히 구현되지 못한 정당성의 공백은 오직 시민사회의 공론이 활성화되고, 그 공론 속에서 타당성 경쟁을 펼친 다양한 견해들 가운데 우월한 경쟁력을 보이는 주장들에 대해 법체계가 지속적으로 반성적인 자기변화를 도모해 나아가는 방식으로만 메워질 수 있다. 이 점은 공익소송의 기획자들이 단순히 어떤 인권적 감수성에 기반하여 공익이라고 이름 붙인다고 해서 그것이 곧바로 공익이 되는 것이 아님을 말해 준다. 사회구성원의 이익들 중에서 사회가 정당하다고 수용하는 것들만 공익이 '되'는 것이다. 그런데 이때 '정당하다고 수용되는' 자체가 공익소송을 통해 이루어지는 차원이 존재한다. 즉 공익소송은 단지 정익(正益)을 보호할 뿐 아니라 정익을 형성하는 역할도 하게 된다.[20] 그렇기에 공익소송은 공론경쟁에 참여하는 하나의 의사소통적 행위라고 볼 수

20) 박정택, 『공익의 정치행정론』, 대영문화사, 1990, 76쪽.

있는 것이다.

2. 민주적 법형성의 보완기제

그런 행위를 통해 국가는 새로운 인권기획을 갖고, 법과 제도를 변화시켜 나아갈 수도 있다. 그런 점에서 공익소송이 피해구제의 개인적 차원에 머무르지 않고, 제도개선, 소수자의 권리형성과 실현 등과 같이 넓은 의미에서 인권을 실현하는 기능을 수행한다는 점은 매우 중요하다.

(1) 인권실현의 3륜마차　이렇게 볼 때 공익소송은 인권운동, 시민불복종운동과 함께 민주적 법치국가의 공식적인 입법기제가 민주적 의사형성을 다하지 못하는 부족부분을 메워주는, 민주적 법치국가의 성찰적 기제가 될 가능성이 있다고 말할 수 있다. 만일 공익소송이 인권운동과 시민불복종운동과 함께 그런 기제로 확고하게 자리잡게 된다면 민주적 법형성은 그 결함을 메워주는 삼륜마차를 갖는 셈이 된다.

이 때 마차의 세 바퀴는 모두 공통된 기능을 수행하지만 운동의 전개양상은 다소 다르다. 즉 인권운동이 입법기구에 적극적(positiv)으로 인권사상을 밀어넣는다면, 시민불복종운동은 현행법의 소극적인(negativ) 거부를 통하여 법체계의 변화를 촉발시킨다. 한편 권리를 실현하거나 새로운 권리를 구성하는 공익소송의 기획은 직접 의회의 입법을 추진하는 것이 아니라 구체적인 권리구제를 추진할 뿐이라는 점에서는 시민불복종운동처럼 소극적이다. 그런데 공익소송의 경우, 재판을 통해 새로운 법규범을 형성한다는 점에서는 동시에 적극적이기도 하다. 여기서 이 두 가지 특성을 아울러, 공익소송은 능동적(aktiv)으로 민주적 법형성의 부족을 메우는 기제가 된다고 말할 수 있다.

(2) 공익소송의 공론경쟁적 성격　　민주적 의사형성의 보완적 기능은 이제까지는 주로 인권운동과 시민불복종운동에 의해 수행되어 왔다. 인권운동에서나 시민불복종운동에서나 그 운동주체들이 갖는 정의(또는 자연법적 인권)에 관한 주관적 확신을 실현하는 정치적 투쟁이 그 운동의 목표를 달성할 수 없다는 점은 현대이론의 성과로서 이미 일반적으로 받아들여진 듯하다.[21] 오늘날 인권운동이나 시민불복종운동은 자연법적 확실성이나 근대적 인권의 절대성 등에 의존하지 않고, 공론영역에서 그것들이 주장하는 권리의 타당성에 대해 논증하고 시민들의 광범위한 동의를 얻어가는 의사소통적 방식에 의해서만 수행될 때 더욱 성과 있다는 것이다.

이러한 점은 공익소송에서도 동일하게 타당하다. 공익소송은 그것이 주장하는 인권사상에 대한 시민들의 동의가 광범위해질수록, 즉 공론경쟁에서 더 타당한 것으로 승인될수록, 그 주장내용을 실정법으로 제도화하는 힘을 얻을 수 있다. 또한 정치인들도 정치적 지배를 유지하기 위해서는 공론경쟁에서 타당성이 승인된 새로운 주장들을 수용하지 않을 수 없게 된다. 의사소통의 상황이 왜곡되어 있지 않다고 전제할 때, 그런

21) 이에 대해서는 이상돈, 「시민불복종운동」, 『법철학』, 법문사, 2003, 261쪽 아래 및 이상돈, 『인권법』, 세창출판사, 2005, [3]단락 참조.

공익소송의 힘은—하버마스의 용어를 빌리면—'의사소통적 권력'(kommunikative Macht)이라고 부를 수 있을 것이다.22)

하지만 공익소송은 하나의 법형성운동으로서 공론경쟁에서 패할 수 있음을 간과해서는 안 된다. 설령 소송에서는 이기더라도 그 판결의 정당성에 대한 의문이 지속적으로 근거 있는 논거에 의해 반박된다면 그 판결을 뒤집는 의회차원의 입법이 이루어질 수 있어야 한다. 이런 점은 인권운동이나 시민불복종운동이나 마찬가지이다. 그러므로 공익소송의 공익성은 공익소송단체가 결정할 수 있는 것이 아니라 공론영역에서 의사소통적 권력을 얻는 타당성 획득의 역량이라 하겠다.

---

22) J. Habermas, "Historical Materialism and the Development of Normative Structures," *Communication and the Evolution of Society* (T. McCarthy 영역), Beacon Press, 1979, 119쪽 아래; 그러한 의사소통적 권력의 작동을 구체적으로 보여준 예로는, 의료영역에서 이를 펼쳐보인 이상돈, 『의료체계와 법』, 고려대학교 출판부, 2000, 91쪽 아래.

III. 공익소송의 공익성의 구조분석

공익소송의 개념은 인권실현, 확산이익, 주체의 세 요소에서 구체화될 수 있다.

1. 인권실현

먼저 공익소송은 '법적으로 제대로 보호되지 않았던 이익,'[23] '약자 및 소수자의 권익, 시민권, 국가권력으로부터 침해된 시민의 권리,'[24] '그 동안 제대로 인식되지 못한 권리'[25]의 보호에 이바지하고자 한다. 하지만 이런 권리의 내용이 구체적으로 무엇인지는 매우 불분명하다. 공익소송을 표방하는 다양한 소송의 현황들을 분석해 보면 보호의 범위는 실정법체계에 ㉠ 이미 정착된 권리의 실효성 확보에 그치지 않고, ㉡ 정착되긴 했으나 현실화되지 못하고 있는 권리의 실현, 그리고 ㉢ 새로운 권리의 창설에까지 미치는 것으로 보인다. 이런 권익 개념을 포괄할 수 있는 건 '인권' 개념뿐이다.[26] 그러니까 공익소

23) 황승흠, 「우리나라 공익소송의 현황과 과제」, 민주사회를 위한 변론 통권 26호, 1999년 1월, 민주사회를 위한 변호사모임, 2쪽.

24) 민변 공익소송위원회 운영규정 제2조.

25) 김진 · 이상희, 「공익소송의 이론적 배경」, 『공익소송위원회 활동보고서』, 민주사회를 위한 변호사 모임, 2002.3, 2쪽; 김진 · 이상희, 민주사회를 위한 변론 2000, 9/10월호(통권 36호) 참조.

26) 이를 인권형성의 세단계로 설명해내는 이상돈, 『인권법』, 세창출판

송의 개념을 구성하는 중요한 내포 중 하나는 인권 개념이 된다. 여기서 현대사회에 적합한 인권 개념[27]의 형성과정에서 논의되어 온 인권의 분류, 자유권(시민권)과 사회권(생존권) (그리고 제3세대 인권[28])의 구분을 이용하여 공익소송이 어떤 권익을 보호하려는 것인지를 명확히 해볼 필요가 있다.[29]

인권의 실정화 / 인권의 종류	권리의 실현(㉠㉡)	새로운 권리화(㉢)
자유권(시민권) 영역	**A** ● 백화점세일 사기소송 ● 양심적 병역거부 위헌소송 ● 교도소도서반입 거부취소소송	**B** ● 담배소송
사회권(생존권) 영역	**C** ● 소음소송 ● 새만금간척사업 미래세대 소송	**D** ● 망원동수재사건소송

도표 10: 공익소송의 가능한 유형들

이런 유형화에서 볼 때 공익소송을 표방한 사건들에서 침해된 이익의 특성이 새로운 소송제도의 필요성을 근거짓는 것

사, 2005, 224쪽 아래 참조.

27) 자세히는 이상돈, 『법무부 인권업무 발전방향에 관한 연구』, 2004 참조.

28) 제3세대 인권개념에 대해서는 홍성방, 「제3세대 인권」, 법정고시 제5호, 1996; 김형민, 「발전과 인권: 제3세대의 인권론을 중심으로」, 한국기독교신학논총 제13호, 1996 참조.

29) [도표 10]의 분류는 관점에 따라서는 자유권과 사회권의 분류를 내가 한 것과는 달리 할 수도 있다.

인지는 매우 의문스럽다. 권익의 사법적 구제가 이제까지 실효성이 없었다는 특성[이는 아래 (2)에서 논의] 제외하고 본다면 더욱 그러하다. 예컨대 흡연으로 인한 피해와 다수 환자의 병원감염[30] 사건 사이에 어떤 차이가 있는지, 즉 후자에 대해 전자가 공익성의 개념표지를 지닌다고 이야기할 수 있는 이유가 무엇인지, 사건 자체(Sachverhalte in re)의 특성에서 찾기는 매우 어렵다.[31] 아마도 소외된 (침해되고 구제받지 못한 경우뿐 아니라, 권리화되지 못한 경우까지 포괄함) 권익을 인권으로 개념화하는 기획, 바꿔 말해 인권의식의 형성이라는 기획을 갖는다는 점에 남다른 특성이 있는 것으로 보인다. 이런 점에서도 공익소송은 인권운동으로서 성격이 강하다.

2. 확산이익

공익소송의 가장 고유한 표지는 아마도 확산이익의 개념

---

30) 병원감염이란 입원 당시에 없었던 혹은 잠복하고 있지 않던 감염이 입원기간 중, 혹은 외과수술환자의 경우 퇴원 후 30일 이내에 발생하는 것을 말한다.

31) 실제 최근 집단감염된 환자 10여명 중 2명이 숨진 사고에 대해, 환자 및 유가족들이 국가와 병원을 상대로 집단 손해배상 청구소송을 제기한 사안도 발생하였다(동아일보 2002.5.16자). "병원 감염은 이 병원뿐 아니라 의료계 전체의 문제인데도 국가에서 방관하고 있다. 이번 소송을 계기로 국가와 의료계가 이 문제의 심각성에 대해 인식하기 바란다"는 소송대리인인 변호사의 주장도 "국민의 건강을 해치는 담배를 지금과 같이 무책임하게 판매하게 하는 국가정책이 바람직하지 않음을 일깨우기 위해"라는 담배소송제기목적과, 적어도 사건상으로 큰 차이는 없어 보인다.

에 있을 듯하다. 실정화되었건 안 되었건 어떤 정의의 관점에서 볼 때 보호되어야 마땅한 권익이 침해되었지만 그 이익이 잘게 쪼개져 흩어져 있기(diffused and fragmented) 때문에 권리자들이 피해를 그냥 감수하고 권리관철을 위한 행동을 하지 못하는 특성의 사건들이 있다. 예컨대 과자포장지에 표시된 용량과 실제용량 사이에 차이가 나는 경우와 같이, 개개의 소비자에게 발생하는 손해는 불과 몇십 원에 불과한 경우가 여기에 해당한다. 여기서 잘게 쪼개져 있거나 흩어져 있는 개개의 이익은, 사회적으로 '확산'하여 사고할 때는 큰 이익이다.[32] 백화점 세일사기사건에서처럼, 개별 소비자들은 거짓세일에 현혹되어 소비행동의 냉철한 합리성을 상실하는 (논란이 많은 개념의) 손해를 입었을 뿐이나 그런 손해가 모두 모여 백화점은 꽤 큰 부당한 이익을 얻은 사례가 좋은 예이다. 망원동 수재사건 역시, 개별주민의 피해는 그렇게 큰 것이 아니어서 개인소송(또는 공동소송, 선정당사자소송)을 추진하는 에너지가 약했던 반면, 그 피해주민의 수는 상당한 규모(2300여 가구)여서 국가의 배상은 그만한 규모로 이루어졌어야 할 사건이었다.

(1) 개인소송의 한계 이 두 사례에서 공익소송이 인정되고 수행되면 적은 피해를 입은 많은 사람이 권리구제가 된다는 점에서, 확산이익개념은 개인(또는 공동)소송의 한계를 드러낸다. 즉 법적 보호가 '현실적으로' 적절히 이루어지지 않은 권리들에 대해 '권리선언'을 넘어서 '실현'할 수 있게끔 해주기 때문이

---

32) 차병직, 『NGO와 법』, 이화여자대학교 출판부, 2002, 178쪽 아래.

다.[33] 하지만 그러한 권리구제의 필요성이 개인소송이나 공동소송(민사소송법 제65조 이하), 선정당사자제도(민사소송법 제53조)를 넘어서 집단소송(예: 2005년 시행된 증권관련집단소송[34]) 그리고 더 나아가 고유한 소송형태를 가진 공익소송의 도입까지 요구하는 것인지는 사건 자체의 특성으로는 아직 분명하지 않다.

(2) 확산이익의 법개념화와 시민성관련성 둘째, 그런 필요성을 인정한다고 해도 독자적인 소송제도를 요구하는 확산이익의 개념을 어떻게 세밀화할 수 있는지는 매우 어려운 문제이다. 이 문제를 균형 있게 개관하기 위해서는 확산이익의 개념을 '피해집단규모'(수)와 '개별피해(손해)규모'라는 두 유형의 상대크기를 기준으로 유형화할 필요가 있다.[35]

	유형 ① (예:담배소송)	유형 ② (예: 백화점 사기세일소송)	유형 ③ (예: 양병거 위헌소송)	유형 ④ (예: 교도소 도서금지소송)
피해집단규모	大	大	小	小
개별피해규모	大	小	大	小

도표 11: 공익소송유형의 구조적 비교분석

33) 황승흠, 「우리나라 공익소송의 현황과 과제」, 조영래 변호사 8주기 추모 심포지엄 <공익소송의 어제와 오늘> 발표문, 1998.12.12., 4쪽 아래.

34) 현재 우리나라에서 집단소송제도가 법제화되어 있는 영역은 증권거래법 영역이 유일하다. 증권거래법 영역에 있어서의 집단소송을 규정한 「증권관련 집단소송법」이 2004년 1월 20일에 제정되어, 2005년 1월 1일부터 시행되고 있다.

35) 물론 이 표에서 내가 들은 예들은 관점에 따라서는 다른 유형에 배열될 수도 있다.

이 유형화는 평가등급을 <대-소>에서 <대-중-소>로 더 잘게 하면 더욱 세분화된다. 하지만 그런 세분화는 어떤 지점에선가 가치평가의 한계에 부딪힐 수밖에 없다. 그러므로 더 중요한 것은 어떤 계량적 수치에 의해 몇 등급으로 분류하느냐보다는 공익소송이라는 새로운 소송제도의 필요성을 근거짓는 사안의 특성이 무엇인지를 밝히는 일이다. 그런 특성으로 두 가지를 생각할 수 있다.

A. 큰 피해집단—작은 개별피해 첫째, 확산이익은 기존의 소송제도(개인, 공동, 선정당사자)로는 권익보호가 불충분할 수밖에 없는 구조적 특징을 갖는 사안을 의미한다. 먼저 개별피해규모가 크면(유형 ①,③) 소송의 유인과 소송추행의 에너지가 커지므로 공익소송의 확산이익 표지를 충족하지 못한다고 보아야 한다. 한편 개별피해규모가 작더라도 피해집단규모가 작으면(유형 ④) 역시 공익성을 유지하기 어렵다. 그러므로 확산이익 표지는 공익소송의 구성요건으로서 피해집단규모는 크고, 개별피해규모는 작은 유형(유형 ②)에만 의미 있게 구축될 수 있다. 이런 요건의 제한은 공익소송이라는 이름 아래 기존의 소송제도가 처리가능한 사건들을 사법의 해결기제에서 빼내와 '정치화'해 버리는 잘못된 기획을 차단해줄 수 있다.

B. 시민성요청 하지만 어떤 사건이 그런 유형(②)에 속하는지는 매우 가변적이다. 만일 양심에 따른 병역거부자가 (현재 연 수백명에서 수천명 수준으로) 늘어난다면 소수자로서의 사회적 편견과 억압은 그만큼 크기가 작아질 적이다. 다시 말해

개별 병역거부자가 받는—현실적 뿐만 아닌 정신적—인권침해, 즉 개별피해규모는 상대적으로 작은 것으로 재평가되어, "큰 피해집단-작은 개별피해"라는 확산이익의 표지를 충족하게 된다. 하지만 그 경우에도 피해집단규모의 증가가 여호와 증인의 양적 증가에 기인한 것이라면 그 동일한 집단의 피해구제를 위해 공익소송이라는 제도를 창설하는 것이 합리적인지는 매우 의문이다. 여기서 확산이익이 공익소송이라는 새로운 소송제도의 창설적 요인이 될 수 있으려면 또 다른 개념의 내포를 확보해야 함을 알 수 있다. 그 내포는 작은 개별피해의 총합이 이루는 큰 피해집단이 특정 신분(직업)에 폐쇄되지 않고, 지역적으로 편중되지 않으며, 아울러 계층적으로 분파되지 않은 주체들의 집합이어야 한다는 요청이다. 이 요청은 시민불복종운동에 요구되는 시민성 요청[36]과 유사한 요건이다. 확산이익이 이 요건을 동시에 충족할 때에만 공익소송을 인정할 수 있다. 또한 이런 요청은 공익소송이 인권운동, 시민불복종운동과 함께 민주적 법치국가의 기능적 한계를 시민사회의 공론을 활성화함으로써 메우는 법형성기제라는 점에서 외면할 수 없는 것이기도 하다.

3. 소송주체의 공익성

물론 이와 같은 맥락에서 말하는 시민성요청은 공익소송

---

36) 이에 관해 자세히는 이상돈, 「시민불복종운동—논쟁, 이론, 개념, 법제화」, 한국법철학회 편, 『법치국가와 시민불복종』, 2001, 114쪽 아래, 특히 116쪽 참조.

을 수행하는 주체에게도 요구된다. 공익소송을 수행하는 주체는 자발적이며, 다수 개인들의 공통된 정의관점에 기초하여 조직화된 행동을 하는 그리고 시민사회에 속하는 기구이어야 한다. 공익소송을 수행하는 주체는 많은 경우 고객의 요구를 기다려서 수동적으로 소송에 임하는 것이 아니라, 요구 자체를 능동적으로 찾아내며 또 조직화하는 측면이 있다.[37] 물론 조직화된 특정한 이익에 대항하여 아직 비조직화된 이익을 옹호한다는 의의는 인정되지만, 이 때 그 능동적 조직화가 모든 경우에 '공익'으로 이야기될 수 있는 건 아니다. 공익소송의 수행주체가 공익성을 결정하는 권력(Definitonsmacht, definition power)을 장악한다는 점을 고려할 때, 주체의 시민성요청은 더욱더 절실한 요청이 된다. 시민성마저 갖추지 못한 조직이 그들이 수행하는 소송의 공익성을 스스로 결정짓는 힘을 갖는다면 공익소송은 그 조직의 정치적 기획을 좇는 수단으로 변질될 것이기 때문이다.[38]

이러한 시민성의 요구를 현재 어떤 단체가 충족할 수 있을 것인가? 민변, 참여연대, 환경운동연합 등등 다양한 견해가 있을 수 있다. 여기서 지적해 두어야 하는 점은 어떤 단체든

37) 황승흠, 「우리나라 공익소송의 현황과 과제」, 조영래 변호사 8주기 추모 심포지엄 <공익소송의 어제와 오늘> 발표문, 1998.12.12., 5쪽.

38) 그렇기에 예컨대 독일의 경우는 부정경쟁방지법이나 부작위소송법 등에서 당사자적격을 인정받은 단체 외의 단체가 당사자적격을 가지기 위해서는 엄격한 요건을 충족하도록 하고 있다. 이에 대해서는 김성찬, 「독일환경법상 단체소송의 최근 동향」, 토지공법연구 제18집, 2003, 337쪽 아래 참조.

간에 시민성의 원천은 그 조직의 재정적 기반이 국가(행정, 정치)로부터 또는 산업(경제, 시장)으로부터 나오지 않고, 수많은 시민들이 그 조직의 시민운동 모습을 보고 자발적으로 내는 작은 기부금들이어야 한다는 것이다. 더 나아가 그 조직의 핵심구성원들이 관료가 되거나 정치인이 되는 권력과의 유착이 없어야 한다. 바로 이 점에서 공익소송을 기획하는 단체들의 반성과 성찰이 요구된다. 공익소송의 독자성은 그것을 수행하는 힘 있는 주체들이 시민성요건을 충족하지 못할수록 지탱하기가 어렵다. 현재 소송을 기획수행하는 주체들의 시민성은 공익소송의 개념을 '구성'하는 요소가 되어 있기 때문이다. 만일 주체의 공익성이 확보될 수 없는 것이라면—그래서 개인 변호사들이 사적 이익을 좇으면서 수행할 수 있는— 공익소송은 확산이익(2)이나 사건 자체의 고유한 특성, 남다른 인권형성적 특성(1)으로부터만 정의되어져야 한다. 그런 정의내림이 아직은 만족할 만한 수준에 이르지 못한 상태에 있다.

IV. 공익소송의 모델

공익소송은 실정법에 제도화된 개념이 아니라 시민운동의 실천적 개념이다. 이 실천은 기존의 소송제도, 이를테면 공동소송이나 선정당사자 소송 또는 (증권관련)집단소송 그리고 최근 입법된 소비자단체소송이나 미국의 부권소송 등의 형태를 띠고 이루어진다. 각 소송모델이 공익소송으로서 갖는 적합성과 그 한계를 개관하는 것은 공익소송의 미래를 기획하는 데 없어서는 안 될 일이다.

1. 공익소송의 전형태

'집단소송'제도가 거론되기 이전까지, '공익소송'으로 인정된 사건들은 주로 현행 민사소송법상의 공동소송제도(민사소송법 제65조 이하)나 선정당사자제도(제53조)를 이용해 왔다. 이 제도들은 공익소송의 전형태(Vorform)라고 할 수 있다.

(1) 공동소송제도 공익소송을 수행할 수 있는 가장 원시적인 소송형태는 공동소송제라고 할 수 있다. 공동소송은 피해자 전원이 당사자가 되어 소송을 수행하는 방법을 취한다. 공동소송은 각 공동소송인들 사이의 청구가 유사성을 갖고 있어서 동일한 소송절차에 병합하여 심판을 하게 한다. 이로써

심리의 중복을 피할 수 있고, 당사자와 법원은 소송비용을 절감할 수 있으며, 공통된 내용으로 분쟁을 해결할 수 있게 된다.

A. 공익소송화의 가능성 만일 피해자들이—서로 공평하게 부담을 짊어지지 않을 가능성 때문에 매우 어려운 일이지만 어쨌든—모두 함께 공동소송을 제기하면, 그것만으로도 그들이 침해받은 권익의 보호가 인권의 실현을 위한 것임을 강하게 호소할 수 있다. 피해자 모두가 소송수행의 부담을 짊어짐에도 불구하고 공동으로 소송을 제기한다는 것은 자신들의 피해가 정당한 권리의 침해임을 그만큼 '더 강하게 말하는' 것이라 할 수 있다. 바꿔 말해 말행위의 실행적 부분(performativer Teil des Sprechakts)에 강한 호소가 있고,[39] 그런 점에서 공동소송은 공익소송의 인권실현이라는 표지를 충족할 수 있다. 공동소송 형태의 공익소송은 소송주체들이 앙가쥬망의 강한 연대를 전제하며, 또한 그런 연대를 표현하기 쉽다.

B. 공익소송화의 한계 하지만 현실에서는 공익소송이 공동소송의 형태로 전개되기가 어렵다. 그 이유는 무엇보다도 각 피해자의 피해액이 소액이든 거액이든 관계없이 공동으로 제소하거나 응소하기 위해서는 피해자의 공동소송인인 피해자들의 신원을 파악하는 비용, 즉 탐색비용이 피해자 집단이 클수

39) 인권은 권리의 타당성에 대한 주장의 강한 호소와 같은 말행위의 실행적 부분에 그 특징이 있을 뿐이라는 이상돈, 『인권법』, 2005, 122쪽 아래 참조.

록 매우 커진다는 데에 있다. 탐색비용이 커질수록 피해자 중에서 소액피해자는 공동소송을 애당초 제기할 엄두를 내지 못하게 되는 반면, 다액피해자는 그러한 비용을 부담하면서까지 다른 공동소송인과 보조를 함께 할 필요를 느끼지 못한다. 그러므로 공동소송은 공익소송의 두 번째 요소인 확산이익의 실현, 특히 적은 피해 큰 피해자집단이라는 요건을 충족하는 사안에 가동되기는 어려운 점이 있다.

또한 공동소송인들 사이에 소송수행 부담의 공평성이 실현되기 어려운 점도 문제이다. 예컨대 소액피해자는 패소했을 때 상대방의 소송비용을 부담하는 데 있어서도 소극적인 태도, 즉 위험기피적인 태도를 취하기 쉬운 반면, 다액피해자는 적극적인 태도, 위험감수적인 태도를 취하기는 하지만, 자신이 제출한 공격방어방법이나 증거에 소액피해자가 무임승차한다는 생각이 들기 때문에 소액피해자들과 함께 공동소송을 수행할 동기를 유지하기가 어렵다.[40] 그렇기 때문에 피해액의 대소나 비용부담의 불공평성에도 불구하고 공동소송을 수행하려면 피해자 집단이 이념적으로 매우 '동질적인 집단'이어야 할 필요가 있게 된다. 그러나 소송주체의 동질성은 공익소송의 세 번째 요소인 소송주체의 공익성 요청, 특히 이질적 구성(신분적으로 혹은 직업적으로 폐쇄되지 않고, 지역적으로도 편중되지 않으며, 계층적으로 분파되지 않은 주체들의 경합)의 요청을 충족할 수 없다.

40) 이규호, 「증권관련 집단소송제도의 법적 · 경제적 분석」, 규제연구 제10권 제4호, 한국경제연구원, 2001, 71쪽 아래.

(2) 선정당사자제도 공동소송보다는 좀더 공익소송을 펼치기에 적합한 기존의 소송제도로 선정당사자 제도(민사소송법 제53조)를 들 수 있다. 선정당사자 제도는 공통의 이해관계가 있는 다수자가 그들 중 1인 또는 수인을 대표자인 선정당사자로 뽑아서, 그의 이름으로 소송을 수행하고 판결을 받으면 효력이 다수자 전원에게 미치도록 하는 제도이다. 이 제도는 공동소송인 각자가 선정당사자에게 '선임'이라는 선정자 전원을 위한 소송행위의 수권절차를 밟아야 한다. 또한 선정자들 각자가 소송비용을 부담하며, 선정당사자에게는 실비 이외의 금전적 보상은 금지되어 있다. 공동소송처럼 모두가 소송수행의 부담을 실질적으로 짊어지지 않아도 되므로 더욱 경제적이며 선정당사자에 대한 수권의 과정은 당사자들이 피해사실을 세상에 알리고, 한 목소리로 권리를 주장하는 의사소통적 행위로 이해될 수 있다.[41]

A. 공익소송화의 가능성 선정당사자 소송은 공동소송보다는 더, 하지만 집단소송제보다는 덜 공익소송을 펼칠 수 있는 소송형태가 된다. 이를테면 선정당사자의 선정과정 자체가

41) 일본의 경우는 지금도 집단소송형태를 따로 도입하지 않고 선정당사자제도를 보완해가는 데 그치고 있다. 이를테면 일본의 신민사소송법 제30조 제3항은 "이미 계속 중인 소송의 원고 혹은 피고와 공동의 이익을 가진 자로서, 당사자가 아닌 자는 소송이 계속 중임을 알게 된 후에 소송의 원고 또는 피고를 자기를 위해서도 원고 또는 피고가 될 자로서 선정할 수 있다."고 규정한다. 이로써 제소시에 소송에 참가하지 않은 자도 소송계속 중 기존의 선정당사자에게 소송신탁을 할 수 있도록 한다.

피해집단의 권리 또는 인권의식을 어느 정도까지는 통일적인 것으로 만드는 과정이 되어야 하고, 또 그래야만 그런 선정도 성공적으로 이루어질 수 있다. 이는 피해집단의 이익주장이 대외적으로 더욱 정돈된 권리 또는 인권의 주장으로 승화될 수 있을 때에야 비로소 선정당사자 소송으로 등장할 수 있음을 말해 준다. 이 때 주관적인 (집단적인) 이익주장이 권리주장으로 정돈되는 과정은 피해자들의 피해들, 바꿔 말하면 (권리보장차원에서의) 소외현상을 체계적으로 인지하고 얼마간 권리담론 속에서 극복해가는 과정의 성격을 띨 수 있다. 인권이 소외현상의 극복이라는 차원에서 이해된다면[42] 선정당사자의 선정과정에는 인권의 형성과정이 얼마간 내재해 있다고 볼 수 있다.

B. 공익소송화의 한계 　하지만 선정당사자 제도도 공익소송을 온전히 담아내기에는 많은 제약이 있다. 선정당사자를 정하는 과정에서 전개되는 권리화의 담론들은 기본적으로 피해자 그룹 내에서 전개되는 것이므로 공론영역에서 그 주장들의 타당성을 심사받는 공론경쟁의 과정과는 구별되고, 또한 그 대화의 과정 속에 내재되는 이성적 성격도 미약하다. 그렇기 때문에 선정당사자가 공익성이나 시민성을 구조적으로 갖추게 됨을 기대하기는 어렵고, 사적 이익의 대변인으로 머무르기 쉽다. 또한 확산이익의 측면에서도 선정당사자 제도가 공익소송이 되기 어려움이 있다. 공익성이나 시민성이 구조적으로 갖추어진 주체가 아닌 피해당사자에게 확산이익, 즉 '흩어져 있고

42) 이에 관해 이상돈, 『인권법』, 2005, 165쪽 (소외의 극복으로서 인권운동) 참조.

쪼개져 있는' 이익의 많은 주체들이 자신들의 주장을 권리화하는 기획을 떠맡기는 것, 즉 선정당사자로 선정하기는 매우 어렵다. 선정의 과정에서 전개될 수 있는 권리담론은 매우 제한적이고, 따라서 많은 피해당사자들의 (선정)참여를 이끌어낼 수 있는 동기형성력도 매우 제한적일 것이기 때문이다. 물론 선정당사자가 되는 특정 피해당사자가 개인적으로 높은 공익지향적 인격을 가졌고, 또한 공인(public person)이라고 할 만큼 인지도가 있는 경우에는 예외적으로 확산이익의 피해자들을 선정절차에 끌어들일 수는 있을 것이다. 그러나 이는 선정당사자 제도에 구조적으로 내재된 것이 아니다.

2. 공익소송의 발전

공익소송의 좀더 발전된 형태는 미국에서 성장한 집단소송와 부권소송이다.

(1) 집단소송

실제로 많은 사람들이 공익소송이라 불리는 개별 소송들을 검토함에 있어 현행 소송법의 틀 안에서는 소송수행이 어려움을 토로하면서 주로 집단소송(class action 대표당사자소송)의 도입을 주장하고 있다.[43]

43) 군산 미공군기지 소음피해 소송(서울지법 2004.1.27, 2002가합33132)에서 원고인 지역주민들이 승소함으로써 군부대 비행장과 사격장 근처 주민들의 집단적인 손해배상소송이 잇따르고 있으나, 현실적 법제의 미비로 제대로 된 권리구제가 어렵다는 점을 지적하면서, 이와 같은 공익소송에는 소송의 양 당사자가 대등하다는 전제에 입각해 있는 현행 민사소송법과는 다른 접근 방식, 즉 집단소송제도를

A. 공익소송의 토대확립 집단소송은 미국의 형평법(equity)에서 유래한 제도이다.[44] 형식적인 평등보다는 실질적인 평등을 실현하고자 하는 제도라는 점에서 병합이나 공동소송과 같이 다수당사자 소송과도 공통된 성격을 갖는다.[45] 그러나 확산이익의 많은 주체들 사이에서는 공동소송이나 선정당사자 소송으로 권리주장을 펼치기 어려운 복잡성이 존재한다. 당사자들의 이해관계가 다양하고 복잡하게 얽혀 있기 때문이다.[46] 그러나 확산이익이 인정되는 경우에는 대개 피해의 원인이나 권리주장의 효율성 등의 차원에서는 피해자들을 확인 가능한 하나의 소송집단(identifiable class)으로 묶을 수 있을 만큼의 공통성과 밀접성은 존재한다. 바로 그런 공통성과 밀접성을 바탕으로 그에 기초해 있는 집단을 대표하는 대표'당사자'가 나와서 소송을 수행하고, 이에 대하여 집단의 성원들 중에서 별도로 제외신고(opt-out)를 하지 않는 한 당연히 판결의 효력이 집단의 구성원 전체에 미치게 하는 제도라 할 수 있다.[47] 이는 민사소송법상의 기판력의 주관적 범위[48]를 확장하는 중대한 예외라

도입할 필요성이 있음을 주장하는 참여연대의 견해가 대표적인 예가 될 것이다.

44) 현재 집단소송은 미국연방민사소송규칙(Federal Rule of Civil Procedure) 제23조에 근거한다.

45) 함영주, 『집단소송에 관한 연구 —우리나라의 집단소송법 시안에 관하여—』, 고려대학교대학원 박사학위논문, 1997, 8~9쪽 참조

46) 아래 [미국의 집단소송]에서 다수성(numerosity)의 요건을 참조.

47) 자세히는 함영주, 『집단소송에 관한 연구 —우리나라의 집단소송법 시안에 관하여—』, 고려대학교대학원 박사학위논문, 1997, 11쪽 참조.

48) 민사소송법 제218조 제1항은 "확정판결은 당사자, 변론을 종결한 뒤의 승계인(변론 없이 한 판결의 경우에는 판결을 선고한 뒤의 승계인) 또는 그를 위하여 청구의 목적물을 소지한 사람에 대하여 효

고 할 수 있다.

이처럼 판결의 효과가 소송당사자에게 국한되지 않고 판결의 규율내용이 소송당사자 밖의 사람에게도 미친다는 점에서 '규범유사성'을 말할 수 있다. 이로 인해 집단소송이 분쟁의 해결이나 권리의 구제를 넘어서, 권리를 확인하거나 새로 만들고, 법을 형성하는 공익소송의 구조적 특성에 적합할 수 있게 되기 때문이다. 또한 유사규범의 형성은 갈등당사자 사이의 합의를 넘어서 공론경쟁을 펼치고 타당성이 승인될 때에나 가능한 일이다. 그러니까 바꿔 말해 집단적 사익의 추구가 공익의 실현일 수 있는 가능성이 전제되어야—적어도 최소한 그런 가능성이 열려 있어야— 집단소송은 정당화될 수 있다. 공익소송의 구조적 요소 가운데 인권실현은 집단소송제에서 어느 정도 가능하다고 볼 수 있다.

또한 이런 점에서 집단소송은 집단적 사익추구의 모든 경우에 적용되는 것이 아니며, 오히려 극히 예외적으로 인정되어야 함을 알 수 있다. 이를테면 특히 환경문제나 소비자문제 등의 공공문제(public issue)에서 불법행위나 불공정행위와 같은 다수·대량의 피해를 사전에 금지하거나 징벌하기도 하고, 법원이 재판을 통하여 독자적으로 법을 형성하는 작용을 하기도 한다.

B. 집단적 사익소송으로 전락 이렇게 볼 때 가장 자유를

력이 미친다"고 하여 기판력의 주관적 범위를 정하고 있다.

많이 허용하고, 투기적 행태가 난무하는 증권시장에서 집단소송제를 시행하는 우리나라의 법(증권관련 집단소송법)은 지나치게 집단적 사익을 추구하는 맥락에서 집단소송을 인정한 셈이며, 그런 집단소송은 실질적 평등을 도모하는 법제로서 기능할 뿐 공익소송의 정체성을 유지하기는 매우 어렵다. 시장은 다른 시장영역(예: 의료, 노동 등)에 비해 월등하게 자유주의체제를 구축해 놓고, 투자실패자들의 시장이탈을 막는 방편으로 시장의 약자를 보호하기 위한 정책의 하나로 집단소송제가 이용되고 있다고 볼 수 있다. 실질적 평등을 시장의 공정성이라는 지점까지만 추진하는 제도들의 하나로서 집단소송제가 자리잡고 있는 셈이다. 어쨌든 그 결과는 집단소송은 공익소송이라기보다는 집단적 '사익'소송의 현실을 보여준다는 것이다. 그렇기 때문에 미국의 집단소송이론에서도 집단적 '공익'소송은 부권소송 형태로 전개되고, 집단적 사익소송은 새로운 공익소송형태에 포괄하기 어려운 것으로 보는 경향이 증대하고 있다. 그럼에도 불구하고 집단소송을 공익소송의 형태로 바라보는 것은, 바꿔 말해 집단적 사익성을 공익이라 칭하는 것은 단지 수사(rhetoric)의 차원에서만 가능할 뿐이다.

집단소송의 공익소송화에 있어 한계는 근본적으로 대표당사자가 집단의 구성원, 이해관련자일 때 당사자적격을 인정받는 데서 비롯된다. 그 점에서 선정당사자 소송에서 주체의 공익성과 구조적인 차이가 있지 않다. 소송주체의 공익성이 구조적으로 결함이 있을 수밖에 없는 것이다. 집단소송의 사익소송화 현상이 이런 구조적 결함에서 비롯되었다고 본다면, 공익소송은 집단이익의 당파성을 반성하고, 그것을 공익실현의 관점에서 재해석하며, 공익실현의 기획에 편입될 수 있는 범위에서만 집단이익을 주장하고, 관철하고자 하는 성찰의 역량과 태도를 가진 자에 의해 수행되어야 한다고 말할 수 있다. 결국 소송을 제기하고 수행하는 주도적 역할은 그 소송을 통해 권리구제를 받는 집단에 속하지 않거나 매우 명확하게 비판적 거리를 둘 수 있는 주체에게 맡겨질 때에만 소송의 공익화가 가능하다고 볼 수 있다.

(2) 부권소송 그런 방향으로 집단소송을 좀더 공익소송 쪽으로 발전시킨 형태의 하나로 미국의 부권소송(국가후견소송 parens patriae action)[49]이다.

> 1976년 Hart-Scott-Rodino 반독점개선법(HSR Act)은 반독점법 위반행위와 관련된 사건에서 주 정부의 판례법상 부권을 확대하였다.[50] 이전에 법원은 주 법무부장관이 보통법상의 부권소송을 반독점 영역에서 제기하는 것을 쉽게 인정하지 않았으나,[51] HSRA가 제정됨으로써, 주의 법무장관은 연방 반독점소송에서 시민들을 위해 부권소송을 제기하여 손해배상을 구할 수 있는 권한을 명시적으로 인정받게

---

49) 국내문헌에서는 이 소송제도를 국가후견소송이라고 번역하기도 한다. 이문지, 「미국의 반트러스트 국가후견소송」, 경영법률 제10집, 1999, 431쪽; 부권소송법리는 영국 보통법에서 유래하였다. 본래 이 법리는 국왕이 후견인 역할을 담당한 데서 비롯된 것이다.

50) 이규호, 「공정거래법분야에 있어 미국의 부권소송에 대한 연구」, 166쪽.

51) Susan Beth Farmer, *More Lessens from the Laboratories : Cy Pres Distributions in Parens Patriae Antitrust Actions brought by State Attorneys General*, 68 Fordham Law Review, 1999, 368쪽.

되었고, 이는 주의 보통법상 부권소송의 지위를 더욱 확장하여, 소비자 집단소송의 대체적 소송구조로서 자리매김 하도록 하였다. HSRA는 절차적 규정에서 손해의 입증,[52] 손해의 분배,[53] 고지[54]를 규정하고 있다. 이에 따르면, 1) 원고인 주 법무장관은 손해에 대한 정확한 액수(exact dollar)를 증명하는 대신에 부권소송에 포함된 개인이 받은 각각의 손해를 추산하도록(estimate) 한다. 이러한 추산은 통계적인(statistical) 또는 다른 표본추출 방법(sampling methods)에 의한다.[55] 또한 2) 소송에 대하여 언론을 통해 고지가 되었다면 부권소송에 포함된 구성원이 적절하게 고지를 받은 것으로 추정된다.[56]

A. 공익화된 집단소송 부권소송이 통상의 집단소송과 구별되는 점은 크게 두 가지이다. 첫째는 부권소송이 집단소송에서 소송주체의 공익성 결핍을 국가로 하여금 메우게 한다는 점이다. 즉 공익을 도모하기 위하여 국가 내지 행정부 관료에게 집단소송을 제기할 수 있는 적격을 부여하여, 소비자 대신에 소송에 관여할 수 있게 한다.[57] 둘째는 확산이익이라는 공익소송의 구조적 요소 측면에서 부권소송은 통상의 집단소송보다 이를 좀더 강하게 충족한다는 점이다. 이는 부권소송이 주로 카르텔, 허위광고 등 공정거래관련법 위반사건에 대해 인정되는 데서 비롯된다. 그와 같은 위반사건들은 전체 소비자의

52) 15 U.S.C. 15d.
53) 15 U.S.C. 15e.
54) 15 U.S.C. 15c(b).
55) 15 U.S.C. 15d.
56) 법원은 만일 언론에 의한 고지가 적법절차원칙(due process)에 반한다고 판단할 경우 다른 수단을 통해 고지하도록 명령할 수 있다[15 U.S.C. 15c(b)(1)].
57) 이규호, 「공정거래법분야에 있어 미국의 부권소송에 대한 연구」, 151~152쪽.

피해가 거액임에도 불구하고 소비자 개개인이 입은 피해액은 소액에 불과하고, 소비자들이 소액구매의 영수증을 보관하지 않아 손해액 증명이 어렵고, 많은 피해자 집단의 총원에 대한 통지비용이 막대하여 연방민사소송규칙에 따른 집단소송이 권리구제의 기능을 제대로 할 수 없다.

B. 시민성의 상실과 공익소송의 정책도구화 부권소송은 분명 집단소송보다 공익소송의 윤곽을 훨씬 더 많이 갖추고 있다. 그러나 부권소송이 공익소송으로 기능하는 데에는 결정적인 한계가 남아 있다. 소송의 주체가 갖추어야 할 공익성이 '시민성'과 절연된 채[58] 관료들의 엘리트주의적 결정능력에 의해 그 내용이 좌우된다는 점에 있다. 공익소송은 민주적 법치국가의 기능을 보충하는 성찰적 기제가 아니라 권위주의에 물들기 쉬운 관료주의의 궤도 안에서 이루어지는, 특히 공공복리에 지향한 '정책의 수단'으로 전락한다. 소비자보호의 정책적 평형이 깨지면 부권소송이 추구하는 공익은 권위적 관료주의의 편견으로 각인될 수밖에 없다. 공익소송의 정당화기초로서 공익성에 대한 공론화와 공론경쟁의 과정이 생략된다. 그렇기 때문에 반독점개선법이 당사자적격의 후견주의적 확장을 넘어서 손해배상금의 추정이나 총원에 대한 고지의 추정을 행하는 것은 관료주의적 공공복리관의 무오류성에 대한 맹신에서 비롯되는 것으로 볼 수 있다. 그런 맹신은 행정정책적 합리성의 전통적인 사법정의에 대한 우위를 가져옴으로써 권력분립의

58) 공익소송에서 주체의 공익성은 시민성으로 해석되어야 한다는 점에 대해 앞 [3] Ⅳ. 참조.

미미한 불균형을 초래할 수도 있다. 공익성에 대한 공론을 관료주의적 정책의 합리성으로 대체시키므로 부권소송은 공익소송으로서 치명적인 결함을 갖게 된다.

3. 공익소송의 완성

집단소송보다 좀더 공익소송화된 부권소송, 이보다 좀더 공익소송화된 모델로 단체소송을 들 수 있다. 단체소송(Verbandsklage)[59]은 독일에서 발전하였는데, 우리나라에도 소비자 단체소송[60]이 도입되었다.

(1) 순수한 공익소송으로서 단체소송 　단체소송은 시장에서 공정경쟁의 보장, 그리고 환경보호 등에서 볼 수 있듯이 적어도 공익(öffentliches Interesse) 개념의 레토릭에 포섭될 수 있는 이익들을 실현하기 위한 소송모델로 성장하였다. 하지만 이 때 공익 개념에 의해 보호되는 이익은 순전히 공익만은 아니다. 시장의 공정경쟁 보호를 통해 수많은 소비자의 이익을 보호하고, 자연보호를 통해 간접적으로 수많은 개인의 이익을 보호하기 때문이다. 여기서 간접적인 집단적 사익의 보호라고 한 점은 독일의 단체소송제도에서 손해배상청구권에 대해 단체소송권을 인정하지 않고 있고, 피해자가 배상을 받으려면 지금과 같은 별도의 민사소송절차가 필요하기 때문이다.[61] 이 점은 미

---

59) Rosenberg, *Zivilprozeßrecht*, 14.Auflage, 254쪽.

60) 2006. 9. 27. 개정된 소비자기본법 참조.

61) 박장수, 「공익소송제도」, 공익소송위원회 3월 월례회자료, 2003.3.

국의 부권소송과 다른 점이며, 또한 그런 점에서 단체소송이 더욱 공익소송화되었다고 말할 수 있다. 다만 여기서 공익 개념은 존재론적인 것이 아니라 수사학적인 것임에 주의해야 한다. 즉 단체소송이 소송주체의 인식에서 공익으로 보이는 것들을 단지 관철하는 제도적 방편이 되는 것이 아니라 단체소송의 전개과정이 소송주체가 바라보는 공익성에 대한 공론을 형성하고, 타당성 경쟁을 펼치는 의사소통적 과정으로 보아야 한다. 아울러 단체소송이 목표로 하는 소비자보호나 환경보호 등은 이른바 소비자주권이나 환경권을 지향하고 있고, 이는 새로운 권리, 여전히 좀더 확대되고 촘촘히 짜여져야 하는 미완성의 권리이며, 따라서 단체소송에 의한 권리확인은 인권형성적 측면을 가진다. 바로 이런 점에서도 단체소송은 공익소송의 '인권실현'이라는 요소도 집단소송보다 좀더 충족한다고 볼 수 있다. 단체소송은 직접적으로 권리를 침해받은 사람으로부터 수권을 받을 필요 없이 단체가 직접 소송을 제기할 권한을 갖는다. 바로 그렇기 때문에 피해자집단의 당파성에서 어느 정도 자유로울 수 있고, 또한 집단소송보다도 공익실현의 궤도에서 이탈하지 않은 채 집단적 사익을 보호할 가능성도 열린다. 따라서 당사자적격을 인정받는 피해집단 밖의 단체가 어떻게 인정되느냐에 따라 단체소송의 공익소송화는 좌우될 것이다. 독일의 법제를 종합검토해 보면 단체소송권을 갖는 단체는 ① 공익목적의 정관, 공익목적의 (인적, 물적) 수행능력과 그것을 입증하는 활동업적, ② 비영리성과 시민의 자유참여보장 등의

20, 4쪽.

요건을 충족하고, 연방행정청이 심사, 작성한 단체목록에 등재되어야 한다.

(2) 공익화의 딜레마 공익소송으로서 단체소송은 민주적 법치국가의 입법기제나 사법체계의 민주적 권리실현기능이 완전하지 못한 결함을 메우는 기제로 기능해야 한다면, 단체소송의 주체는 시민적 공론을 형성하고 전달하는 헤르메스로서 자리매김되어야 한다. 이런 헤르메스로서의 정체성은 예컨대 관료조직에 의해 심사받고, 등록되는 방식으로 확인될 수가 없다. 그럼에도 불구하고 모든 판단을 시민사회에 맡겨 놓을 수도 없다. 그런 정체성은 객관적으로 인식할 수 있는 고정된 크기, 확고한 실체로 존재하는 것이 아니기 때문이다. 이런 딜레마는 어쨌든 실천적으로는 최대한 시민성을 재해석하고, 시민성을 강화하기 위한 요건을 설정함으로써 완화될 수는 있을 것이다. 가령 독일의 법령에서 요구하는 바, 즉 시민의 자유가입과 탈퇴가 허용되는 단체이거나 비영리적 단체일 것에 대한 요구를 넘어서, 그 운영의 재정적 기반이 — 현실적으로는 전체재정의 70～80% 이상 — 시민들의 기부에 의해 이루어지는 등의 요건이 추가되어야 한다. 그러나 우리나라의 시민단체와 그 시민운동의 현실을 보면 이런 정도로 재정적 기반의 시민성을 갖춘 시민단체는 거의 1개의 단체도 존재하지 않는다.

또 하나 단체소송은 소비자 등 개인의 피해를 직접 배상해주는 제도로 기능하지 않는다. 그렇기 때문에 단체소송보다는 집단소송이 많은 시민단체에 의해 소비자보호를 위한 공익소송으로 선호되어 왔다. 하지만 경제계는 단체소송만으로도 기업활동이 크게 위축될 것이므로 손해배상 규정까지 두는 것에 반대한다. 그러나 기업활동의 활성화와 개별 소비자의 보호라는 두 이익은 미시적으로는 부딪히지만 거시적으로는 조화되기도 한다. 기업이 성장하지 않고, 소비자에게 돌아갈 이익이 커지거나 유지되기는 어려우며, 소비자의 이익을 생각하지 않는 기업활동은 의미가 없을 뿐만 아니라 경제적으로도 지속성장하기 어렵기 때문이다. 그러므로 단체소송에 집단소송과 같은 손해배상의 기능을 결합시킬 것인가의 여부에 따라 단체소송의 공익성, 공익소송적 성격이 좌우되는 것은 아니다. 그것은 정책의 문제이다. 결합시킬 경우 단체소송은 집단적 사익을 공익의 개념으로 포장하고, 그것을 관철하는 도구로 전락할 위험이 크다. 더 나아가 그런 위험은 단체소송의 주체들이 보여주고 있는 '부족한 공익성', 특히 '매우 부족한 시민성'을 고려해 보면 우리 사회에서 매우 크다고 볼 수 있다. 피해자의 직접 배상은 근대적인 책임법의 원리를 수정해 가면서 소비자의 피해를 보전하기 쉽게 해놓고 있는 제조물책임법에 의해서 행하고, 단체소송은 간접적으로 그러한 피해야기행위가 반복되지 않도록 통제하고 기업의 생산방식이나 영업활동방식을 다른 방향으로 변화해 가도록 유도하고 조종하는 기제로 기능하는 것이 바람직하다.

[한국의 소비자단체소송] 2006.8.29. 소비자보호법 전부개정안[62]이

---

62) 이 개정으로 우선, 「소비자보호법」이라는 명칭이 「소비자기본법」으로 변경되었다. 또한 '한국소비자보호원'은 '한국소비자원'으로 변경되었고, 소비자정책의 집행기능을 재정경제부에서 공정거래위원회로 이관하였다.

국회 본회의에서 통과됨에 따라 우리나라에도 소비자단체소송이 도입되어 2008.1.1.부터 시행되게 되었다. 소비자단체소송이란 사업자의 행위가 소비자의 생명·신체 또는 재산에 대한 권익을 직접적으로 침해하고 그 침해가 계속되는 경우, 법원에 이와 같은 행위의 금지·중지를 구하는 소송형태를 일컫는다(소비자기본법 제70조). 소비자단체소송을 제기할 수 있는 원고적격은 ① 소비자기본법 제29조의 규정에 따라 공정거래위원회에 등록한 소비자단체로서 ⅰ) 정관에 따라 상시적으로 소비자의 권익증진을 주된 목적으로 하는 ⅱ) 정회원의 수 1천명 이상의 단체로서 ⅲ) 제29조의 규정에 따른 등록 후 3년이 경과한 단체, ② 「상공회의소법」에 따른 대한상공회의소, 「중소기업협동조합법」에 따른 중소기업협동조합중앙회 및 전국 단위의 경제단체로서 대통령령이 정하는 단체, ③ 「비영리민간단체 지원법」 제2조의 규정에 따른 비영리민간단체로서 ⅰ) 법률상 또는 사실상 동일한 침해를 입은 50인 이상의 소비자로부터 단체소송의 제기를 요청 받고, ⅱ) 소비자의 권익증진을 단체의 목적으로 정관에 명시한 후 최근 3년 이상 이를 위한 활동실적이 있으며, ⅲ) 단체의 상시 구성원 수가 5천명 이상이고, ⅳ) 중앙행정기관에 등록되어 있는 단체에 인정된다(소비자기본법 제70조). 이와 같은 단체가 소장과 함께 소송허가신청서를 제출하는 경우 ① 물품 등의 사용으로 인하여 소비자의 생명·신체 또는 재산에 피해가 발생하거나 발생할 우려가 있는 등 다수 소비자의 권익보호 및 피해예방을 위한 공익상의 필요가 있고, ② 소송허가신청서의 기재사항에 흠결이 없으며, ③ 소제기단체가 사업자에게 소비자권익 침해행위를 금지·중지할 것을 서면으로 요청한 후 14일이 경과한 때에는 법원이 결정으로 단체소송을 허가한다(제74조). 원고의 청구를 기각하는 판결이 확정된 경우, 다른 단체는 이와 동일한 사안에 관하여 단체소송을 제기할 수 없는데 단, ① 판결이 확정된 후 그 사안과 관련하여 국가 또는 지방자치단체가 설립한 기관에 의하여 새로운 연구결과나 증거가 나타난 경우, 또는 ② 기각판결이 원고의 고의로 인한 것임이 밝혀진 경우는 예외로 한다(제75조). 우리나라의 소비자단체소송에 있어서도 독일의 경우와 마찬가지로 손해배상을 구하는 단체소송은 인정되지 않고 있다.

4. 소송모델의 비교분석결론

이제까지 설명한 바를 토대로 공익소송의 소송모델로 활용되는 소송모델들에서 공익소송의 세 가지 구조적 요소를 충족시키는 정도를 나타내는 표를 만들어 보기로 한다. 아래 표에서 ×는 거의 충족 못함을, △는 약간, 그리고 ○는 충족함을 표시하며, 같은 등급에서는 △보다 ▲가, ○보다 ●가 좀더 많이 충족함을 표시한다.

중요한 차이를 보면 집단소송은 공동소송이나 선정당사자 소송과는 달리 인권실현과 확산이익 측면에서는 한 단계 더 많이 충족하지만 주체의 공익성 측면에서는 단계적 차이는 없다. 부권소송은 확산이익의 측면에서 집단소송보다 약간 더 많이 충족하고, 주체의 공익성 측면에서는 집단소송보다 한 단계 더 많이 충족하지만 단체소송보다는 약간 덜 충족한다. 가장 공익소송의 요소를 많이 충족하고 있는 단체소송마저도 인권실현의 기능은 이를테면 인권운동이나 시민불복종운동보다 상대적으로 덜하다고 볼 수 있고, 이 점 때문에 인권실현의 요소는 어떤 소송모델도 최고의 충족도(●)를 보여주지는 못한다.

소송형태 / 공익소송요소	공동소송	선정당사자 소송	집단소송	부권소송	단체소송
인권실현	×	×	○	○	○
확산이익	×	×	○	●	○
공익주체	△	▲	▲	○	●

도표 12: 공익소송모델의 비교분석

V. 공익소송의 미래기획

공익소송의 공익 개념이 이같이 명확하게 정의 내려지기 어려운 상황에서 소송제도를 도입한다면, 구체적으로 어떤 소송형태를 취할 수 있을 것인가?

1. 소송구조의 공익화

(1) 정치화의 위험 확산이익의 요건을 충족하는 데 있어 먼저 개인소송의 형태는 공익소송을 실현하는 소송모델이 되기에 부적합하다. 이에 비해 공동소송이나 선정당사자 제도 그리고 집단소송제는 일단 공익소송을 추구하는 소송형태가 될 수는 있다고 보여진다. 물론 공동소송이나 선정당사자제도로 공익소송의 제도적 취지를 실현하는 데 충분할지는 아직 미지수이나, 선정당사자제도를 활용하려는 일본의 예를 고려해볼 때[63] 집단소송제만을 공익소송의 전속적인 소송모델로 보는

---

63) 다만 일본의 경우 우리의 선정당사자제도와는 다소 다른데, 먼저 소송이 계속되는 동안 선정당사자가 아닌 사람이 그 소송의 원고 또는 피고를 자기를 위한 선정당사자로 선정하는 것이 가능하다는 점(일본 민사소송법 제30조 제3항)에서 그러하고, 또 이미 선정당사자가 선정되어 소송이 진행되는 과정에서 새로운 당사자가 기존 소송의 선정당사자를 자신의 선정당사자로 지명하면서 소송에 참여할 수 있다는 점(동법 제144조)에서도 그러하다.

것은 성급한 결론일 수도 있다. 많은 시민단체들이 주장하는 바와 같이 집단소송을 공익소송의 모델로 삼으면 사법의 지나친 정치화가 초래될 위험이 일어날 수도 있다. 또한 집단소송제보다 더 공익화된 소송형태, 특히 원고적격을 피해자와 전혀 무관한 공익(성)을 자처하는 집단에까지 인정하는 소송형태는 한편으로는 공익성을 강화할 가능성을 갖지만 다른 한편으로는 그만큼 더 사법을 정치화할 위험을 증대시킨다. 그렇기 때문에 공익소송의 정치화 위험을 방지하는 기제가 전무한 현재의 실정에서 예견되는 현상, 좀 극단적인 예이지만 '하나의 법률사무소마다 적어도 하나 이상의 공익소송 갖기' 현상[64]이 벌어질 수도 있다.

(2) 공익성의 논증적 획득 　이런 현상은 사법이 정책을 법 속에 내재화시키는 수준을 넘어서 지나치게 정치화되는 위험을 낳을 수 있다. 그 위험은 무엇보다도 공익성의 불명확성, 특히 공익소송주체의 공익성 요건이 매우 충족되기 어렵다는 데서 비롯된다. 바로 그렇기 때문에 원고적격을 얻는 과정을 공익소송을 수행하려는 주체들이 최소한의 '시민성'을 얻어가는 과정으로 자리매김 시킬 필요가 있다. 즉 원고적격이 있는 피해자들로부터 소송대리권한을 부여받는 과정은 피해자 개인에게는 큰 규모의 손해가 아니더라도 공익을 위해 그 소

64) 지금도 공익소송을 표방하는 소송을 수행하는 법률사무소의 홈페이지에는 그것을 공지(광고?)하는 내용이 적지 않다. 공익소송법이 현실화된다면 경쟁적으로 공익소송을 전개할 것이고, 그 경우 홈페이지의 팝업창은 공익소송 홍보페이지로 장식될 것이다.

송이 필요함을 '논증적으로' 설득시키는 과정이 될 수 있으며, 또한 그래야 한다는 것이다. 이 과정은 공익소송의 주체임을 표방하는 자의 주관적인 공익성 확신이 상호주관적인 확신으로 성장해가는 첫 단계라고 할 수 있다.

그런 설득이 실패했다는 것은 공익소송주체임을 표방하는 자가 생각하는 공익성에 대한 주관적 확신이 시민성의 기반 위에 설 수 없음을 의미한다. 피해자 개인의 특수한 사정으로 논증적 설득이 어려울 수 있다는 우려도 이런 시민성요청의 타당성을 제거하지는 못한다. 왜냐하면 공익소송은 확산이익의 표지를 충족해야 하고, 이는 개별피해는 작아도 피해자집단은 커야 하므로, 공익에 대한 상호주관적 확신 아래서 원고가 됨을 수락할 수 있는 피해자는 얼마든지 있을 것이기 때문이다.

그러므로 원고적격을 피해자집단과 분리시켜 공익소송수행을 자처하는 자에게 독자적으로 인정하는 것은 타당하지 않다.

2. 판결의 공익성

공익소송에서 판결의 공익성은 소송당사자가 아닌 피해자에게 또는 심지어 직접적인 피해자가 아닌 일반 소비자에게 판결의 효력을 미치게 함으로써 확보되곤 한다.

(1) 판결의 규범적 효력 먼저 공익소송의 (특히 집단소송에 비해) 독자적인 소송모델을 구성하는 또 다른 요소로서 공익소송의 판결에 대해 분쟁해결기능을 넘어서 '(준)규범적 효력'을 부여하는 방법이다. 가령 모든 피해전보절차가 ―집단소송에서

는 분배절차가— 종료된 후에 뒤늦게 자신이 피해자임을 알고 배상금수령을 신청한 사람에게도 시간의 제약을 두지 않고[65] 그 손해를 전보해야 하는 효력을 인정하자는 것이 그것이다. 즉 소송에 참여하지 않은 사람들이라도 피해자집단에 속하는 자로서 특별히 제외신고를 하지 않은 자들에게는 기판력이 미친다는 논지이다.[66] 하지만 이런 의미의 규범적 효력은 뒤늦은 청구에 대해 손해전보를 해주는 공익기금이 형성될 때에야 현실화될 수 있을 것이다. 그리고 어떻게 공익기금을 형성할 것인가는 여전히 수많은 논의를 남겨 놓는다.

(2) 공익판결의 전제로서 민주성과 전문성 또한 이처럼 구성원의 수가 많으면서 경우에 따라서는 집단에 속하는지 여부가 불확실한 경우가 많을 때, 배상액의 분배는 매우 어려운 과제로 남는다. 특히 다수의 소비자가 원고인 소비자소송의 경우에 책임의 소재는 상대적으로 명백하고 기금의 확보도 쉬운 편이지만, 집단의 구성원에게 소액의 손해배상금을 분배하는 방법은 결코 쉽지가 않다.[67] 그런 방법의 하나로 미국 캘리포니아주 법원에서 최초로 고안된 유동적 배상(fluid recovery)을 들 수 있다.[68] 이 방법은 예를 들면 법원은 피고기업들이 불법적

---

65) 증권관련 집단소송법 제53조는 수령기간 후 6개월 이내에 추가 수령 기회를 부여하고 있다.

66) 김주영, 「공익소송활성화를 위한 제도적 방안 —이번에 도입되는 증권집단소송제도를 중심으로」, 조영래 변호사 8주기 추모 심포지엄 <공익소송의 어제와 오늘> 자료집, 1998.12.12., 17쪽.

67) 함영주, 집단소송에 관한 연구 —우리나라의 집단소송법 시안에 관하여—, 고려대학교대학원 박사학위논문, 1997, 51~58쪽.

68) Market Street Railway Co. v. Railroad Commission, 171 P.2d 875 (Cal.

으로 취득한 이익의 총액을 정하고, 그 총액이 소진될 때까지 해당 상품의 가격을 인하하여 팔게 하는 것이다. 그런 조치를 통해 모든 소비자들이 간접적으로 배상받게 된다.

하지만 첫째로 그런 내용의 판결은 법원의 판결은 마치 '조치법'(Maßnahme gesetz)과 유사한 위치에 놓음으로써 법원이 의회의 권능을 일부 잠식하게 만든다는 점에서 위 배상방법의 문제점이 발견된다. 또한 둘째, 그런 내용의 판결은 법원을 공정거래위원회와 같은 행정적 조종기구의 권능을 일부 잠식하게 만들고, 그에 따라 사법부와 행정부의 권력분립도 위태롭게 만들 수 있다. 요약하면 민주적 법치국가의 전승된 권력분립원칙이 침해될 위험이 있는 것이다. 그러나 권력분립원칙은 현대사회에서 기능적으로 재해석될 수 있다. 특히 법원도 법형성이나 법집행의 기능을 수행할 수 있다는 점[69]을 고려하면 이러한 점은 근본적인 문제점은 아니다.

그보다는 법원이 의회의 권능을 일부 잠식할 경우 그런 판결의 민주적 정당성이 어떻게 확보될 수 있겠는가 하는 점이다. 공익소송이 충분히 공론화와 공론경쟁의 과정을 펼쳐 놓는다면, 민주적 정당성이 확보될 것이다. 하지만 공익소송의 주체가 공익성이나 시민성이 없거나 소송의 진행이 전혀 공론형성을 가져오지 못할 경우에는 그런 판결의 민주적 정당성은 확보되기 매우 어려워진다. 다른 한편 법원이 행정부의 권능을 일부 잠심할 경우 그런 판결은 합리성의 시험대에 오르게 된

1946).

69) 이에 대해 자세히는 이상돈, 『헌법재판과 형법정책』, 2004, 57~67쪽 참조.

다. 왜냐하면 법원은 전문적인 행정기구가 문제의 해결을 위해 사용할 수 있는 지식과 경험을 충분히 갖고 있지 않기 때문이다. 감정인의 도움을 받는 것으로는 한계가 있다. 예컨대 경쟁성에 대한 판단, 부당이익에 대한 판단, 가격인하의 효과에 대한 예측 등은 모두 법원이 재판과정에서 동원가능한 자원으로는 적절하게 수행하기 어려운 것일 수도 있다.

3. 소송비용의 사회적 부담

(1) 공적 부담에의 요청 공익소송의 또 다른 구성요소로 소송비용부담에 관한 특칙을 생각할 수 있다. 공익소송은 소송의 공익화, 곧 사회화되고 시민화된 성격이 있으므로 패소하는 경우에도 원고의 소송비용은 국가가 부담해야 한다는 주장이다. 물론 집단소송에서 대표당사자에게 소송비용의 전부를 부담시키게 되면 소송의 제기를 사실상 막는 것과 같은 경우가 생기게 되고 구성원에게서 징수한다는 것도 사실상 불가능한 경우가 많다. 또한 승소한 금액에서 공제하는 것도 승소금액보다 소송비용이 더 많은 경우나 공제 후 잉여금이 소액밖에 남지 않는 경우, 소송제기 자체의 타당성에 대한 의문이 생기게 되는 것은 간과할 수 없는 사실이다.

소송비용의 문제에는 변호사의 보수문제를 어떻게 해결하는가도 관건이 된다. 모든 소송상황을 공익상 필요라는 관점에서만 본다면 변호사보수는 고려의 대상이 되지 않을 수도 있다. 그러나 변호사는 검사나 판사와 같은 국가의 공무원이 아니므로 공익소송에 관심을 가질 어느 정도의 사회적 및 경제적 유인(incentive)을 제공하면서 동시에 이러한 요소, 특히 경제적 이익추구의 측면이 지나치지 않도록 법원이 적극적으로 통제할 필요성이 있다. 만일 변호사에게 경제적인 적절한 유인과 함께 법원의 통제가 없다면, 변호사들은 사회의 주목을 받는 사건이나 승소가 보장된 사건, 패소해도 변호사보수는 확보되는 착수금과 중도금으로 거액을 받는 사건 외에는 외면하는 경향을 보일 것이기 때문이다.

(2) 공적 부담의 정치화 위험성　하지만 소송비용의 공적 부담은 공익소송의 정치화 위험을 더욱 증폭시킬 수 있다. 더욱이 그 경우 필연적으로 발생하는 이른바 '무임승차'(free rider)의 문제,[70] 즉 부담은 지지 않으면서 공익은 함께 누리려는 경향은, 사익이 안정되게 추구될 수 있는 토대마저 붕괴시킬 위험을 지닌다.[71]

그렇기에 원고적격의 문제와 마찬가지로 공익소송주체들이 비용부담을 스스로 짊어지게 할 필요가 있다. 그래야만 공

---

70) 공공재가 산출될 정도로 타인들의 기여가 이미 충분하다면, 개별적 주체는 자기가 기여하지 않더라도 공공재에 대한 자신의 향유가 감소되지 않는다고 생각한다. 반면 타인의 기여가 충분치 못해 공공재가 산출되지 않는다면, 개별적 주체는 기여를 한다고 해도 상황은 변하지 않을 거라고 생각할 것이다. 다시 말해 각 개인은 타인들이 공공재를 설비할 만큼 기여하든지 못하든지 간에 기여하지 않는 것이 합리적이 되어 버린다. 이에 대해 자세히는 박정순, 「개인이익과 공익의 자유주의적 관련 방식」, 철학연구 제61집, 2002, 212쪽 아래 참조.

71) 김창엽, 「'공공'의 당혹스러움: 국가와 개인, 공익과 사익 사이에서」, 당대비평 제21권, 2003, 46쪽.

익성에 대한 주관적 확신을 성찰하는 계기가 그런 부담을 무릅쓰고 소송을 전개하는 과정에 내면화될 수 있기 때문이다. 실제 미국에서도 대법원은 집단소송의 승소금에서 일정한 비율을 변호사비용으로 지급한다는 원칙을 채택해 왔고, 그에 따라 당사자는 자신의 소송비용과 변호사 비용을 스스로 부담하도록 되어 있다.

4. 법원의 적극적 역할

또한 공익소송에서는 법원의 적극적인 역할이 강조되곤 하는데, 이는 '법원도 공익의 실현에 동참하라'는 정치적 요구에서 비롯된다. 하지만 적극적 역할의 의미가 무엇을 뜻하는지는 불분명하다. 미국의 사법적극주의가 원용되기도 하지만, 한국의 법문화에서 그것이 구체적으로 어떤 결론을 가져다주는 것인지도 분명하지 않다. 여기서 법원의 적극적 역할을 제도개혁추진과 분쟁해결의 적극성으로 나누어 생각할 수 있다.

(1) 법원의 적극성으로써 법창조 공익소송은 다른 소송과 달리 개인의 권리침해에 대한 개별적 구제의 차원을 넘어서, 인권실현을 도모하는 '제도개혁'의 이념에 지향되어 있다.

A. 법창조적 해석 이 이념이 법원의 역할기대로 옮아온다면 법창조의 역할이라 번역될 수 있다. 종래의 법학방법론은 문언의 한계(Wortlaufgrenze)를 기준으로 법창조와 법적용(또는 보충적 법형성)을 구별한다. 만일 법원의 적극적 역할이 인권의

새로운 또는 확대된 실현을 위해 법률해석을 통하여 법창조를 하는 것이라면 이 때 두 가지 문제를 생각해볼 수 있다. 첫째, 법창조가 법적용(법형성)과 정말 구별되는 것이라 할 때, 그런 법원의 적극적 역할은 입법자의 권능을 찬탈할 위험이 있다는 점이다. 의회의 입법절차가 공익소송절차보다 여전히 더 민주적 의견수렴의 가능성이 있음을 부인하지 않는 이상, 이런 역할을 요구하는 공익소송법은 정당하지 않다.

B. 논증적 저항 물론 여기서 법창조와 법적용(법형성)은 인식론적으로 구별되는 게 아니라고 본다면, 외재적인 기준에 의한 법창조와 법형성의 구분은 사라진다.[72] 해석은 모두 유추이고, 창조일 뿐이다. 하지만 둘째, 이런 방법론의 진영에 선다고 해서 법원이 공익소송론자들이 때때로 과도하게 요구하듯 입법자의 권능을 찬탈해도 좋다는 결론에 이르는 것은 아니다. 법원은 오로지 현행법의 새로운 해석을 '합리적인 근거'로 논증함으로써 법률을 목적론적으로 축소하거나 유추확장함으로써만 ―입법자가 (그런 해석을 수용하든 또는 명시적으로 배척하든) 새로운 입법의 필요성을 갖도록― 저항('해석저항')을 할 뿐이다. 그리고 이런 법원의 역할은 공익소송에만 특유한 현상이 아니고, 모든 법영역에 보편적인 현상이다.

C. 유보주문 다만 공익소송에서 새로운 주문형식을 만들어볼 수는 있을 것이다. 입법자의 권능을 찬탈하지는 않는 범

---

72) 이상돈, 「형법해석의 한계」, 신동운 · 김영환 · 이상돈 · 김대휘 · 최봉철, 『법률해석의 한계』, 법문사, 2000, 70쪽.

위 내에서, 그러나 인권실현을 위해 새로운 입법이 절실히 요구된다고 판단될 때에는 승패를 유보하는 주문형식을 만들고, 판결이유에서 의회에 새로운 입법의 필요성을 근거짓자는 것이다.

(2) 협동적 역할의 법원상　　또 다른 적극적 역할로 소송수행에서 법원의 적극성을 생각할 수 있다. 공익소송이 민사소송법이 준용되는 민사소송인 한, 법원은 원칙적으로 처분권주의와 변론주의의 사적 자치 이념에 따라 그 행동반경이 정해진다. 하지만 그런 소극적 역할은 공익소송이 기대하는 법원상으로는 미흡하다. 공익성은 법원의 적극적인 진실발견활동과 정의실현의 의지를 요구하기 때문이다. 반면에 그런 요구를 수용한다고 해서 공익소송을 지휘하는 법원이 형사법원과 같이 직권탐지의무를 진다고 보아서는 안 된다. 민사사법의 형사사법화는 공익을 이유로 더 큰 공익을 잃어버리는 결과를 초래할 수 있기 때문이다.

여기서 민사소송의 당사자주의와 형사소송의 직권주의를 변증시킨 형태로 '협동주의'(Kooperationsmaxime)를 고안해볼 수 있다.[73] 협동주의는 한편으로는 민사소송에서 법원의 (사회적 약자인 당사자에 대한) 후견적 역할이 확대되어 오고, 다른 한편 형사소송에서 당사자주의적 요소가 강화되는 경향을 배경으로 한다. 이런 경향은 민사소송과 형사소송의 상호접근을 가져오고 있는데, 이 같은 현상을 민사소송과 형사소송이 각기 그 고유성을 잃는 부정적인 과정으로 남겨두지 않고 발전적인 과정

73) 배종대 · 이상돈, 『형사소송법』, 홍문사, 1999, 588쪽.

으로 만들기 위해서는 새로운 해석패러다임이 필요하다. 그런 패러다임으로 대화이론을 들 수 있다. 즉 상호접근 현상을 각자의 고유한 구조를 허무는 쪽으로 이해하는 것이 아니라 소송 안에서 법원과 당사자 사이에 대화적인 의사소통을 촉진시켜 더 진실하고 더 정의로운 판결을 가능하게 하는 발전으로 이해하는 것이다. 법원은 민주적 의사소통의 역량을 소송 내에서 극대화하도록 소송을 지휘해야 한다. 이런 협동주의적 요청은 일종의 공론경쟁적, 공론형성적 차원을 갖고 있는 공익소송에서는 더욱더 절실하다. 공익의 자유로운 '창발자'로서 공익소송은,[74] 주어져 있는 진실을 발견하는 것이기보다 새로운 정의 내용을 구성하는 데에 그 고유성이 있기 때문이다. 하지만 이런 의미의 적극적 역할은 궁극적으로는 공익소송에서뿐만 아니라 모든 소송에서 법원이 떠맡아야 하는 것이라는 점에서 역시 공익소송의 고유성을 근거짓지는 못한다.

5. 책임귀속의 완화

공익소송의 또 다른 고유성으로 책임귀속요건의 완화를 생각할 수 있다. 공정거래위원회가 제안한 공익소송의 모델에서 이 점은 분명하게 나타나 있다. 주의의무의 고도화를 통한 과실귀속의 완화, 인과관계(결과귀속)의 일반화 등은 그 핵심적인 현상이다. 공익소송의 고유한 모델로서 이를 인정하기에 앞서 두 가지 점이 깊이 고려되어야 한다.

---

74) 고길섶, 「주어진 공공성에서 만드는 공공성으로」, 우리교육 4월호, 2001, 71쪽.

(1) 공익성의 독자성　　첫째, 공익성을 책임귀속의 엄격성보다 앞세우는 것이 공익소송의 고유한 특징이 되는 것인지는 법문화의 전통과 법실무의 현실에 따라 달라진다는 점이다. 이를테면 담배소송의 경우, 미국에서는 지방법원에서 승소한 적이 있지만 독일에서는 패소했다.

[미국과 독일에서의 담배소송]　① 미국에서 담배소송은 1954년부터 시작되었으나, 1993년에 이르기까지 단 한 사건에서도 원고가 승소하지 못했다. 이러한 미국 담배소송에서의 경향은 1994년 6만명의 비흡연자인 항공기 승무원들이 간접흡연으로 인한 피해를 이유로 제기한 집단소송인 Broin v. Philip Morris Companies, Inc.[75] 사건에서 3억여 달러에 합의(재판상 화해)가 이루어지고, 1998년 11월의 Master Settlement Agreement(MSA)에서 막대한 배상금으로 합의가 이루어지면서 변화된 모습을 보이기 시작한다. 2000년대에 들어서면서부터는 원고 승소의 판결들이 조금씩 증가되는 경향을 보이다가,[76] 2006년의 Boeken v. Philip Morris USA Inc.[77] 판결, 2005년의 Patricia Henley v. Philip Morris USA Inc.[78] 판결에서 개인 원고가 승소하여 사상최대의

75) 641 So. 2d 888 (Fla. 3d DCA 1994), rev. denied, 654 So. 2d 919 (1995).

76) 2004년의 Kenyon v. R. J. Reynolds Tobacco Co,(540 U.S. 1161; 124 S. Ct. 1171; 157 L. Ed. 2d 1205; 2004 U.S. LEXIS 843; 72 U.S.L.W. 3486), 2001년의 Carter v. Brown & Williamson Tobacco Co. (533 U.S. 950; 121 S. Ct. 2593; 150 L. Ed. 2d 751; 2001 U.S. LEXIS 4986; 69 U.S.L.W. 3807) 등은 대표적인 원고 승소 판결들이다; 2003년 12월 이전의 개인 원고 승소 사례들로 http://www.tobacco.neu.edu/litigation/resources/victories.htm 참조. 이러한 미국 담배소송의 전반적인 경향에 대하여, 오대성, 담배집단소송에 대한 미연방법원판결의 비교분석, 민사법연구 제11집 1호, 대한민사법학회, 2003, 43~44쪽 참조.

77) 126 S. Ct. 1567; 164 L. Ed. 2d 297; 2006 U.S. LEXIS 2241; 74 U.S.L.W. 3530, 2006.3.20.

78) 544 U.S. 920; 125 S. Ct. 1640; 161 L. Ed. 2d 477; 2005 U.S. LEXIS 2462; 73 U.S.L.W. 3555, 2005.3.21.

막대한 배상금을 받기도 했다. ② 독일에서의 담배소송은 원고가 패소하였다. 아른스베르크 지방법원(Landgericht Arnsberg)[79]이 담당한 이 사건에서 원고측이 주장한 손해배상 이유는 1) 피고회사가 담배생산 과정에서 유해한 중독성 물질을 담배에 첨가시킨 점 2) 담배는 구조적으로 결함이 있는 상품이라는 점 3) 피고회사가 담배에 그 부작용, 중독성 등과 관련한 경고 문구를 붙이지 않았다는 점 등이었다. 사실관계는 미국에서의 담배소송과 유사했지만 독일법원은 미국에서의 결론과 달리 원고의 주장을 모두 배척하였다. 법원은 판결이유에서, 담배산업은 입법자가 식품법(Lebensmittelgesetz) 제20조 규정을 통해 원칙적으로 허용한 산업분야이기 때문에 원고가 불법행위에 따른 손해배상책임을 묻기 위해서는 피고회사가 단순히 자신이 피운 담배를 생산, 판매하였다는 것을 입증하는 것을 넘어 그 생산, 판매과정에서 별도의 위법행위를 하였다는 것을 입증해야 한다고 판시했다. 동 사안에서는 피고회사의 이와 같은 별도 위법행위가 존재하지 않는다는 이유로 원고의 주장을 배척하기에 이른 것이다.

이 판결의 옳고 그름을 떠나, 독일과 같은 책임법의 전통에서만 책임귀속의 완화가 공익소송을 고유한 소송의 형태로 자리잡게 하는 개념표지임을 알 수 있다. 하지만 우리나라 사법의 전통과 현실에서는 책임주의가 엄정하게 관철되지는 않았고, 많은 경우 (사회적 약자의 보호에 지향하여) 책임귀속의 요건을 완화해온 정책적 판결이 행해져 왔다고 이해된다. 바로 그렇기 때문이 책임귀속의 완화는 우리나라에서는 공익소송만의 고유한 특성이 되기 어렵다.

물론 이 사정은 다른 결론을 가져오기도 한다. 즉, 책임귀속요건의 완화를 고유한 내용으로 하는 공익소송제를 만들려고 한다면, 약자보호정책을 위해 책임요건을 완화해온 책임법

---

79) NJW 2004, S.232f..

의 실무가 —책임귀속의 엄격한 요건을 고수하는 방향으로— 철수되어야 한다는 것이다. 그렇지 않는 한 우리 법원은 공익소송이 표방하는 공익성을 이미 사적인 분쟁해결에서도 추구하고 있다고 말할 수 있다.

(2) 공익성과 책임주의의 이익형량과 그 위험 두 번째로 고려해 보아야 할 점은 공익성을 위해 책임주의를 완화하는 것이 정의로운가 하는 점이다. 책임귀속의 엄정한 요건은 단지 특정한 개인의 이익을 위한 것이 아니라 자유의 공평한 한계를 정하는 기획, 그러니까 근대법의 이성적 기획을 실현하는 것임에 주목할 필요가 있다. 그런 모더니티의 기획은 그 자체로서 자유민주주의의 체제에서는 공익이라고 할 수 있다. 그러므로 공익소송에서 책임주의의 완화를 시도한다면, 그것은 공익을 위해 사익(私益)을 희생시키는 것이 아니라, 공익을 위해 또 다른 공익을 희생시키는 것이라고 보아야 한다. 공익소송의 공익성이 정치화될 위험이 큰 개념임에 반해, 책임귀속의 엄정성에 구현된 공익은 수백년의 시민사회적 전통 속에서 형성된 법개념임을 고려해 보면 이 이익형량은 그렇게 쉽게 공익소송 편으로 기울지는 않을 것으로 판단된다.[80]

80) 일본의 경우, '이미 정착된 권리'나 '정착되었으나 현실화되지 않은 권리'의 실현 영역에서는 책임귀속요건의 완화를 보이지만, 새로운 권리창설 영역에서는 도리어 책임귀속요건을 강화하고 있는 것도 이러한 연유에서 기인하는 것으로 이해될 수 있다.

VI. 법정책적 전망

이상에서 분석한 바와 같이 공익소송의 도입론이 갖는 문제구조는 우리 사회에 공익소송의 도입을 정치적으로 관철할 수는 있어도, 법이론적으로 관철하기는 어렵다는 전망을 갖게 한다. 법정책은 정치적 주장을 수용하는 것이 아니라 법이론적 타당성의 실험을 견디어낸 정치적 주장만을 수용할 때, 합리적일 수 있다. 포퓰리즘에 기반을 둔 여론몰이의 정치적 주장이 아니라 비판과 토론으로 짜여진 공론의 장에서 더 많은 타당성을 획득한 견해가 법규범으로 전환되어야 한다. 공익소송의 도입론자들은 공익 개념이 갖는 시민적 환상을 이용하려 들기보다는 (법)전문가들의 면밀한 공론장에서 더 많은 시간을 두고 타당성 경쟁을 해야 할 것이다.[81)]

---

81) 이 책의 공익소송운동 부분은 2005년도 학술진흥재단 선도연구자지원(과제번호 KRF-2005-041-B00620)으로 수행한 「공익소송에 관한 연구」의 결과물을 요약하고 있다. 이 연구의 최종결과는 『공익소송론』(2006)이란 단행본으로 세창출판사에서 출간되었다.

찾 아 보 기

《 **저자약력** 》

1961 서울 출생
1977 중앙중학교 졸업
1980 서울고등학교 졸업
1984 고려대학교 법과대학 졸업(법학사)
1986 고려대학교 대학원 법학과 수료(법학석사)
1991 독일 프랑크푸르트 대학교 대학원 수료(Dr. jur.)
현재 고려대학교 법과대학 정교수

시민운동론

2007년 1월 15일 초판 인쇄
2007년 1월 20일 초판 발행

저 자 이 상 돈
발행인 이 방 원
발행처 세창출판사
서울 종로구 송월동 64-1 (2층)
Tel. 723-8660(대) Fax. 720-4579
e-mail : sc1922@empal.com
homepage : www.sechangpub.co.kr
등록 1990. 10. 8. 제2-1068호(윤)

정가 22,000원

ISBN 978-89-8411-163-9 93360